心理調査と
心理測定尺度

計画から実施・解析まで

髙橋尚也・宇井美代子・宮本聡介　編

サイエンス社

は じ め に

大学で心理学を学ぶと「心理学研究法」や「心理学統計法」に関する科目を履修するであろう。しかし，調査法をはじめとした研究法や統計法を学ぶ段階では，まだ実際に自分でデータを収集していない段階で学ぶことが多いため，いざ自分でデータを収集しようとするとき，これまでに学んだ知識と心理調査を実施するスキルの間に乖離が生じ，心理調査をスムーズに実施できないことが多い。

本書は，心理学において「調査法」をこれから学び，心理調査を実施しようとしている学部生や大学院生向けに執筆され，2014 年に刊行された『質問紙調査と心理測定尺度』の改訂版である。前書は，質問紙調査をまだ一度も経験したことのない調査法の初学者を意識して編集された。本書も，前書同様，初学者が本書をそばに置き，はじめて心理測定尺度を用いて心理調査を行うことを想定して執筆した。前書と異なるのは，「質問紙」ではなく，「ウェブ」で心理調査を実施できることをコンセプトとして編集した点で，それに合わせて書名を改めた。

COVID-19 の感染拡大は，心理学をめぐる調査環境に大きな変化を与えた。大学に通えずオンライン中心で授業を受けることを余儀なくされた経験は，心理学領域の卒業論文や修士論文，調査実習や実験などのデータ収集の形を再考する機会となった。学生をはじめとした研究者たちは，対面で心理調査のデータを収集することが多かったが，ウェブブラウザ上でデータ収集をすることで研究の継続を図った。このデータ収集のオンライン化の流れは，ウィズコロナあるいはポストコロナ時代となったとしても加速すると考えられる。そのため，「質問紙」を作成するのではなく，ブラウザ上で「調査票」を作成して調査対象者に配付すること，ブラウザ上で回答されたデータをダウンロードして分析に用いていくことを中心に解説している。

もうひとつ，前書刊行以降，心理学をめぐる統計法や統計解析ソフトの環境

もめまぐるしく変化を続けている。かつては，高価なソフトが大学など研究機関の端末にインストールされ，その端末を使用してデータ解析を行っていた。それが現在では，オープンソースで開発された，さまざまな OS で利用可能なフリーソフトが複数公開されている。また，統計法についても，従来の p 値に加えて「効果量」も論文に記載するような変更もなされている。本書は，こうした変化に対応し，フリーソフトである JASP を用いて，初学者がどこにいても自分のパソコンで統計解析が行えるように意図した解説を行っている。

　本書を読めば，心理調査を企画するところから，ウェブで調査を実施して解析を行い，結果を整理していくまでの道筋をたどることができるはずである。指導教員に指導やチェックを受けるまでに浮かび上がってきた方法論的な疑問やつまずきへの答えを本書の中に多く見つけることができるだろう。

　著者陣も，時の流れとともにそれぞれの環境で教育・研究経験を重ねてきた。これまで著者陣が薫陶を受けた多くの先生方に感謝を申し上げるとともに，著者らが指導する機会を得た学生諸氏との出会いにも感謝を記したい。またサイエンス社の清水匡太さんには丁寧に相談にのっていただき，執筆が遅れがちな私たちを支えていただいた。

　「心理測定尺度」を活用するという本書の特徴をふまえ，姉妹書である『心理測定尺度集』（サイエンス社刊）の各巻とともに本書を活用し，ユニークな心理調査を企画し，心理学研究の面白さと奥深さを経験されることを心から願っている。

編者　髙橋尚也・宇井美代子・宮本聡介

目　　次

第 I 部

導　入

1 心理調査とは何か

宇井美代子

1.1 質問紙調査と心理調査

本書は，心理学研究法の中でも，主に心理測定尺度を用いた心理調査の方法について，説明するものである。これまで心理測定尺度を用いた調査では，質問項目が記載された紙を調査協力者に配付し，回答を求めていた。質問が書かれた紙が用いられていたことから，「質問紙」調査とよばれていた。しかし，近年では，技術の発達により，質問紙を用いることなく，ウェブ上で調査を実施することも容易になってきた。そこで本書では，主に心理測定尺度を用いた調査を「質問紙調査」ではなく，質問紙もウェブ調査も含み得る「**心理調査**」とよぶこととする。また，前著では，「質問紙調査」の手続きを中心に説明していたが，「ウェブ上」で実施する心理調査の手続きを知ることができるよう，本書を作成することとした。

1.2 心理学の研究の目標

心理学を専門に学ぶ大学の学部や学科では，「社会心理学」「発達心理学」「教育心理学」というように「〇〇心理学」と名のついた講義科目が多く開講されている。これらの講義（授業）を受講することによって，人間の（時には動物の）心理や行動に関する知識を得ることができる。また，心理学の知識が掲載された専門書は数多くある。大学の講義以外にも，これらの専門書を読むことによっても，人間の心理についての理解を深めることができる。

これらの講義や専門書で伝えられる知識は，心理学に携わる者たちの「研究」によって生み出されてきたものである。大学では先述の講義以外にも，「心

理学基礎実験」「心理学研究法」「心理統計」といった演習・実習科目も開講されている。これらの科目は，心理学の知識を生み出すための研究手法を学ぶことを目的としているものである。講義や専門書で知識を学び，演習・実習で知識を生み出すための手法を学んだ最後の集大成として，卒業研究を行い，卒業論文を執筆することとなる。

先ほど，「心理学に携わる者たちの『研究』によって生み出された知識が，講義や専門書に掲載されている」と述べた。この「心理学に携わる者」は，いわゆる心理学者だけではない。学部の授業や卒業研究においても，優れた研究がなされた場合には，担当教員から学会での発表を勧められることがある。学会で発表されれば，全国の心理学関係者に知られることとなり，その研究成果は知識となって全国に，時には海外まで広まっていくのである。このように，心理学という学問領域は，多くの人たちが知識を提供し合い，共有し合うことによって形成されている。本書は，その学問領域に加わる入口の一つを提供するものである。

心理学では何を目標として研究されているのだろうか。ジンバルドー（1980 古畑・平井監訳 1983）は，心理学という学問分野における目標を，人間（動物を対象とする場合もある）の心理や行動の記述，説明，推測，制御，および人間の生活の質の向上を試みることの5つに整理している。

「記述」とは，人間の心理や行動の実態を何らかの形で観察し，示すことである。たとえば，「大学生は，どのような人を親友とよぶのか？」「親友がいる人といない人の心理的健康の具合はどうか？」といったことを示すことになる。ただし，客観的で，実証的なデータで実態を示すことが必要である。自分だけの個人的な経験にもとづいたようなものであってはならない（「私の価値観からいえば，親友とは四六時中一緒にいる人のことだ」など）。

客観的で，実証的なデータを収集する上では，できる限り曖昧な状況を避ける必要がある。たとえば，「心理的健康」といっても，「毎日の充実感」「不安がないこと」「よく眠れること」「ご飯がおいしく感じられること」……とさまざまな側面があり得る。そのため，「心理的健康」という言葉だけでは，その言葉を聞いた人によって異なるものを想像するかもしれない。そこで，操作的

定義が行われる。**操作的定義**とは，「本研究では，○○という質問項目で尋ね
たものを，心理的健康とする」といったように，測定方法から研究者が観察し
たい実態を定義することである。操作的に定義することによって，研究者が観
察したい実態の測定方法が明確になり，言葉を聞く人によって異なるものを想
像することがなくなり，客観的なデータを収集することができる。

　以上の手続きで記述された実態は，必ずしも一貫性のあるものではなく，一
見すると雑然としているかもしれない。たとえば，親友の定義について，ある
大学生は「何でも相談できる相手」，また別の大学生は「一緒にいると安心で
きる相手」「信頼できる相手」……というように，大学生によってさまざまな回
答をするだろう。また，親友のいる人の中にも心理的健康が高い人もいれば低
い人もいるだろう。心理学の第2の目標である「説明」とは，表面上は一貫し
ておらず雑然とした実態の中から，人間の心理や行動の共通性や法則性を見出
していくことである。その共通性や法則性の中には，2つ以上の実態の関係に
関するものも含まれる。たとえば，親友の有無と心理的健康の程度という2つ
の実態を考えてみると，「親友がいる人は心理的健康が高い」という関係が見
出されるかもしれない。研究を通して見出されていく関係は，因果関係の場合
もあるし，相関関係の場合もある。こういった共通性や法則性を蓄積していく
ことによって，人間の心理や行動の理論が構築されることになる。

　理論が構築されれば，人間の心理や行動に関して，将来起きるであろうこと
を「予測」し，「制御」していくことが可能になる。これが，心理学の第3の
目標と第4の目標である。たとえば，「親友がいる人は心理的健康が高い」と
いう関係が正しいのであれば，親友ができることによりその人の心理的健康は
高まると予測できる。したがって，大学入学などのように新しい環境に移行し
た人に対して友人が作れるような支援をし，その人の友人関係を制御していく
ことが意義のあるものとなり得るだろう。こういった客観的で実証的なデータ
から記述，説明，予測，制御を行うことが，心理学の第5の目標である「人間
の生活の質の向上」へとつながり得る。もちろん制御を行うことについては慎
重でなくてはならない。その制御が倫理的に許されることなのかについては，
常に社会的な検討がなされなくてはならない。

1.3 研究手法

　前節で概観した心理学の目標を達成するためには，**研究**を行う必要がある。その研究の出発点は個人的な興味や関心にもとづいてもよいが，研究自体は，多くの人が納得し，同じ結論へと到達できるような客観的な方法で実施していく必要がある。心理学では，これらを客観的に検討する手続きがある程度確立されており，観察法，面接法，実験法，心理調査法の4つに大別することができる。それぞれの研究手法については第2章で詳しい説明がなされるため，ここでは，「人はイライラしたときに，どのような行動をするのか」を題材として，それぞれの研究手法が人間の心理や行動の実態をどのように把握したり，測定したりしているのかを，簡単に説明する。

　観察法では，イライラしているときの行動と，イライラしていないときの行動を，その名の通り「観察」する。ただし，ただ漫然と見ていればよいというわけではない。観察すべき行動は一覧にし，操作的定義がなされなくてはならない。たとえば，観察対象者が「イライラしている」か否かを，観察できる行動からどのように判断するのかを明確にしておかなくてはならない。また，イライラしたときには「八つ当たり」をすることがあり得るが，「八つ当たり」をしたかどうかを観察するといった場合も注意する必要がある。なぜなら，誰かに怒鳴る，誰かに皮肉を言う，モノをぞんざいに扱う……などのように，「八つ当たり」に該当する行動は多様であるため，観察者によってチェックする行動が異なったり，研究論文を読んだ第三者がそれぞれ異なる行動をイメージしたりしてしまうためである。

　面接法では，「イライラしたときに，どのような行動をするのか」について，面接して質問することによって，つまりインタビューすることによって明らかにする。面接参加者の回答は，可能な限り IC レコーダーなどに録音され，面接後に文字情報として書き起こし，分析していくことになる。観察法と同様に，面接法においても，ただ漫然とインタビューすればよいわけではない。客観的なデータ分析ができるように，質問内容を精選し，回答内容を解釈する際に操作的定義が必要となってくる。

実験法では，実験参加者がイライラするように，実験者は何らかの操作を行う。この操作を行うことによって，イライラさせられた実験参加者が行う行動を測定していくことになる。

心理調査法では，ウェブ画面上や紙媒体などに記された「あなたはイライラしたときに，モノをぞんざいに扱いますか」などの質問項目に対して，「はい」「いいえ」や，「まったくあてはまらない」「あまりあてはまらない」「どちらともいえない」「ややあてはまる」「非常にあてはまる」などの選択肢の中から回答するように求める。その回答結果から，イライラするときによく行われている行動を明らかにしていくことになる。

以上の4つの研究手法は組み合わせて用いられることもある。たとえば，面接法にもとづき，面接参加者にインタビューすると同時に，面接参加者がどのような行動を行うかを観察することがあげられる。

1.4　データの形式

心理学研究の多くで，得られたデータは数値化される。たとえば，「あなたはイライラしたときに，モノをぞんざいに扱いますか」という質問項目に対して，「はい」と回答すれば「1」と，「いいえ」と回答すれば「0」と，それぞれ数値化される。数値化することにより，客観性を保つことが容易になる。たとえば，「今日は朝早く起きた」といった場合，「朝早い」という言葉から考えられる時間帯は人によってさまざまである。日が昇らないうちに起きれば確かに「朝早い」かもしれないが，毎日お昼頃に起きる人にとっては，9時の起床も「朝早くに起きる」ことになる。このように，「朝早い」という表現は，主観的なものである。しかし，7時ならば7時と数字で表せば，誰もが同じ時間帯を確認することができ，客観性を保つことができる。また，数値化することによって，統計解析を行うことが容易になる。

数値化されたデータは，**表1.1** に示す通り，大きく4種に分けることができる（吉田，1998）。これを「**尺度の水準**」とよぶ。

表 1.1 尺度の 4 つの水準（吉田，1998 に基づき作成）

尺度の水準	特　徴
名 義 尺 度	数値が異なることに意味がある。数値の大小は問わない。
順 序 尺 度	数値の大小に意味がある。
間 隔 尺 度	数値の大小，数値間の差（間隔）に，意味がある。
比 率 尺 度	数値の大小，数値間の差（間隔），数値間の比に，意味がある。

　第 1 の**名義尺度**では，数値の違いにのみ意味がある。たとえば，国籍を数値化するあたり，日本国籍を 1，アメリカ国籍を 2，中国国籍を 3 と数字を割り振っても，アメリカ国籍を 1，中国国籍を 2，日本国籍を 3 と数値を割り振ってもよい。このように，数値を入れ替えてもまったく問題ない。

　第 2 の**順序尺度**では，数値の大小に意味が生じる。たとえば，運動会の徒競走で 1 位から順に，2 位，3 位と順位をつけていくものがこれにあたる。このように，順序尺度では，ある順序が想定されるものに対して，順々に数値が割り振られる。ただし，1 位と 2 位の差と 2 位と 3 位の差は，同じ「1」であるが，この「1」は同じ間隔を必ずしも意味しない。1 位は 2 位よりも 10 秒早かったかもしれないが，2 位は 3 位よりも 1 秒しか早くなかったのかもしれない。

　第 3 の**間隔尺度**では，数値の大小と，数値と数値の間の差（間隔）に意味がある。温度を例にとると，30 ℃は 20 ℃より熱く，20 ℃は 10 ℃より熱い，というように，順序尺度と同様に数値の大小によって，熱さを順序づけることができる。さらに，30 ℃と 20 ℃の間の 10 ℃は，20 ℃と 10 ℃の間の 10 ℃と同じ温度差であるといったように，数値と数値の間隔が意味をもっている。ただし，30 ℃は 20 ℃の 1.5 倍熱い，20 ℃は 10 ℃の 2 倍熱いというように，倍数（比）について考えることはできない。

　第 4 の**比率尺度**では，着目している特性の量が 0 である点が存在し，数値の大小と，数値と数値の間の差（間隔）と，数値間の比に，意味がある。長さを例にとると，間隔尺度と同様に，30 cm と 20 cm とにおける 10 cm の差と，20 cm と 10 cm とにおける 10 cm の差は，同じ長さであることを意味する。さらに，30 cm は 20 cm の 1.5 倍の長さであり，20 cm は 10 cm の 2 倍の長さであると，

倍数を考えることができる。

　研究で得られたデータがこれら4つの水準のいずれに該当するかによって，用いることのできる統計手法が異なる。そのため，自分のデータがいずれの水準のものなのかについて，きちんと理解しておかなくてはならない。

1.5 心理調査を体験してみよう

　1.3節で述べた4つの研究手法のうち，本書では，社会心理学，発達心理学，臨床心理学，教育心理学，パーソナリティ心理学，組織心理学……などの幅広い心理学の研究領域で用いられている心理調査法について説明する。本節では，心理調査を，調査回答者の視点から，また調査実施者の視点から，それぞれ体験することを通して，心理調査法の概要について説明する（心理調査法の詳細については，第2章以降で説明する）。

1.5.1　回答者の視点からの体験

　回答者は，あるときに研究者から調査への協力依頼がなされ，質問項目が記載されたウェブページのURL，あるいは質問項目が記載された紙媒体の冊子である質問紙が渡される。ウェブ画面でも紙媒体でも，冒頭には調査を実施する目的や，倫理的な配慮に関する説明書きや，回答時の注意点，調査実施者の連絡先などが記載されている。心理調査に協力することに同意する人は，次のページに進み，各質問項目に回答することになる。心理調査で用いられる質問項目の例を以下に示すので，実際に回答をしてみてもらいたい。

（問1）以下の質問項目のそれぞれは，ふだんのあなたにどのくらいあてはまりますか。あてはまる程度をそれぞれお答えください。

	あてはまらない	あまりあてはまらない	どちらともいえない	ややあてはまる	あてはまる
1.　人と話すときにはできるだけ自分の存在をアピールしたい	1	2	3	4	5
2.　自分が注目されていないと，つい人の気を引きたくなる	1	2	3	4	5
3.　大勢の人が集まる場では，自分を目立たせようとはりきる方だ	1	2	3	4	5
4.　高い信頼を得るため，自分の能力は積極的にアピールしたい	1	2	3	4	5
5.　初対面の人にはまず自分の魅力を印象づけようとする	1	2	3	4	5
6.　人と仕事をするとき，自分の良い点を知ってもらうように張り切る	1	2	3	4	5
7.　目上の人から一目おかれるため，チャンスは有効に使いたい	1	2	3	4	5
8.　責任ある立場につくのは，皆に自分を印象づけるチャンスだ	1	2	3	4	5
9.　皆から注目され，愛される有名人になりたいと思うことがある	1	2	3	4	5
10.　意見を言うとき，みんなに反対されないかと気になる	1	2	3	4	5
11.　目立つ行動をとるとき，周囲から変な目で見られないか気になる	1	2	3	4	5
12.　自分の意見が少しでも批判されるとうろたえてしまう	1	2	3	4	5

13. 不愉快な表情をされると，あわてて相手の機					
嫌をとる方だ	1	2	3	4	5
14. 場違いなことをして笑われないよう，いつも					
気を配る	1	2	3	4	5
15. 優れた人々の中にいると，自分だけが孤立し					
ていないか気になる	1	2	3	4	5
16. 人に文句を言うときも，相手の反感を買わな					
いように注意する	1	2	3	4	5
17. 相手との関係がまずくなりそうな議論はでき					
るだけ避けたい	1	2	3	4	5
18. 人から敵視されないよう，人間関係には気を					
つけている	1	2	3	4	5

（問 2）私たちは日常生活において，場合によって演技をしている，または
していたと思われる場合があるのではないでしょうか。以下の質問ではこの
ような「日常生活での演技」について質問いたします。あまり深く考えずに
感じたままにお答えください。

　あなたは以下のような演技をどのくらい行いますか。自分に最も当てはま
ると思うところに，○印をつけてください。

	全くしない	しない	あまりしない	少しする	する	よくする
1. 優しい，いい人に見えるようにふるま						
う	1	2	3	4	5	6
2. 丁寧で，礼儀正しく見えるようにふる						
まう	1	2	3	4	5	6
3. まじめに見えるようにふるまう	1	2	3	4	5	6

4. 明るく，気さくな人に見えるようにふるまう	1	2	3	4	5	6
5. かわいく，またはかっこよく見えるようにふるまう	1	2	3	4	5	6
6. 優れた，できる人に見えるようにふるまう	1	2	3	4	5	6
7. 自分が良く見えるようにふるまう	1	2	3	4	5	6
8. ニコニコと愛想良くふるまう	1	2	3	4	5	6
9. 面白くなくても笑ってみせる	1	2	3	4	5	6
10. 相手の話に興味があるようにふるまう	1	2	3	4	5	6
11. 盛り上がっていて，楽しそうに見えるようにふるまう	1	2	3	4	5	6
12. 相手に対して怒りなどのネガティブな気持ちを感じていても，気にしていないようにふるまう	1	2	3	4	5	6
13. 自分がいつも通りに見えるようにふるまう	1	2	3	4	5	6
14. 相手と自分の意見が違っていても，相手の意見に賛成しているようにふるまう	1	2	3	4	5	6
15. 相手の話を聞いていなかったり，分かっていなくても，理解しているようにふるまう	1	2	3	4	5	6
16. その場で自分に求められていると思った役割に，合わせた演技をする	1	2	3	4	5	6
17. 相手へのリアクションなどを大げさにする	1	2	3	4	5	6

（問 3）最後に，あなたの性別を教えてください。当てはまるところに○を
1 つつけてください。

　　　　　　　　1．男性　　　2．女性　　　3．その他

1.5.2　調査実施者の視点からの体験

　本項では，研究者の視点に立って，前項の質問項目を見てみよう。

1.　心理調査の構成——心理測定尺度とは

　心理調査では，複数の種類の心理測定尺度を組み合わせて用いられることが
多い。心理測定尺度とは，「個人の心理的傾向（意識，感情，状態，態度，欲求，
行動など）の程度を測定しようとして工夫された道具」であり，「ある心理的
傾向について，それと関連する複数の項目から作られた一つの物差し（尺度）」
である（堀，2001）。

　前項で示した例のうち，問 1 の質問項目は，小島・太田・菅原（2003）によ
って作成された「賞賛獲得欲求尺度」（項目番号 1 番から 9 番の 9 項目）と「拒
否回避欲求尺度」（項目番号 10 番から 18 番の 9 項目）である（教示や選択肢
は倉住（2011）も参考にした）。これらは他者とどのように関わりたいかとい
う個人の欲求を 2 つの側面から測定するものである。「賞賛獲得欲求尺度」では，
他者から肯定的な評価を得たいという欲求を，「拒否回避欲求尺度」では，他
者から否定的な評価を下されることを避けたいという欲求を，それぞれ測定す
ることができる。

　問 2 の質問項目は，定廣・望月（2011）による「日常生活演技尺度」である。
人は人間関係を円滑するために，多かれ少なかれ演技をしているが，この尺度
は日常生活において演技をする頻度を尋ねる尺度である。「日常生活演技尺度」
は，さらに「好印象演技尺度」（項目番号 1 番から 7 番の 7 項目）と「調和的
演技尺度」（項目番号 8 番から 19 番の 12 項目）の 2 つの下位尺度に分けられ
る。「好印象演技尺度」では，相手に好印象を与えるように演技している頻度
を，「調和的演技尺度」では，相手に合わせた行動をするように演技している
頻度を，それぞれ測定することができる。

　なお，心理測定尺度を使用するときには，その尺度の妥当性や信頼性の有無について確認しておく必要がある（吉田，2001）。「妥当性がある」心理測定尺度は，その質問項目群によって，測定したいと考えている心理的傾向をきちんと測定できていることを意味する。たとえば，「人と話すときにはできるだけ自分の存在をアピールしたい」（問1の項目番号1）や「自分が注目されていないと，つい人の気を引きたくなる」（問1の項目番号2）などの項目が，他者から肯定的な評価を得たいという欲求である「賞賛獲得欲求」を表すものであると確認されていることが必要である。

　「信頼性がある」心理測定尺度は，その心理測定尺度で測定された結果が安定していることを示す。もし，初めて「賞賛獲得欲求尺度」に回答したときには「賞賛獲得欲求が非常に高い」と判定されたにも関わらず，その1週間後に回答したときには「賞賛獲得欲求が非常に低い」と判定されるとなると，その心理測定尺度は信頼性がないことになる。なお，問1と問2に示した心理測定尺度はいずれも，妥当性と信頼性が確認されているものである。

2. 心理測定尺度から分析できること

　それぞれの尺度に対する回答の結果から，回答者の心理的傾向を把握することができる。たとえば，賞賛獲得欲求をみてみよう。問1の項目番号1から項目番号9までで〇をつけた数字を合計してみよう。もし項目番号1から順に，5，3，4，4，5，4，5，3，4に〇をつけたのであれば，すべてを合計した37点（5＋3＋4＋4＋5＋4＋5＋3＋4＝37）が，その調査回答者の「賞賛獲得欲求尺度得点」になる。なお，「賞賛獲得欲求尺度」の理論的な最低点は，9項目すべてにおいて，1（あてはまらない）に〇をつけた場合の9点である（1点×9項目＝9点）。また，理論的な最高点は，9項目すべてにおいて，5（あてはまる）に〇をつけた場合の45点である（5点×9項目＝45点）。つまり，尺度得点が高くなるほど，賞賛獲得欲求が強いと判断することができる。

　自分の回答結果を見ながら，賞賛獲得欲求，拒否回避欲求，好印象演技，調和的演技の各尺度得点を算出してみてほしい。それぞれ何点になっただろうか。先述のように，心理測定尺度は「ある心理的傾向について，それと関連する複数の項目から作られた一つの物差し（尺度）」である（堀，2001）。この「物差

し」に従って，個人を順序づけることができる。たとえば，隣の席の人と賞賛
獲得欲求尺度得点を見比べてみて，自分のほうが隣の席の人よりも得点が高け
れば，自分のほうが隣の席の人よりも，賞賛獲得欲求が強いと判断することが
できる。これをクラス中で繰り返していけば，賞賛獲得欲求が一番弱い人から
一番強い人まで，並べることができる。他の尺度得点でも同様に，個人を順序
づけていくことができる。

　ただし実際には，一般的な心理調査で用いられる心理測定尺度では，特定の
個人の心理的傾向の評価をすることはできない（本章で示した賞賛獲得欲求尺
度を含むいずれの心理測定尺度も，特定の個人を評価することはできないと考
えられる）。たとえば，知能検査では，検査結果の得点から，「この調査回答者
は日本人全体の上位〇％に入る知能の持ち主だ」といったような評価ができる
場合がある。それは，ある得点をとる回答者が日本人全体の上位何％に入るの
かについて，事前に研究されているからである。しかし，一般的な心理調査で
用いられる心理測定尺度のほとんどにおいて，ある得点をとる調査回答者が日
本人全体の上位何％に入るのかについて検討がなされていない。そのため，知
能検査のように特定の個人を評価することができない。

　また，「1点でも差があれば，AさんとBさんの間に違いがあるといってよ
いのか？　1点ぐらいの差は誤差ではないか？　では何点の差があれば，Aさ
んとBさんの間に違いがあるのか？」といった問題もある。したがって，一
般的な心理調査では個々人の得点そのものよりは，たとえば「男性は平均〇点
であり，女性は平均△点である。したがって，男性は女性よりも□の傾向が強
い」といったように，それぞれの集団の全体的傾向に着目することが多い（山
本，2001）。もちろん，集団の全体的傾向をみる際にも，「1点でも差があれば，
男性と女性の間に違いがあるといってよいのか？　1点ぐらいの差は誤差では
ないか？　では何点の差があれば，男性と女性の間に違いがあるのか？」とい
う問題は生じる。この問題を解決するために用いられるのが統計である。なお，
小島・太田・菅原（2003），および定廣・望月（2011）が行った大学生を対象
とする心理調査の結果は，**表1.2** の通りであった。統計的な分析を行った結果，
女性のほうが男性よりも，賞賛獲得欲求や拒否回避欲求が強く，日常生活にお

いて調和的演技を行うことが明らかにされている。

表 1.2 性別でみた尺度得点（小島・太田・菅原，2003 および定廣・望月，2011 より作成）

	男性			女性	
	平均	(SD)		平均	(SD)
賞賛獲得欲求	27.4	(6.34)	<	28.9	(6.25)
拒否回避欲求	29.2	(6.16)	<	30.9	(6.35)
好印象演技	27.4	(7.61)		27.7	(5.79)
調和的演技	38.2	(8.09)	<	40.8	(7.45)

注）不等号がついている箇所は，有意差があることを示す。
調査回答者数はそれぞれ，小島・太田・菅原（2003）が 612 名，定廣・望月（2011）が 478 名であった。定廣・望月（2001）の平均値は，小数点第 2 位を四捨五入した値である。

　さらに，各人の尺度得点を算出し，統計的な分析を加えることによって，2 つ以上の心理的傾向の関係についても検討することができる。定廣・望月（2011）は，賞賛獲得欲求・拒否回避欲求と，好印象演技・調和的演技との間で偏相関係数という統計量を算出している。その結果を，表 1.3 に示す。表 1.3 より，賞賛獲得欲求が強い者ほど，好印象演技を行う傾向があること，また拒否回避欲求が強い者ほど，調和的演技を行う傾向のあることがわかる。

表 1.3 賞賛獲得欲求・拒否回避欲求と好印象演技・調和的演技との偏相関
（定廣・望月，2011 より作成）

	賞賛獲得欲求	拒否回避欲求	
好印象演技	.49**	.10	（調和的演技を制御）
調和的演技	−.03	.43**	（好印象演技を制御）

注）**$p < .01$

　以上のように，心理測定尺度を用い，尺度得点に対して統計的な分析をすることによって，ある集団の全体的傾向や，複数の心理的傾向の関連性を明らかにすることができる。このような心理学の研究を重ねていくことによって，心理学の目標である記述，説明，推測，制御，および人間の生活の質の向上を試みることを達成していくことになる。

1.6　心理調査の全体的な流れと本書の構成

　では，心理調査は，具体的にどのように進めていけばよいのだろうか。本節では，心理調査の全体的な流れとともに，本書の構成について述べることとする。

1.6.1　研究テーマと研究手法の決定

　研究を行う際には，まず研究テーマを決定する必要がある。自分は何を調べたいのか，そのテーマを研究することの社会的意義や学術的意義は何かなどを明確にしていく必要がある。研究テーマが決まれば，研究テーマに適した研究手法を用いることとなる。本書では，第 2 章において，心理学でよく用いられる研究手法である観察法，面接法，実験法，心理調査法を紹介し，心理調査に適した研究テーマについて整理する。第 3 章では，研究テーマの見つけ方について紹介する。また，研究テーマに即した検証可能な研究仮説の立て方や，研究計画の立て方について紹介する。

1.6.2　心理測定尺度の選定とウェブ調査フォームの作成

　先述のように，心理調査では，それぞれの研究テーマに沿って，複数の心理測定尺度を組み合わせて用いることが多い。そこで，第 4 章では，信頼性と妥当性を含む心理測定尺度の詳細について説明する。第 5 章では，既存の心理測定尺度の探し方・利用の仕方，また独自の心理測定尺度の開発の仕方について説明する。

　使用する心理測定尺度が決定したら，回答者に示すウェブ調査フォームを設定することになる。第 6 章では，このウェブ調査票の設定方法，および調査実施時の注意点について説明する。

1.6.3　調査実施後のデータの整理と解析

　心理調査を実施したら，収集したデータを，統計ソフトを用いて分析を行っていく。統計的な分析を通して，研究仮説は支持されたか否かなどの自分が検討したかった研究テーマに対する知見を得ていくことになる。そこで，第 7 章

では，データの全般的な整理の方法について説明する。第8章では，実際に使用した心理測定尺度を統計的に精錬させていく尺度構成という一連の手続き・手法について説明する。第9章では，統計的な分析手法の紹介を通して，心理測定尺度の尺度得点から明らかにできる点について説明する。

1.6.4 研究成果の発表

　1.2節で述べたように，心理学という学問は，心理学を専門とする者が研究を通して得た知識を学会や論文で発表し合い，知識を共有していくことによって成立している。したがって，研究を実施した後には，研究成果が何らかの形で公表されることが望まれる。そこで，第10章では，研究成果の公表方法として，卒業論文やレポートの執筆の仕方について，説明する。

1.6.5 研究のさらなる発展のために

　心理調査では，質問項目に対して選択肢（たとえば，「あてはまらない」から「あてはまる」など）を提示するような心理測定尺度という形式の質問だけでなく，回答者が思ったことや感じたことを自由に回答してもらう形式の質問を実施することも可能である。第11章では，自由回答式の回答の分析に威力を発揮するテキストマイニングの手法を紹介する。

　心理調査は，これまで紙媒体での実施されることが多かった。また現在でも，ウェブ上で実施するよりも紙媒体で実施するほうが適している場合もある。そこで，第12章では，質問項目が記された紙媒体である質問紙を用いた心理調査を実施する方法の注意点などについて紹介する。

　さらに，第13章では，近年，採用されることが多くなってきた質的研究について説明する。これまでの心理学の研究では，統計的手法を用いるために，人間の心理や行動を何らかの数値データに置き換えて分析していくことが多かった。そのため，量的研究ともよばれる。しかし，何らかの数値データに置き換えることが困難な人間の心理や行動も存在する。質的研究は，量的研究とは異なる研究枠組みと手続きをとるものであるが，質的研究で得られた知見を心理調査に活用していくことも可能である。

1.6.6　研究の倫理

多くの人々が研究を重ねることによって，人間の心理や行動に関しての知識を蓄積していくことができる。研究を進める上では，その研究によって誰かが不快な経験をしたり，傷ついたりすることがないように，十分に配慮する必要がある。また，心理調査を含む心理学研究という科学的な営みに対して，研究者は誠実な態度で臨まなくてはならない。本書の最終章である第14章では，研究の倫理について述べることとする。

なお，本書では，丁寧に説明することが必要と考えられた場合には，同一の内容を複数の章で扱っている場合もあることを，あらかじめご了承願いたい。

2 心理調査とさまざまな研究法の比較

太幡直也

　第1章では，心理調査の特徴について説明した。心理学の研究は，心理調査以外にもさまざまな研究法で実施される。どの研究法によって研究を実施するのが適しているかは，どのような心理事象に関するデータを収集したいか次第である。したがって，より良い心理調査を行うためには，心理調査法（心理調査による研究法）の特徴に加え，心理調査法以外のさまざまな研究法の特徴についても理解しておく必要がある。

　本章では，まず，心理学の研究におけるデータの測定方法を説明する。続いて，心理学における主な研究法として，実験法，面接法，観察法，心理調査法について概観する。そして，それらの研究法の長所と短所をあげ，心理調査法が適している研究を整理する。

　なお，本章では，それぞれの研究法を説明するにあたり，懸念的被透視感に関する研究を例として取り上げる。懸念的被透視感は，「他者と相互作用している状況において，自分で直接的に伝えていないのに，気づかれたくない事柄を相互作用している相手に気づかれているかもしれないと感じる感覚」と定義される（太幡，2017，2021）。たとえば，嘘をついているときに，「嘘をついていることがバレているかもしれない」と感じるのが，懸念的被透視感である。

2.1　心理学におけるデータの測定方法

　心理学の研究は，心の働きによって生じる行動や反応を客観的にとらえることを目的としている。研究法によって，行動や反応をとらえるためのデータの測定方法が異なる。

　データの測定方法には，量的方法と質的方法がある。**量的方法**では，データ

を数値として測定する。**質的方法**では，データを文字や映像としてそのまま記録して測定する。数値として測定されたデータは**量的データ**，文字や映像として測定されたデータは**質的データ**とよばれる。心理調査を例に説明すれば，調査対象者に，ある場面での懸念的被透視感が「1. 非常に弱い」から「5. 非常に強い」の間でどの程度かを回答させるとすれば，量的データを測定したことになる。どのような事柄に懸念的被透視感を感じたのかについて自由に記述させるとすれば，質的データを測定したことになる。研究法によって，量的データ，質的データのどちらが測定されやすいかが異なる。また，1 つの研究で，量的データ，質的データの両方が測定されることもある。

　量的データと質的データは，分析でのデータの扱い方が異なる。量的データは，測定した数値を統計的手法により分析する。一方，質的データは，文字や映像として記録されたデータを研究者や評定者（実験参加者や調査対象者の行動や反応の有無，回数，印象を判断する者）が解釈して分析する他に，量的データに変換し，統計的手法により分析することもできる。たとえば，どのような事柄に懸念的被透視感を感じたのかについて自由に記述させた回答を研究者や評定者が分類し，どのような回答が多いのかを数えれば，量的データに変換して分析したことになる。このとき，個々の回答を数値に置き換える，コーディング（第 7 章参照）をしてからデータ入力する場合もあるものの，置き換えられた数値には特別な意味はない。データの形式（第 1 章参照）としては，間隔尺度，比率尺度で測定されたデータが量的データ，名義尺度，順序尺度で測定されたデータが質的データである。

　ここまでに説明したデータの測定方法をふまえ，次節では心理学で扱われることの多い研究法として，実験法，面接法，観察法，心理調査法について概観する。

2.2　心理学における研究法

2.2.1　実　験　法

　実験法は，独立変数の操作だけで従属変数に何らかの変化がみられるか否か

を検証し，心の働きによって生じる行動や反応をとらえようとする研究法である。独立変数を原因，従属変数を結果と考え，独立変数と従属変数の**因果関係**を明らかにすることを試みる。独立変数の操作とは実験実施者が条件（もしくは水準）を設定することで，**独立変数**とは操作される変数のことである。操作される条件をまとめた総称は，**要因**とよばれる。実験によっては，要因を複数設定し，従属変数に対する要因の組合せ効果（交互作用）がみられるか否かを検証することもある。**従属変数**とは，独立変数の操作の効果を検証するために測定する変数である。従属変数は，実験参加者の行動や反応，実験中に課した課題の成果を測定する方法や，実験参加者に心理調査のような質問項目に回答させる方法により，量的方法で測定することが多い。

　実験法では，独立変数の操作だけで従属変数に何らかの変化がみられるか否かを検証するためには，独立変数の操作以外の実験手続きや実験状況は同じにし，独立変数以外が従属変数に影響をもたらすことを避ける必要がある。独立変数以外を条件間で同じにすることは**統制**とよばれる。独立変数以外に従属変数に影響をもたらす可能性がある変数（剰余変数）は，できる限り統制しなければならない。たとえば，実験参加者に対する説明の仕方などを詳細に記載した台本を用意し，全員に同じように接することがあげられる。統制が不十分で，独立変数の操作以外が従属変数に影響をもたらしていることは**交絡**とよばれる。交絡が生じると，独立変数と従属変数の因果関係を断定できないため，研究の価値を損ねてしまう。

　実験法では，ある要因について，実験参加者を１つの条件のみに割り当てる場合と，複数の条件に割り当てる場合がある。実験参加者を１つの条件のみに割り当てる場合，その独立変数は**実験参加者間要因**とよばれる。実験参加者を複数の条件に割り当てる場合，その独立変数は**実験参加者内要因**とよばれる。要因が複数あるときは，実験参加者間要因だけの場合，実験参加者内要因だけの場合の他に，片方が実験参加者間要因，もう片方が実験参加者内要因の場合もある。実験参加者間要因，実験参加者内要因を組み合わせた場合，**混合計画**とよばれる。

　実験法にはいくつかの実施方法がある。まず，１人，あるいは少人数の実験

参加者に実験室で実験を実施する方法は，**実験室実験**とよばれる。実験室実験は，実験手続きや実験状況を厳密に統制できる半面，自然な状況での行動や反応はとらえることができない。次に，実験を実験室以外の日常場面で行う方法は，**現場（フィールド）実験**とよばれる。現場（フィールド）実験は，自然な状況での行動や反応をとらえることができる半面，実験手続きや実験状況の統制が不十分になりやすい。さらに，実験参加者に，条件によって内容が異なる，操作された文章，写真，イラストなどの刺激を提示した後に，質問項目に答えさせる方法もある。このような方法による実験は質問紙上で行われることが多く，質問紙実験とよばれてきた。質問紙上だけでなくウェブ上でも実施可能であることから，本章では**ウェブ実験**とする。ウェブ実験では，特定の場面を想像，いわば疑似経験させるように教示し，その場面での自分の行動や反応を推測して回答させる，**場面想定法**による研究も多い。場面想定法では，得られた回答を実際の場面での行動や反応と類似するものとみなす。

　実験法による研究例として，懸念的被透視感による反応を実験室実験により検討した研究のうち，太幡（2009）を紹介する。この研究では，実験参加者に大学院生に扮して大学生に面接をするように依頼し，面接相手の実験協力者（サクラ）に「本当は大学院生ではない」ことを気づかれないようにする理由の説明内容で，実験参加者を3条件のいずれかに割り当てた。設定した条件は，面接の進め方を説明する際に，「急に依頼された役割をうまくこなすことが，社会場面での対応能力に関わる」と説明した自己利益条件，「失敗すると，あなたと面接を受けに来た方のデータがすべて使えなくなってしまう」と説明した他者配慮条件，特別な説明は説明なし条件の3条件であった。実験参加者を3条件のいずれかに割り当てたので，気づかれないようにする理由の説明内容は，実験参加者間要因であったことになる。説明を受けた後，実験参加者は，2人の実験協力者（サクラ）にそれぞれ面接を行った。そして2人目の面接中，面接相手の実験協力者（サクラ）が大学院生ではないことを疑う発言をすることで実験参加者の懸念的被透視感を喚起した。この研究では，懸念的被透視感喚起後の，実験協力者（サクラ）からの「研究者なら誰でも知っていると集中講義で聞いた，『恋愛のクリスマス効果（架空の概念）』について教えてほし

い」という質問に対する，実験参加者の回答などを従属変数として測定した。

2.2.2　面　接　法

　面接法は，研究実施者が調査対象者に，対面で，あるいはインターネットを介して口頭で直接質問して回答を収集し，心の働きによって生じる行動や反応をとらえようとする研究法である。面接は一度に1人の調査対象者に実施することが多いものの，複数の調査対象者に実施することもある。面接のうち，研究目的に沿ったデータを収集するための面接は，**調査面接**とよばれる。また，カウンセリング場面で相談者（クライアント）の心の理解のための面接は，臨床面接とよばれる。本章では，調査面接を扱う。

　面接法では，調査対象者の回答は研究実施者が書き留めて記録することが多い。事前に調査対象者に許可を得て，調査対象者の回答を録音機器で録音し，面接後に書き起こすこともある。記録された回答は，回答そのものを研究実施者や評定者が質的データとして解釈するだけでなく，KJ法により回答をカテゴリーに分類する，テキストマイニングにより発言に含まれる単語数を分析する（第11章参照）など，量的データに変換して分析することもある。

　面接法は，面接時の質問がどの程度事前に決められているかによって，構造化面接，半構造化面接，非構造化面接の形態に分けられる。**構造化面接**は，事前に決められた質問項目と質問の順序に従って進める面接である。**半構造化面接**は，事前に質問項目は決められているものの，面接の流れによって質問の仕方や質問の順序を柔軟に調整して進める面接である。**非構造化面接**は，事前に質問項目や質問の順序は決められておらず，面接での調査対象者の様子に応じて自由に質問して進める面接である。いずれの形態の面接でも，調査対象者が正直に安心して回答できるように，研究実施者は調査対象者と信頼関係（ラポール）を形成するように面接を実施する必要がある。たとえば，調査対象者の緊張を和らげるような接し方をすること，面接中は調査対象者の会話に相づちを打って傾聴することが求められる。

　面接法による研究例として，大学生を調査対象者として懸念的被透視感が生じる状況の特徴を抽出するために半構造化面接を実施した，太幡・吉田（2008）

を紹介する。この研究では，研究実施者は調査対象者に，懸念的被透視感の説明をした後に，最近，懸念的被透視感を感じた経験を想起するよう求めた。そして，懸念的被透視感を感じた事柄，その事柄を伝えていなかった理由など，想起した経験に関する詳細を尋ねて回答を記録した。

2.2.3　観察法

観察法は，研究実施者や評定者が，調査対象者の行動や反応を観察，記録し，心の働きによって生じる行動や反応をとらえようとする研究法である。調査対象者の行動や反応を直接観察する以外にも，ワンウェーミラー（一方からしか見えない特殊な鏡）越しに観察することや，ビデオカメラで録画した映像を観察することもある。記録された内容は，内容そのものを研究実施者や評定者が質的データとして解釈するだけでなく，評定者が調査対象者の行動や反応の有無，回数，持続時間などを測定する方法や，評定者に心理調査のような質問項目に回答させる方法により，量的データを収集して分析することもある。

観察法は，行動や反応の観察状況によって，自然観察法と実験的観察法に分けられる。**自然観察法**は，自然な状況の中で観察する方法である。**実験的観察法**は，観察したい行動や反応がみられやすい状況を設定して観察する方法である。

また，観察法は，研究実施者の観察方法によって，参加観察法，非参加観察法に分けられる。**参加観察法**は，研究者が自分自身の存在を調査対象者に示し，調査対象者と相互作用しながら観察する方法である。一方，研究実施者が自分自身の存在を調査対象者に示さずに，ワンウェーミラー越しに観察する方法や，ビデオカメラでの録画によって観察する方法は，**非参加観察法**とよばれる。

さらに，調査対象者の行動や反応の記録方法にもいくつか種類がある。まず，決められた時間内での，対象となる行動や反応を記録する方法がある。このうち，たとえば，ある活動中の10分間のような，短い時間内でみられた行動や反応を測定する方法は**時間見本法**，たとえば1日ごとに1週間のような，ある程度長期間に定期的に行動や反応を測定する方法は**日誌法**とよばれる。また，対象となる行動や反応が起こるまでのプロセスを記録する方法もあり，**事象見**

本法とよばれる。さらに，対象となる行動や反応の程度や印象について，調査項目の選択肢から評定者に選択させる方法もあり，**評定尺度法**（第5章参照）とよばれる。

　観察法による研究例として，実験法（2.2.1項）でも紹介した，懸念的被透視感による反応を検討した研究を，実験的観察法の研究例として紹介する。懸念的被透視感による反応を検討した研究（太幡，2008, 2009）では，懸念的被透視感の喚起前後の実験参加者の様子を録画し，評定者による評定にもとづいてデータを収集する方法がとられている。たとえば，太幡（2008）は，大学生の実験参加者が条件のよい，「創造性」が必要なアルバイトの面接を受ける状況を設定し，面接中，実験参加者がこの状況で気づかれたくない事柄（事前に受けたテストの結果，「柔軟的思考力が低い」と告げられたこと）に気づいたような，面接者の発言で懸念的被透視感を喚起した。そして，懸念的被透視感の喚起後は喚起前に比べ，焦りを反映するような反応が増えるか否かを検討した。この研究では，2人の評定者が，懸念的被透視感の喚起前後の質問に答える状況での，実験参加者の自己接触の回数や沈黙した時間など，焦りを反映すると想定される非言語的反応を測定した。加えて，懸念的被透視感の喚起前後の質問に答える状況での，実験参加者の「発言の的確さ」や「落ち着きのなさ」の程度を7段階で評定した。前者の実験参加者が質問に答えている間での反応の測定は時間見本法による測定，後者の実験参加者が質問に答えている間の印象の評定は評定尺度法による測定であったといえる。

2.2.4　心理調査法

　それぞれの研究法の長所と短所をあげる前に，心理調査法について，第1章の内容をふまえて簡単に触れる。**心理調査法**は，調査対象者に言語で表現された質問項目に回答させることで，心の働きによって生じる行動や反応をとらえようとする研究法である。インターネットが普及する以前は，質問紙を配付して回答させる方法で実施されてきた（第12章参照）。近年では，本書で紹介されているように，調査対象者にウェブ上の調査用サイトで回答させる方法も広く使われるようになってきた。いずれの調査方法でも，調査対象者の質問項目

への回答をデータとして収集する。質問項目の多くは，対象となる心理事象に関する程度，頻度などについて尋ねる形式の質問である。調査対象者に，個人の態度やパーソナリティを測定する心理測定尺度の項目を示し，回答させることも多い。こうした形式の質問項目では，量的方法でデータを測定することになる。また，質問に沿った事柄について自由に記述させる形式の質問項目によって，質的方法でデータを測定する場合もある。この場合も，測定した質的データを，KJ法，テキストマイニング（第11章参照）などにより，量的データに変換して分析することが一般的である。

　心理調査法による研究例として，懸念的被透視感の感じやすさとパーソナリティの関連を検討したTabata（2009）を紹介する。この研究では，調査対象者に個別に質問紙を配付し，日常生活での懸念的被透視感の感じやすさ，パーソナリティを測定する心理測定尺度に関する質問項目などに回答させた。

2.3　心理学における研究法の長所と短所

　ここまで，心理学における主な研究方法として，実験法，面接法，面接法，心理調査法について概観した。本節では，それらの研究法の主な長所と短所をあげる（それぞれの研究法の主な長所と短所を，**表2.1**に示す）。

2.3.1　実験法の長所と短所

1.　実験法の長所

　実験法の主な長所としては，（1）因果関係に関する結論を得られる，（2）対象とする心理事象が生じやすい状況を計画的に設定できる，（3）実際の行動や反応に関するデータを収集できることがあげられる。

(1)　因果関係に関する結論を得られる

　実験法では，独立変数以外の従属変数への影響を統制するため，独立変数と従属変数に因果関係がみられるか否かを検証することができる。他の研究法では，心理事象同士の規則的な関係，すなわち相関関係は明らかにできるものの，両者の相関関係に他の変数が影響している可能性は排除できない。一方，統制

表 2.1 心理学における研究法の主な長所と短所

研 究 法	主な長所	主な短所
実 験 法	●因果関係に関する結論を得られる。 ●対象とする心理事象が生じやすい状況を計画的に設定できる。 ●実際の行動や反応に関するデータを収集できる。	●時間や手間がかかり，一度に多くのデータを収集できない。 ●データとして収集される行動や反応が，現実世界ではみられない可能性がある。
面 接 法	●詳細な内容や内省が難しい内容を聞き出すことができる。 ●調査対象者の回答に不備が生じにくい。	●時間や手間がかかり，一度に多くのデータを収集できない。 ●熟達した者が面接を実施する必要がある。 ●データの解釈に研究実施者や評定者の主観が入りやすい。
観 察 法	●研究知見を現実生活に適用しやすい。 ●言語を十分に理解できない者も調査対象者にできる。	●時間や手間がかかり，一度に多くのデータを収集できない。 ●データの解釈に研究実施者や評定者の主観が入りやすい。
心理調査法	●実施が容易で，同時に多くのデータを収集できる。 ●一度にさまざまな心理事象に関するデータを収集できる。 ●対象となる心理事象を調査対象者に経験させる必要がない。	●調査対象者が質問内容を理解できないと十分な回答が得られない。 ●社会的望ましさの影響で調査対象者の回答が歪められる可能性がある。 ●調査対象者が努力を最小限化しやすい。 ●因果関係を直接検討することができない。

が十分になされた実験では，因果関係に関する結論を得ることができる。因果関係を立証できれば，心理事象に関する一般的法則の確立に寄与することや，現実世界の問題を解決するための具体的な方法を考えることにつながる。

(2) 対象とする心理事象が生じやすい状況を計画的に設定できる

　とくに実験室実験では，対象とする心理事象が生じやすい状況を計画的に設定できる。実験状況を工夫すれば，生起頻度が低い心理事象を対象にすることも可能になる。たとえば，懸念的被透視感は，日常生活で頻繁に感じられるとは限らない。しかし，太幡（2008，2009）のように，実験参加者の懸念的被透視感を喚起させる状況を設定すれば，懸念的被透視感による反応を測定できる。

(3) 実際の行動や反応に関するデータを収集できる

とくに実験室実験，現場（フィールド）実験では，独立変数が操作された状況下での実験参加者の行動や反応をデータとして収集するため，実験参加者の実際の行動や反応に関するデータを収集できる。たとえば，太幡（2008，2009）では，実験参加者の懸念的被透視感を喚起し，懸念的被透視感を感じた際の実際の非言語的反応や発言内容などを測定している。

また，実験室実験では，特殊な装置を使用できるので，自然の状況では収集するのが難しいデータを収集できる。たとえば，ポリグラフとよばれる装置を使用すれば，実験参加者の皮膚電気反応，脈拍，呼吸などの複数の生理反応を測定できる。

2. 実験法の短所

実験法の主な短所としては，(1) 時間や手間がかかり，一度に多くのデータを収集できない，(2) データとして収集される行動や反応が，現実世界ではみられない可能性があることがあげられる。

(1) 時間や手間がかかり，一度に多くのデータを収集できない

実験室実験や現場（フィールド）実験では，一度に多くの実験参加者を対象とできない場合が多いため，データ収集に時間や手間がかかる。たとえば，太幡（2009）では，62人の大学生に実験室で個別に実施した実験の所要時間は，それぞれ約40分であった。また，実験によっては，実験実施者だけでなく，実験協力者（サクラ）の確保が必要となる。太幡（2009）では，実験参加者の懸念的被透視感を喚起するため，実験協力者（サクラ）が1回の実験で2人参加した。

(2) データとして収集される行動や反応が，現実世界ではみられない可能性がある

実験法では，データとして収集される行動や反応が，現実世界ではみられない可能性がある。実験室実験では，因果関係を明らかにするために多くの要因を統制する必要があることから，実験状況が自然な状況からかけ離れた状況になりやすい。また，ウェブ実験でも，場面想定法による研究では，実験参加者に特定の状況を想像させた上で行動や反応を回答させることになるため，実際

の状況での実験参加者の行動や反応に関するデータとはいえない。データとして収集される行動や反応がその実験のみで確認されるにすぎないならば，得られた結果が他の状況にも適用できる可能性，すなわち**外的妥当性**が低いことになる。

　実施方法に関わらず，実験状況が，実験参加者の特別な行動や反応を誘発するおそれもある。たとえば，実験実施者が仮説を支持する方向に沿うように無意識的に振る舞うことで実験参加者の行動や反応に影響を与える可能性があり，これは**実験実施者効果**とよばれている。**要求特性**とよばれる，実験参加者に特定の行動や反応を求める要素も，実験参加者の特別な行動や反応を誘発する可能性がある。実験実施者効果や要求特性に関する問題に対処するために，実験参加者を無作為に，すなわち実験実施者の意図が入らないように偶然に任せて条件に割り当てる必要がある。また，実験参加者に表向きの実験の目的（カバー・ストーリー）を伝えるなどの工夫も求められる。さらに，実験実施者と実験参加者の相互作用が多い場合，実験参加者に実験条件がわからないようにするだけでなく，実験実施者も実験参加者が割り当てられた実験条件をわからないようにする，**二重盲検法**とよばれる方法を取り入れる必要がある。

2.3.2　面接法の長所と短所

1.　面接法の長所

　面接法の主な長所としては，（1）詳細な内容や内省が難しい内容を聞き出すことができる，（2）調査対象者の回答に不備が生じにくいことがあげられる。

（1）詳細な内容や内省が難しい内容を聞き出すことができる

　面接法では，研究実施者が複雑な内容について質問することができるため，詳細な内容や内省が難しい内容を聞き出すことができる。とくに半構造化面接，非構造化面接では，調査対象者が質問を十分に理解できない場合，補足的な説明ができる。研究実施者と調査対象者の信頼関係（ラポール）が形成されれば，非常にネガティブな経験のような，心理調査では回答しにくい事柄に関するデータを収集しやすくなる。また，複雑な内容について質問することができるため，振り返ることが難しいと思われる事象，すなわち，**内省可能性**が低い事象

に関するデータを収集するのに適している。たとえば，懸念的被透視感が生じる状況の特徴を抽出した太幡・吉田（2008）のように，調査対象者に過去の経験を詳細に想起させる場合，過去の経験を詳細に想起することは内省可能性が低くなりやすいことを考慮すると，面接でデータを収集するのが適していると考えられる。

(2) 調査対象者の回答に不備が生じにくい

　面接法では，研究者が調査対象者に直接質問するため，調査対象者の回答が質問内容に沿っていないという理由で，データとして使用できないという不備が生じにくい。調査対象者の回答が十分ではないならば，研究者は，補足的な質問により，調査対象者から回答を引き出すことが可能である。したがって，研究者が質問するのを忘れることや，故意に省略することがない限り，調査対象者の回答が無効回答になることはない。

2. 面接法の短所

　面接法の主な短所としては，（1）時間や手間がかかり，一度に多くのデータを収集できない，（2）熟達した者が面接を実施する必要がある，（3）データの解釈に研究実施者や評定者の主観が入りやすいことがあげられる。

(1) 時間や手間がかかり，一度に多くのデータを収集できない

　面接法は，一度に多くの調査対象者に実施できないため，データ収集に時間や手間がかかる。たとえば，太幡・吉田（2008）では，20人の大学生に個別に実施した面接の所要時間は，それぞれ約30分であった。

(2) 熟達した者が面接を実施する必要がある

　面接法は，研究実施者と調査対象者のやりとりによって進められるため，研究実施者の力量次第で，調査対象者から得られる回答が異なる可能性がある。研究実施者と調査対象者の信頼関係（ラポール）が形成されなければ，調査対象者が正直に回答するのを避けてしまい，十分な回答が得られないおそれがある。また，半構造化面接や非構造化面接では，調査対象者の回答が十分ではないときに掘り下げた補足的な質問をできるか否かで，得られる回答は異なるだろう。さらに，研究実施者が，特定の回答が得られやすくなるように調査対象者を誘導するような働きかけをすれば，調査対象者の回答内容に影響してしま

うおそれもある。したがって，研究実施者は，相手の会話を傾聴し，質問の仕方や話し方に配慮することが自然にできるように，練習を重ねる必要がある。

(3) データの解釈に研究者や評定者の主観が入りやすい

　面接法では，調査対象者の回答は文字として記録するため，質的データとして分析するにせよ，量的データに変換して分析するにせよ，分析の際に研究者や評定者の解釈が必要となり，データの解釈に主観が入るおそれがある。主観を完全に排除しきれないため，分析の客観性を担保するには工夫が必要となる。質的データを適切に解釈するには，分析のための十分な知識が必要となる（第13章参照）。また，質的データを量的データに変換する場合，たとえばKJ法により回答をカテゴリーに分類するときに複数の評定者が評定する（第11章参照）など，主観を極力排除するように工夫する必要がある。たとえば，太幡・吉田（2008）では，それぞれの質問で得られた回答について，2人の評定者がKJ法によりカテゴリーを作成し，別の2人の評定者がそれぞれの回答をカテゴリーに分類する手続きがとられた。

2.3.3　観察法の長所と短所

1.　観察法の長所

　観察法の主な長所としては，(1) 研究知見を現実世界に適用しやすい，(2) 言語を十分に理解できない者も調査対象者にできることがあげられる。

(1)　研究知見を現実世界に適用しやすい

　観察法では，調査対象者の行動や反応そのものをデータとして収集できるため，現実世界に適用しやすい研究知見が得られやすい。とくに，自然観察法では，自然な状況で生じた，調査対象者の行動や反応のデータを収集できる。また，行動や反応が生じるまでのプロセスを記録することも可能である。

　研究知見を現実生活に適用できる程度は**生態学的妥当性**とよばれ，とくに実験法では生態学的妥当性が低くなる傾向がある。しかし，観察法では，生態学的妥当性が高い研究を実施することが可能である。

(2)　言語を十分に理解できない者も調査対象者にできる

　観察法では，調査対象者の行動や反応を観察するにあたり，調査対象者に対

する言語的な説明や指示は必要としないことも多い。したがって，乳幼児など，言語を十分に理解できない者を対象とした研究を実施することも可能である。

2. 観察法の短所

観察法の主な短所としては，（1）時間や手間がかかり，一度に多くのデータを収集できない，（2）データの解釈に研究実施者や評定者の主観が入りやすいことがあげられる。

(1) 時間や手間がかかり，一度に多くのデータを収集できない

観察法も面接法と同様，観察のために時間や手間がかかり，一度に多くのデータを収集できない。生起頻度が低い行動や反応を観察する場合，自然観察法による観察ならば，その行動や反応が生じるまで待たなくてはならない。また，実験的観察法による観察ならば，観察したい行動や反応がみられやすい状況を設定する必要があり，設定した状況次第では，生態学的妥当性が低くなるおそれがある。

(2) データの解釈に研究実施者や評定者の主観が入りやすい

録画された行動や反応そのものを解釈する質的方法による観察では，分析においては研究実施者や評定者の解釈が必要となり，データの解釈に主観が入るおそれがある。また，行動や反応の有無，回数，印象を評定者が記録する量的方法による観察でも，評定者の主観が入るおそれがある。主観を完全に排除しきれないため，面接法と同じく，分析の客観性を担保するには工夫が必要となる。行動や反応そのものを質的データとして解釈するには，分析のための十分な知識が必要となる（第13章参照）。また，評定者が行動や反応の有無，回数，印象を測定するときには，複数の評定者が，行動や反応の定義を十分に理解した上で測定する必要がある。

2.3.4　心理調査法の長所と短所

1. 心理調査法の長所

心理調査法の主な長所としては，（1）実施が容易で，同時に多くのデータを収集できる，（2）一度にさまざまな心理事象に関するデータを収集できる，（3）対象となる心理事象を調査対象者に経験させる必要がないことがあげられ

る。

(1) 実施が容易で，一度に多くのデータを収集できる

心理調査法では，ウェブ，質問紙のいずれで実施する場合でも，実験室など
の特別な場所や，特殊な機材を用意する必要はない。また，一度に多くの調査
対象者に回答させることができる。したがって，他の研究法に比べ，実施が容
易で，時間や手間がかからずに多くのデータを収集できるといえる。

心理調査法は，調査対象者にとっても参加するのが容易である。調査対象者
は，実験室などに出向く必要がない場合が多い。とくに，ウェブ調査は，調査
対象者が，自分自身が所有する端末から都合のよいタイミングで参加できるこ
とも多い。

(2) 一度にさまざまな心理事象に関するデータを収集できる

心理調査法では，着目したいパーソナリティや心理事象に関する質問項目を
多く含めることが可能なため，一度にさまざまな心理事象に関するデータを収
集できるといえる。Tabata（2009）では，調査対象者に日常生活での懸念的被
透視感の感じやすさ，6つのパーソナリティを測定する質問項目の計45項目
に回答させ，データを収集している。

(3) 対象となる心理事象を調査対象者に経験させる必要がない

心理調査法では，言語で表現された質問項目に回答させるため，教示文や質
問項目を工夫すれば，対象となる心理事象を調査対象者に経験させる必要がな
い。たとえば，暴力行為のような反社会的行動に関する研究を実施する場合，
実験法や観察法では，倫理的な制約上，調査対象者の反社会的行動に関するデ
ータを収集することが難しく，反社会的行動が生じやすいゲームのような，限
定された状況での行動や反応しか扱えないことも多い。場面想定法によるウェ
ブ実験でも，調査対象者にとって，想像するように教示された状況になじみが
なければ，その状況を十分に想像できないため，現実世界でみられる行動や反
応に類似する回答は得られないだろう。一方，心理調査ならば，対象となる心
理事象を調査対象者に実際に経験，あるいは疑似経験させなくても，対象とな
る心理事象への態度，その事象の経験頻度について質問し，現実世界の現象に
即したデータを収集することが可能である。

2. 心理調査法の短所

　心理調査法の主な短所としては，(1) 調査対象者が質問内容を理解できない
と十分な回答が得られない，(2) 社会的望ましさの影響で調査対象者の回答が
歪められる可能性がある，(3) 調査対象者が努力を最小限化しやすい，(4) 因
果関係を直接検討することができないことがあげられる。

(1) 調査対象者が質問内容を理解できないと十分な回答が得られない

　心理調査法は，調査対象者に言語で表現された質問項目に回答させるため，
調査対象者が質問内容を理解できないと十分な回答が得られないおそれがある。
そのため，乳幼児など，言語を十分に理解できない者を対象にした研究には不
向きである。また，言語を十分に理解できる者を対象とした場合でも，決めら
れた質問しかできないため，調査対象者が質問内容を理解できなくても，実施
者は補足の説明ができない。調査対象者が質問内容を理解できなければ，十分
な内省にもとづいた回答は得られない。さらに，調査対象者は，理解できない
質問内容を故意に省略し，無効回答が生じるおそれもある[1]。無効回答の項目
が少ない調査対象者のデータは，無効回答の項目は欠損値として処理し，分析
に含める場合もある（第 7 章参照）。しかし，無効回答の項目が多い調査対象
者のデータは，分析から除外しなければならない。

　したがって，心理調査を実施するにあたり，調査対象者から十分回答が得
られるように，調査対象者が質問内容を理解しやすいように工夫する必要があ
る。たとえば，質問項目の表現（ワーディング）を慎重に検討する（第 5 章参
照），内省可能性が低い事柄について質問するのを避けることが求められる。

(2) 社会的望ましさの影響で調査対象者の回答が歪められる可能性がある

　心理調査法では，一般的に「こうあるべき」という規範がある事柄について
調査対象者に回答させる場合，社会的に望ましいと考えられる，規範に沿った
回答が得られやすくなるため，実際とは異なった回答が得られるおそれがある。
たとえば，調査対象者に「交通違反をしたことがあるか否か」について尋ねる
場合，交通違反は社会的規範に反した行動であるため，実際に交通違反をした
ことがある調査対象者の中には，交通違反をしたことを正直に回答しない者が
いる可能性がある。**社会的望ましさの影響は調査対象者が意識しなくても生じ**

るおそれがあるため，社会的望ましさの影響を受けやすい質問項目はできる限り避ける必要がある[2]。

(3) 調査対象者が努力を最小限化しやすい

心理調査法では，調査対象者が質問項目について十分に考えずに回答してしまうという，**努力の最小限化（サティスファイス；satisfice）**が生じやすい（三浦・小林，2015；コラム 12.3 参照）。努力の最小限化は，心理調査に真面目に協力しようという意識をもたない者が心理調査の調査対象者となるときに生じやすい。とくに，ウェブ調査は，研究実施者が目の前にいないことも多く，調査対象者が努力の最小限化をしやすい状況にあるといえる。また，研究実施者が対面で協力を依頼する場合でも，大人数の前で依頼する場合は，努力を最小限化して質問項目に回答する調査対象者がみられやすいと想定される[3]。

調査対象者が努力を最小限化して質問項目に回答することで，十分な内省にもとづいたデータを得られないため，現実世界の実態とはかけ離れた結果が得られるおそれがある。また，ウェブ調査では無回答の項目がある場合は先に進めない設定ができるものの，質問紙調査ではそのような設定はできないため，努力の最小限化により，調査対象者が質問項目への回答を故意に省略し，無効回答の項目が生じる可能性がある。

調査対象者が努力を最小限化して質問項目に回答することを防ぐためには，心理調査を実施する前に，調査の内容や重要性について，調査対象者に丁寧に説明する必要がある。また，ウェブ調査では，調査対象者が努力して質問項目

---

[1] その他，対象者が質問項目を見逃しても無効回答が生じる。

[2] 社会的望ましさの影響を受ける程度には個人差があることから，社会的望ましさの影響を受ける可能性がある心理事象を扱う研究では，社会的望ましさの影響の受けやすさに関するパーソナリティを測定する心理測定尺度（Crowne & Marlowe, 1960；北村・鈴木，1986；谷，2008）の得点を統制変数とし，社会的望ましさの影響を統計的に取り除いた分析（たとえば，偏相関分析）を行うこともある。

[3] 社会的インパクト理論では，対象が多くなるほど影響源の影響力は弱くなるとされている（Latané & Wolf, 1981）。社会的インパクト理論にもとづくと，「調査に真面目に協力してほしい」という実施者（影響源）の影響力は，依頼されている者（対象）の人数が多くなるほど弱くなるといえる。

に答えようとしていたか否かを推定できる方法が考案されている（第 6 章参照）。

(4) 因果関係を直接検討することができない

　心理調査法では，変数同士の関係，すなわち相関関係を明らかにすることができるものの，因果関係を直接検討することができない点に留意する必要がある。A が B の原因であるという因果関係が成立する条件の一つとして，「A が B よりも時間的に先行している」ことがあげられる。しかし，心理調査では，変数同士でどちらが時間的に先行しているかを特定できないことも多い。縦断調査のように，同じ人を対象に複数回調査をしたとしても，個人内の変化の関係（共変関係）はわかるものの，因果関係を検証したことにはならない。また，変数同士の両者に影響を与えている別の変数の影響のために相関がみられている可能性を完全に排除することができない[4]。たとえ，調査対象者に，ある事柄についての判断とパーソナリティについて回答させる心理調査を行い，「パーソナリティが心理調査での判断の原因である」と考えるのが妥当な場合だとしても，厳密な意味で因果関係を立証したとはいえない。したがって，因果関係を立証するには，独立変数以外の従属変数への影響を統制できる，実験法による研究を実施する必要がある。

2.4　心理調査法が適している研究

　本章では，心理学の研究におけるデータの測定方法を説明し，実験法，面接法，観察法，心理調査法の長所と短所を整理した。どの研究法にも長所と短所があることから，絶対的に優れている研究法は存在しない。したがって，どのような心理事象に関するデータを収集したいかによって，適した研究法を選択する必要がある。そのためには，研究を実施する前に，研究目的を明確化し，その目的について明らかにするにはどのようなデータが必要かを確認しなけれ

---

[4] 相関を検討した 2 変数と関わりが強い他の変数の影響で，その 2 変数には相関がなくても相関があるようにみえることは，疑似相関とよばれる。

ばならない[5]。

　本章で整理した心理調査法の特徴をふまえると，心理調査法には，一度に多くのデータを，さまざまな心理事象に関する事柄を含めて収集でき，対象となる心理事象を調査対象者に経験，あるいは疑似経験させる必要がないという長所がある。一方，言語を十分に理解できる者を対象とした，社会的望ましさの影響を受けにくい質問項目で構成しなければならない。また，調査対象者が努力の最小限化をしやすいという点や，因果関係を直接検討することができない点に留意しなければならない。

　以上のことから，心理調査法は，多くの者からデータを得て，調査対象者の心理事象に対する行動や反応の特徴を記述する研究や，さまざまな心理事象の相関関係を検証する研究を実施するのに適しているといえる。とくに，個人の態度やパーソナリティを測定する心理測定尺度が多く開発されていることから，多くの調査対象者の態度やパーソナリティに関するデータを収集し，因果関係の解明につながる手がかりを得ることを目的とする研究に適しているといえる。その際に，ウェブ上で実施するか質問紙で実施するかに関わらず，調査対象者が努力を最小限化して質問項目に回答することを防ぐ工夫が求められる。

---

[5] 実際の研究では，マルチメソッドとよばれる，さまざまな方法論を組み合わせた研究を実施することも多い。たとえば，1つの研究の中で質的方法と量的方法を統合して結論を導く，混合研究法とよばれる方法が提唱されている（たとえば Creswell & Clark, 2007 大谷訳 2010）。マルチメソッドな研究でも，心の働きによって生じる行動や反応を客観的にとらえるために，心理調査法が取り入れられることが多い。

第II部

作成と実施

3 心理調査の計画

髙橋尚也

本章では，まず，興味・関心のある現象をみつけ，その現象から研究テーマを絞っていく方法について紹介する。そして，研究テーマを心理調査に含む調査項目に具体化させていくプロセスについて説明する。

3.1 研究テーマの見つけ方と研究スタイル

3.1.1 日ごろの興味・関心をとどめておく

いざ，「心理学の研究を行う上でのアイディアをみつけなさい」と言われたとき，どうしたらいいか戸惑ってしまう学生をみかけることが少なくない。とくに，社会科学における研究の多くは，日常の社会現象に根ざしていることが多い。初学者は社会現象というと真面目なもの・学術的なものととらえがちだが，社会現象とは，社会に現れる一切の現象を意味する。したがって，個人の意識や価値観に関する事象も含まれるし，置かれた状況や他者などの社会的環境による要因も含まれることになる。

研究したい，あるいは，調査を行い実証的に解明したいというテーマ（ネタ）をみつけるためには，まず，日常生活の中で疑問に感じたことを記録する癖をつけることが重要である。学生を指導する中で感じた筆者の経験では，学生との世間話やコンパなどの会話の中に，研究に値する興味深いタネが潜んでいることが多い。そこで，日ごろの生活の中で次のことを実践してみると，研究テーマをみつける一助になるであろう。

たとえば，表3.1の1から4をいろいろな事柄について繰返し行い，記録していくと，自分自身が意外にも似たようなジャンルの事柄を多く集めていたり，何か共通性のある事柄に注目していたりすることが理解できることがある。つ

まり，その共通性のある事柄があなたの研究関心ということになる。

表 3.1 研究のタネを見つけるためにすること

---

1. 日ごろの生活の中で感じたこと，疑問に思ったこと，矛盾を感じたことをメモする。
2. 1 に関する行動に何があるか観察してみる（街頭で，学校の行き帰りに）。
3. 1 に関する雑誌記事，新聞記事などを収集し，スクラップしてみる。
   （ここでの雑誌とは，学術雑誌に限らない。）
4. 1〜3 で感じたことを他者に話して意見を聞いてみる。
   （この際，意見を傾聴し，深めてくれる人を選ぶ。）

3.1.2 研究のスタイル

　心理学の研究は，基本的に**帰納法**[1]のスタイルをとっている。帰納法とは，個々の経験的事実から，それらに共通する普遍的な法則を求める推論の方法である。帰納法との例としては，「A は死んだ，B は死んだ……」（経験的事実）→「A や B……は人間だ」（共通性）→「人間は死ぬ」（一般法則）と，推論することである。帰納法においては，全事例を網羅しない限り，帰納した結論（帰結）は必ずしも確実な真理とはならない点やある程度の確率を持った結論にすぎない点（1 つでも反例が見つかると真理ではなくなる）などの欠点がある。

　こうした欠点をふまえて，心理学をはじめとした科学的な調査では，母集団すべてを調査することが難しいので母集団から抽出した標本（後述するサンプリング法）を対象として調査を実施することが多い。そして，抽出された調査対象者からデータ（経験的事実）を収集して，まとめて集計し，それらのデータにみられる共通性（一般法則）を心理統計の方法を用いながら明らかにして

---

[1] 帰納法の対義語は，演繹法である。演繹法とは，一般的原理から論理的推論により結論として個々の事象を導く方法である。例として，「人間は死ぬ」（一般原理）→「A は人間である」（事実など）→「A は死ぬ」（結論）。演繹法の欠点としては，先入観や偏見にもとづいた間違った前提を適用してしまったり，ある限定された範囲でのみ正しい前提を全体に適用してしまったりした場合に，誤った結論を導いてしまうことである。

いくというプロセスをたどっていく。

　調査研究を実施する場合に，研究のアプローチは「トップダウン型」と「ボトムアップ型」に大別することができる（**図 3.1**；詳しくは畑中（2019）や髙橋（2019）を参照）。ここでは，それぞれのアプローチで研究テーマをどのようにみつけ，調査を計画していくかについて概観する。

図 3.1　2つの研究スタイル

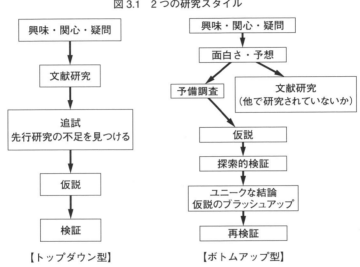

【トップダウン型】　　　　　　　　　　　【ボトムアップ型】

1.　トップダウン型

　【トップダウン型】は，オーソドックスな研究スタイルである。まず，自分自身の「興味・関心・疑問」を出発点として文献研究を行う。この文献研究では，検討する現象に関する論文を丹念に収集し，文献レビューを行う。ここでの文献レビューとは，論文の「問題」部分における課題設定のために，先行研究を概観したものを指す。文献レビューをする中で，その現象を説明する理論や考え方のうち，もっとも強力に現象を説明できそうだと考えられる先行研究に着目する。次いで，その注目した先行研究が採用している方法に従って，研究を実施したときに，同じ結果が得られるか追試を行う。その上で，その注目

した先行研究に足りない点は何か，発展させるためにあらたに検討する点は何かを考え，新しい仮説を立て，検証を行う。

2. ボトムアップ型

　【ボトムアップ型】は，ユニークな調査，あるいは，まったく新しい領域の研究をはじめるときに用いられる研究スタイルである。まず自分自身の研究への「興味・関心・疑問」から始まることは【トップダウン型】と同じである。しかし，次に，その「興味・関心・疑問」の面白い点，意外な点をとことん追究し，予想を立てる。例をあげると，「なぜ人は『健康食品』を摂取するのだろうか」と疑問を持ったときに，「『健康食品』を摂取すると，不安な気持ちを和らげられるからだ」といった予想を立てることである。

　こうして予想を立てたあと，【ボトムアップ型】の研究では，「予備調査」を行う。この予備調査とは，予想を立てた現象について，他の人から注目した現象がそもそもあるのか，他に予想すべき内容はないかなどの情報を半構造化面接によって聞き取ったり，巷ではどのようなことがいわれているのか，一般雑誌や新聞記事などの内容分析をしたり，実際に注目する現象を観察し，どのような行動が多くとられているかを把握したりする。この予備調査によって，当初の予想以上の要因（その現象の「原因」として考えられる変数）が注目すべき現象に影響を与えているのではないかと予想を膨らませることができる。また，これと同時に「文献検索」を行う。この場合の文献検索は，【トップダウン型】の場合の文献検索と少し様相が異なっている。この文献検索では，注目すべき現象に関する先行研究がこれまで行われていないことを確認するのが目的である。この際，心理学に限らず，他の研究領域においても注目した現象がどのように研究されているかいないかを把握しておくことが重要である。

　「文献検索」と「予備調査」を行った後に，当初の予想と予備調査の結果をもとに暫定的な予想や仮説を考え，「探索的検討」を実施する。そして，その検討の結果として，当初の予想やそれに関連するようなユニークな結果が明らかになる。しかし，【ボトムアップ型】の研究の場合，一度の探索的な調査ででた結果が十分な一般性を持っているとは限らない。そこで，探索的検討で得られたユニークな結果を「仮説」としてブラッシュアップし，「再検証」を行

う。探索的検証と再検証の2つで得られた結果をもとに，ユニークな結論を導出するのが，【ボトムアップ型】の研究スタイルである。

3.2　文献の探し方

3.1 節で紹介した，トップダウン型の研究であれ，ボトムアップ型の研究であれ，それまでにどのような研究が行われてきたか，先行研究を収集したり検索したりすることは欠かせない。そこで，ここではどのような検索方法があるかを紹介する。

1.　文献の種類

文献にはいろいろな種類がある。勉強したい，あるいは，研究したい目的によって，どの種類の文献を参照するのが適当かも変わってくる。

(1)　書　　籍

書籍，すなわち「本」といってもいろいろなものがある。まず，広く一般の読者を対象とした「一般書」や「新書」がある。一般書の多くは，心理学を知らない読者に興味をもってもらうことを意図して著されていることが多い。そのため，心理学の知識がなかったり，初学者であったりしても読みやすいように書かれているが，調査や実験の詳細が記載されていなかったり，実証的根拠にもとづかない表現で書かれていることが多い点に注意が必要である。

他方，読者として，心理学を勉強した者や専門家を想定して著されているのが「専門書」とよばれる書籍である。この「専門書」の中には，「社会心理学」などのタイトルで代表されるような「概論書」（学部の1・2年の授業の教科書類をイメージ）もあれば，ある研究トピックについて詳細なレビューや実証的知見を整理した書籍もある。研究を実施する上で引用する書籍としては，実証の手続きが記載されている後者のほうが多くなる。

(2)　研 究 論 文

研究論文には，「学会誌論文」と「紀要論文」がある。「学会誌論文」とは学会が刊行している雑誌（研究論文集）で，1冊の中に複数の論文が収録されている。学会誌論文は，複数の専門家による審査（査読）を経て掲載に至ること

が多く，研究史や研究領域において研究結果に一定の価値があると認められている（たとえば，「心理学研究」「社会心理学研究」「実験社会心理学研究」「産業・組織心理学研究」「パーソナリティ研究」「教育心理学研究」など）。すなわち，信頼度の高い知見が多いということである。このため，仮説検証型の研究を行う際に立脚する論文などには，学会誌論文を参照することが望ましいといえよう。

他方，「紀要論文」とは，大学や研究機関が定期的に発行している学術雑誌である。紀要論文の留意すべき点は，執筆者が執筆したものがそのまま掲載されたり，査読といっても機関内部の簡易なものにとどまったりと，紀要に掲載されている論文の学術的水準がまちまちなことである。

また，「学会発表論文集」「予稿集」「梗概集」などの資料もあるが，これは，各学会の会員が学会の大会などで発表した内容の要約であり，研究論文とは性質が異なる。なぜなら，まだ研究としてまとまっていない段階のデータであったり，紙幅が限られていることにより情報量が少なかったりするためである。まったく引用してはいけないということではないが，参考にする際には，そうした制約を理解しておく必要がある。

(3) 一般の雑誌

ここで一般の雑誌としてまとめている雑誌には，文芸誌，評論誌，週刊誌，ファッション誌などが含まれる。研究論文に直接引用される頻度は少ないが，研究テーマの社会的背景や注目する現象のとらえられ方などを整理する際には有用である。

(4) 報告書・世論調査

書籍に近いものとなるが，調査結果や研究成果が「報告書」としてまとめて発行されていることもある。たとえば，「科学研究費補助金成果報告書」や，「●●●財団△△△に関する調査報告書」といったものである。これらは，書籍と異なり，出版社が刊行するのではなく，個々の機関や研究者が自前で冊子体をつくって報告しているものである。こうした資料は，インターネット上で公開されていたり，書籍と同じ扱いで図書として配架されていたりすることがある。

また，官公庁や地方自治体が実施した世論調査データも，公開されている。こうした世論調査データは，国勢調査のように冊子体で刊行されているものもあるが，近年では，インターネットのホームページ上で公開されていることが多い。

2. 文献の探し方

文献を探す際に，現在もっとも便利に利用できる方法は，データベースを用いて検索することである。ここでは，文献の種類ごとに代表的なデータベースを紹介する。

(1) 本を探す

国立国会図書館蔵書検索システム（国内で刊行された本），CiNii Books（大学図書館の本を探す），Amazon（国内外で刊行された本）など。

(2) 論文・雑誌記事を探す

国立国会図書館蔵書検索システム（国内で刊行された雑誌記事索引），CiNii Research（論文），J-STAGE（論文），大宅壮一文庫（明治時代以降の日本語雑誌の多くを所収），PubMed（アメリカ国立医学図書館の医学・生物学分野の学術文献検索サービス），PsycARTICLES（アメリカ心理学会が作成する心理学関係のフルテキストデータベース［1985 以降の全文が読める］），PsycInfo（アメリカ心理学会が作成する心理学とその関連分野の文献検索（書籍や博士論文の概要も含む）），Google Scholar など。

(3) 新聞記事を探す

朝日新聞クロスサーチ（1879 年以降の朝日新聞社の新聞や雑誌検索），ヨミダス歴史館（1874 年以降の読売新聞社の新聞記事検索），毎索［マイサク］（1872 年以降の毎日新聞の記事），日経テレコン 21（日本経済新聞の全文記事検索）など。

ただし，これらの新聞記事検索は有料であることが多く，所属の大学図書館などで契約している場合は利用できる。また，検索サイトではないが，各新聞には縮刷版（紙面を A4 サイズに縮小コピーし，1 カ月ごとに冊子になっていたり，CD-ROM や DVD 化されていたりする）があり，図書館などで閲覧することができる。

(4) 報告書・世論調査

　科学研究費助成事業データベース KAKEN（科研費の報告書など，https://kaken.nii.ac.jp/ja/），政府統計の総合窓口 e-Stat（国勢調査等などの各種政府統計，https://www.e-stat.go.jp），内閣府の世論調査に関するホームページ（https://survey.gov-online.go.jp），東京大学社会科学研究所附属社会調査・データアーカイブ研究センター（各種社会調査の 2 次利用，https://csrda.iss.u-tokyo.ac.jp）など。

　（1）から（4）の他に，古典的であるが，文献を探していくときに「芋づる式」とよばれる方法もある。「芋づる式」とは，ある文献の中で引用され紹介されていた文献をたどっていくという方法である。この方法は，検索語が適切でなく検索されなかった文献に到達することができたり，多くの研究者が注目している重要文献に到達できたりするというメリットがある。また，学術的価値が高い文献であれば，その領域について造詣の深い著者がセレクトした文献が掲載されている可能性が高く，効率的に知識を得ることが可能になる。

3. 文献を入手するときの注意点

　文献検索を行う中で，近年注意すべきは，インターネット上で公開されている情報や PDF ファイルなどで入手が容易な情報に依存しがちということである。たとえば，CiNii を用いて文献検索をした場合，電子ファイルに PDF リンクが張ってあるものと張ってないものが当然存在する。その際，ついリンクが張ってある資料を手に取りがちだということである。これまでに述べたように，文献検索を行って，検索結果として示される文献の中には，学術的なレベルが高いもの（学会誌論文）もあれば，玉石混淆なもの（紀要論文など），一般的な読者向けのもの（一般の雑誌など）もある。電子ファイルが入手できない場合には，大学図書館や，公共図書館，さらには，国立国会図書館などで，文献複写をすることが可能である。学術的価値の高い文献を入手するためには，こうした手間を惜しまないことが重要である。とくに，大学図書館や公共図書館には，図書館どうしの相互利用制度や相互貸借協定が存在している（これらの制度や文献のカテゴリーに関しては学習技術研究会（2011）に詳しく紹介されている）。学術的価値の高い文献に出会うためには，図書館の仕組みや知識を

深め，文献検索を行う手段を幅広く有しておくことが重要である。

4. 勉強と研究の違い

　文献を読んだり，収集したりするときに注意すべきなのが，「勉強」と「研究」の違いである。「勉強」とは，先人が発見し，定説となっている知識を自分の中に新しく仕入れる受動的な営みである。これに対し「研究」とは，何かの現象の原因や関連要因を自分で新しく説明したり，新しい現象の存在を自分が発見したりする能動的な営みである。広く「勉強」することだけでは「研究」にはならないということに留意する必要がある。

　政治学者の岩崎は，考える力をレベル 0 からレベル 3 に分類している（岩崎，2008；表 3.2）。このレベル 0 からレベル 2 までは，どちらかといえば「勉強」にあてはまる。そして，「研究」を進めていく上では，研究目的に沿った過不足のない論理構成が必要となる。つまり，レベル 3 に相当する部分と全体を意識した論理構成を構築していくことが重要である。ただし，一足飛びにレベル 3 に達することはなかなかできないので，いろいろな文献を検索し，読み，迷い，何が重要かを考えるという試行錯誤の作業が必要になる。まず，知見や事実と自分の感想や意見とを区別すること，そして，いろいろ調べて勉強したことをまとめ，似た点を分類する。ただし，そうしているうちに岩崎（2008）が

表 3.2　岩崎（2008）による考える力の水準
（岩崎，2008 をもとに筆者が作成）

レベル 0：考えていないレベル
　　　　→知識も情報もなく，それらを得ようとする努力をしない。
レベル 1：入手が容易な断片的知識をもとに都合のよい情報を切り貼りし記述
　　　　→事実と感想の区別がされておらず，自らの価値判断をしていることに気づかない。
レベル 2：問題意識をもち自分で考え，知見と感想を区別した意見表明
　　　　→調べることに満足し，本来の目的から外れたり，情報の分類はできても分析（何を何で説明できるか）ができなかったりする。
レベル 3：断片的知識の寄せ集めでなく，獲得した知識や情報の連関ができる
　　　　→説明変数と被説明変数が明確になり，分析枠組が構築され軸が通った構成（部分と全体の構図を描くことができ，何を明らかにするのかがぶれない）。

指摘するレベル 1 の問題点に陥ることがある。そこで，自分が注目した現象を調べる目的は何かを再度意識したり，自分の切り口を明確にし，切り口に合わせ，調べた（勉強した）知識を取捨選択したりするプロセスを繰り返すこととなる。

3.3 研究計画を立てる

　本節では，3.1 節で紹介した研究のアイディアを，調査研究を行う研究テーマとしてブラッシュアップさせ，研究目的や仮説を設定するプロセスについて説明する。また，調査票にどのような調査内容を含むかについて考える思考法についても紹介する。

3.3.1 注目したテーマや現象の全体像を把握する

　まず，注目したテーマや現象にみられる，測定・観察可能な具体的行動を取り上げる。ここでの具体的行動とは，調べたい，あるいは，説明したい行動である。

　そして，続いて，その注目した具体的行動が生起する原因や，その行動とともに変化する関連要因などを，考えられるだけリストアップしておく必要がある。すなわち，その注目した具体的行動を取り巻く要因の全体像を把握することである。

　この調べたい具体的な行動と関連する要因を考える上で有効なのがブレイン・ストーミングである。**ブレイン・ストーミング**とは，オズボーンによって提唱された，独創的なアイディアを創出するための集団思考法である。ブレイン・ストーミングの基本は，①質より量（とにかく数多くアイディアを出すこと），②他人を批判しないこと，③他人のアイディアの尻馬にのることを可とする（他人のアイディアを発展・拡張させてよい）である。

　ブレイン・ストーミングなどを経て，調べたい具体的行動の関連する要因がリスト化されたら，KJ 法などを用いて，関連要因の分類を行う（KJ 法の詳細は第 5 章・第 11 章で説明されているので，そちらを参照してほしい）。ここで

KJ 法などを用いて整理することは，類似性のあるものをまとめておいたり，近くにおいたりすることで，関連要因の分類や位置づけをわかりやすくできるという利点がある。

3.3.2　要因図

　調べたい，あるいは，説明したい行動との関連要因のリストアップが終わったら，その因果関係や相関関係を図示して整理する。ここでは，筑波大学名誉教授の松井　豊氏が社会調査を立案する上での整理法として提唱している図示の方法である「要因図[2]」の作成方法を紹介する。**要因図**とは，「扱っている現象の原因と結果を整理するための模式図」である。

　それでは，要因図をどのように描けばよいのであろうか。まず，要因図では，リストアップされた注目すべき行動の原因となる要因（変数）の一つひとつを 1 ボックスとする。第 1 のポイントは，要因の「**網羅性**」である。注目したある行動や現象の要因（原因）が網羅されていないと，全体の関連や位置づけを十分に整理したとはいえない。また，自分の研究のユニークさを吟味することも難しくなる。先行研究で指摘されている要因や，実感や直観で重要だと思う側面をブレイン・ストーミングや KJ 法などを用いて，要因（ボックス）として網羅的に列挙しておこう。

　第 2 のポイントは，「**因果性**」である。要因図を描くときは，因果関係を意識する。因果関係を予想される要因（変数）のうち，原因と予想される変数は上に，結果と予想される変数は下に布置し，原因から結果に対して矢印を引く。加えて，原因と予想される変数どうしの因果関係も考慮に入れ同様に図示する。他方，相関関係や相互性が予想される要因（変数）どうしは同じ水準（横）に布置する。このように，因果関係や相互関係を図示するときに，類似する要因は近くに配置し，社会的（環境的）要因と，個人的要因を区別しておくことで，要因の整理が促進される。

---

[2] ここでは，松井　豊氏の講義・講演資料などをもとに，要因図の特徴について筆者が整理した。

　ここで，相関関係と因果関係の違いについて少し言及する。相関関係とは，Aが増加するとBも増加（または減少）するという，一方が変化すれば他方も変化するという関係である。相関関係では，AとBのどちらが原因かということははっきりいえない。因果関係，すなわち，Xが原因でYが結果であると主張するためには，まず，①XとYとの間に関連（相関）があること，次に，②XがYよりも時間的に先行していること（XがYより先に起こっていること）が必要となる。さらに，厳密にいえば，③Yに対してX以外の因果的説明が排除されていることも必要となる。一回の心理調査の場合は，厳密な意味での因果関係の検証は難しいので，要因図作成においては，①と②，とくに②を意識して要因図の水準を定めていくことが重要になる。具体的にいえば，「性別」という要因を想定してみよう。性別はいつ決まっているかといえば生まれたときであるから時間的に先行し，性別は容易に変化させられるかと考えればそれは難しい要因ということになる。そのため，要因図の最上部に布置すべき要因となる。また，ビッグファイブ性格特性の「開放性」という要因を想定してみよう。性格とは，個人の中で比較的永続的に一貫している行動特徴を意味する。性格は環境によって変わらないわけではないが，今日明日ですぐに変化し得るものとも考えにくい。そこで，要因図では，比較的上部に布置されることになる。

　第3のポイントは，「**測定可能性**」である。実際に調査を設計する際に，個人差として測定できない変数は調査項目の中に含むことができない。そこで，社会的（環境的）変数は，個人差変数に読み替えるという手続きが重要となる。

　第4のポイントは，「変数の特徴をつかむ」ことである。これは，それぞれのボックスで示された要因が，性や年齢などの「デモグラフィック変数」なのか，開放性などの「性格特性」なのかというような変数の特徴を意識することである。心理学の調査研究においては，性格特性が〇〇に影響を与えるということを検証する場合もあるが，マーケティングや，社会問題に対する対処のあり方を提言するような「処方」を目的とする心理学的研究においては，デモグラフィック変数や性格特性が要因図の中で重要な位置を占めてしまった場合，研究結果から具体的な処方（対応策）を提言しにくくなってしまう。なぜなら，

これらの変数は変化させにくい固定的な要因であるためである。そうした場合には，マーケティングにおいては，固定的な変数によってセグメンテーションして要因を考えていくことになる。セグメンテーションとは，市場細分化を意味し，不特定多数の人々（消費者）を同じ性質やニーズをもついくつかのかたまり（セグメント）に分けることである。心理学においては，「女性の場合，男性の場合」といったように，何かの特徴をもとに回答者を群に分けて考えることに類似している。性別の例でいえば，群に分けなければ，性別に共通した特徴しか描けないが，「女性の場合，男性の場合」と群分けをすれば，両性に共通の特徴に加え，女性あるいは男性特有の特徴も描くことが可能になるという利点がある。

3.3.3　要因図の作成例

　それでは，実際に要因図を作成するときにどのような手順をふめばよいのだろうか。実際の例をあげて説明していこう。例として，「健康食品を摂取する」のはどうしてかという問いを立てたと想定しよう。ここでは，パターン1とパターン2の段階に分けて要因図を作っていくこととする。

1.　パターン1の要因図

　前述のように，第1のポイントは「網羅性」であった。網羅するためにまず健康食品を摂取する要因を列挙してみよう（**表3.3**）。

表3.3　健康食品を摂取する要因例

● 年齢	● 自分への自信のなさ
● 性別	● 不安が強い
● 食生活の乱れ	● 健康状態が気になる
● 寝不足	● 身体満足度の低さ
● インターネット通販の普及	など

　第2のポイントは「因果性」であるので，**表3.3**で列挙された要因どうしの因果関係を考えていく。このように，第1のポイントと第2のポイントをもとに作成された要因図が「パターン1の要因図」である（**図3.2**）。たとえば，

「賞賛獲得欲求が強かったり自分への自信がなかったりするほど，身体満足度が低くなり，健康食品を多く摂取するようになる」のように因果関係を想定したり，「不安が強いと，より健康状態が気になるようになるため，健康食品を多く摂取するようになる」という因果関係を想定したりする。

パターン1の要因図は，アイディアを整理したり，研究の全体像を把握し研究目的を定めたりする際に用いることができる。

図3.2 パターン1の要因図

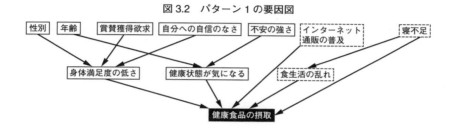

2. パターン2の要因図

続いて，「パターン1の要因図」を，調査票の中に盛り込む要因，すなわち，測定する変数を用いて「パターン2の要因図」としてブラッシュアップさせていく（**図3.3**）。パターン1の要因図の段階では，ボックスに日常用語や社会的要因や状態を表す内容も含まれている。これを，前述の第3，第4のポイントを意識して，調査票で尋ねられる形に置き換えてパターン2の要因図を作成する。

第3のポイントである「測定可能性」をふまえれば，すべてのボックスは測定可能でなければならない。そこで，たとえば，「インターネット通販の普及」といった社会的要因であれば，「インターネット通販の利用頻度」や「インターネット通販サイトの閲覧時間」といった個人差として測定可能な変数に置き換えておく。同様に，「寝不足」といった状態変数も個人差として測定可能な「週平均睡眠時間」などに置き換えておく必要があるし，「食生活の乱れ」といった状態変数を，「朝食を抜く頻度」「夕食をとる時刻」などに置き換える必要がある。

図 3.3　パターン 2 の（測定変数で表した）要因図

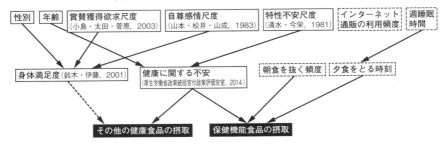

　さて，ここで図 3.3 に示すパターン 2 の要因図をみてみよう。パターン 2 の要因図では，前述の社会的要因や状態を表すパターン 1 のボックスが，それぞれ測定可能なボックスに置き換えられている。また，その他のパターン 1 のボックスについても，どのように測定するか（どのような心理尺度を用いるか）に合わせて書き換えられている。たとえば，「健康食品の摂取」は，消費者庁の食品安全情報に記された分類にもとづいて「保健機能食品の摂取」と「その他の健康食品の摂取」に分けて尋ねること，身体満足度は「鈴木・伊藤（2001）の尺度」を使用すること，「不安の高さ」を「特性不安尺度（清水・今栄，1981）」を使用することなどを決めていく。その上で，それぞれ使用する尺度や使用する項目の名称でボックス内の表現を改めたものがパターン 2 の要因図である。

　パターン 2 の要因図の応用編として，基準変数となっている「健康食品の利用」の水準の下にどのような変数が配置できるかを考えることで，注目した行動の効果を検討することも可能となる。パターン 2 の要因図が完成すると，調査票作成に進むことができる。

3.3.4　要因図作成のメリット

　研究計画を立てる上で，要因図を作成することを勧める理由は以下のような点があげられる。第 1 は，研究計画立案上の抜け落ちを防ぐことができることである。これは要因図をみることで，足りないところや抜け落ちている部分への気づきが生まれるということを指す。

　第2は，自分の要因の位置づけを理解できることである。言い換えれば，要因図のどのボックスがどういう研究文脈で研究されているかがわかる。たとえば，「賞賛獲得欲求尺度や自尊感情尺度と身体満足度の関連は，浦上・小島・沢宮・坂野（2009）において痩身願望研究の文脈で検討されているが，健康食品との関連は未検討である」や，「週睡眠時間と朝食を抜く頻度や夕食をとる時刻は栄養学の研究領域で研究されている」……などである。要因図のボックスのまとまりを考えることで，自分の研究の位置づけを理解することができ，研究上の新規性を指摘しやすくなる。

　第3は，新しい要因を発見できることである。網羅的に要因を整理できていれば，（第2の利点とも関連する部分があるが）従来の研究で注目されていない要因があったとすれば，それは新しい要因ということになる。第4は，グループ研究や共同研究などを行う際の意見の調整に有益であることである。グループや共同で研究を行う場合，メンバーどうしが異なる意見や立場をもっていることが少なくない。その際に，図の形で意見交換をすることで，意見の調整が可能になり，共通の目的意識をもって研究に取り組むことが可能になる。

　さらに，パターン2の要因図を作成することは，分析をする上での抜け落ちを防ぐことができるというメリットもある。要因図で調査において尋ねたボックスを絞ったとき，そのボックス間の関連をくまなく検討しているか，また，仮説の分析もれがないかをチェックするために利用可能である。たとえば，要因図のボックス間に分析方法や検定方法を記入しておくことで（たとえば，「性別で身体満足度の違いを対応のないt検定で検討する」「性別で保健機能食品の摂取頻度の違いを対応のないt検定で検討する」や，「特性不安尺度と身体満足度・健康に関する不安・朝食を抜く頻度・夕食をとる時刻の関係は，まず相関係数を算出して検討する」など），一目瞭然，必要な分析を整理することができる。

3.3.5　要因図から目的と仮説を考える

　実際に，研究計画を作成する上では，パターン1の要因図をまず作成し，その要因図をながめながら研究の核やリサーチ・クエスチョンを見つけていくこ

とが多い。ここでの「リサーチ・クエスチョン」とは，研究遂行上の素朴な問題設定を意味している（村井，2012）。要因図のメリットを生かし，どこが研究されていないか，注目した行動や現象をどのような変数で説明していくことに意味があるかを吟味することで，研究の核やリサーチ・クエスチョンが明確になってくる。

　このようにパターン1の要因図を作成し，要因の絞り込みを行った後は，パターン2の要因図を作成しよう。要因図の中から，自分の研究で検討可能な要因のみに絞り込んだり，要因図のボックスの名前を測定可能な名称に置き換えていったりする作業である。パターン2の要因図は，そのまま調査票作成に不可欠な変数や構成概念となる。調査票作成の際には，パターン2の要因図に含まれていたそれぞれのボックスを，調査内容としてもれなく尋ねているかを確認していくことが重要である。

　さて，ここで研究の「目的」と「仮説」，「作業仮説」の意味と表現について整理しておこう。先に，「リサーチ・クエスチョン」とは，研究遂行上の素朴な問題設定であると指摘した。研究を実施していく上では，リサーチ・クエスチョンを「目的」や「仮説」として論理的に整理する必要がある。

　目的とは，その研究でデータにもとづいて明らかにできる内容である。理想や目標ではなく，その研究で取得したデータで明らかにできる範囲の事柄に限られる。松井（2022）は，心理学論文の「目的」について**表3.4**のように整理している。研究の目的が，「記述」か「探索」か「説明」かによって，目的の設定の仕方が変わってくる。また，目的は，ある程度抽象度の高い表現にはなるが，先行研究で指摘されてきた要因や変数の用語を用いて記述する必要がある。

　「目的」に対して，「仮説」とは，検証方法に合わせた予測であり，具体的な用語で検証可能なレベルの表現にする必要がある。検証可能とは，反証可能であるということを意味している。反証可能とは，仮説として設定した記述が調査や実験の結果によって，否定される可能性を研究者が認めた上で，試行錯誤することであり，絶対的な真実を前提としていない。「作業仮説」とは「仮説」をさらに具体的に記述したもので，データで真偽を確認する具体的な予測で，

表 3.4　**研究目的にもとづく心理学研究の分類**（松井，2022 に筆者が加筆）

個性記述的……………………………………………【記述】
　　自然状態の特定の個人や少数集団の心理を記述。
法則定立的
　　普遍的な人の心理的な法則を発見し理論化。
　探索発見的…………………………………………【探索】
　　　得られたデータから何らかの相関関係や研究仮説を探索。
　仮説検証的…………………………………………【説明】
　　　データをとる前に仮説を用意し，仮説が検証されるか否か。

統計の検定方法に沿った表現となる。

　図 3.2 と**図 3.3** に示した要因図例をもとに考えた，目的・仮説・作業仮説の表現例を**表 3.5** に記す。とくに留意すべきは，目的・仮説・作業仮説の論理的な整合性である。この 3 つは，表現の抽象度は異なっているが，同じ研究で明らかにしたいことを表しているのだから，論理的に一貫している必要がある。

表 3.5　**目的・仮説・作業仮説の表現例**

目的：「健康食品の摂取行動を規定する要因を探索する。」
仮説：「性別で健康食品の摂取行動の頻度は異なる。」
　　　　「特性不安の高い人ほど，健康に関する不安が高まり，健康食品の摂取頻度が増加する。」
作業仮説：「女性は男性よりもその他の健康食品の摂取頻度が高い。」
　　　　「特性不安尺度と健康に関する不安，保健機能食品の摂取頻度，その他の健康食品の摂取頻度との間には，正の相関関係がある。」

　実際に，仮説探索型の研究を行う場合，「目的」を考えることは，たくさんの仮説を立て，それらを眺めて，それらに共通する言葉で目的を設定することも考えられる。この際，意識すべきは概念の抽象度となる。

3.3.6　概念の抽象度を意識する

　「目的」に限ったことではないが，研究計画を考えたり，研究に対するコメントを考えたりするときには，概念の抽象度を意識することが重要である。概

念の抽象度を意識する上で，岩崎（2008）が指摘する「抽象の階段」という考え方が参考になる。「抽象の階段」とは，縦軸に抽象度をとり，上部ほど抽象度が高く，下部ほど抽象度が低くなる図を原型としている（岩崎，2008）。そして，この抽象の階段の中に，関心をもった事項や現象を抽象度の違いを意識しながら位置づけることで，仮説や作業仮説，さらには目的を考える上での指針とすることができる。抽象度が高いものの例としては，普遍性の高いものや理論などが，抽象度が低いものの例としては，具体的なもの，個別の事例，現実にある事象などがあげられる。

　岩崎は，問題の立て方には，【What】（何），【Why】（なぜ），【How to】（どうすれば）があり，それぞれの問題に対し，回答の作法は，「叙述」「説明」「処方」となると述べている。これらと，**表 3.4** の心理学研究の目的の分類とを対応させると，「叙述」が【記述】と【探索】の一部，「説明」が【探索】の一部と【説明】となるであろう。心理学において，実証的に【処方】を目的とすることもあるが，1回の調査研究だけで【処方】を目的とすることは多くないと考えられる。

　図 3.4 は，岩崎（2008）が，個人の関心から，研究としての問題設定を経て実証していくプロセスを「抽象の階段」に位置づけ図示したものである。**図 3.4** は個人の興味・関心から問題設定に至るまでに，抽象の階段を上っていき，また，それを実証・検証しようとするときには，抽象の階段を下り，抽象度の低いレベルで実証していくことを端的に表している。また，調査結果を分析し，研究の目的に沿って結論を述べていく際には，再度，抽象の階段を上っていくのである。さらに，主観を客観化し問題設定を行うプロセスには，「考え抜く」という大きなハードルがあることも示されている。いま自分が言おう，あるいは，書こうとしている内容の「抽象の階段」を意識し，「要因図」を活用することによって，「目的」やリサーチ・クエスチョンの設定がしやすくなるであろう。

図 3.4　「抽象の階段」における研究の各作業 (岩崎，2008)

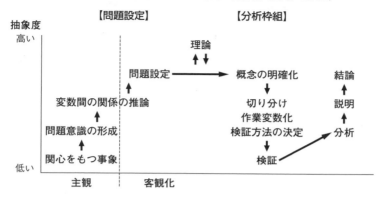

3.4　スケジュールを立てる

　心理学における実証的な研究を，一朝一夕に実施できることはあり得ない。心理調査はすべて言語を通して，紙や画面の上で行われるため，入念なスケジュールを立てておくことが必要である。そして，入念な計画を立てていたとしても，予定はたいていの場合後ろにずれていくことが多いので，とくに，期限の定められている卒業研究や修士論文を作成する場合には注意が必要である。卒業研究であれば，3 年生の中盤から，あるいは，4 年生の冒頭からはじめることが多いと想定される。たとえば，三井（1990）は，3 年生の 3 月に，松井（2022）は 3 年生の 2 月にテーマを決定するほうがよいと推奨している。このテーマ決定は，各大学の教育システムや各指導教員の方針によって変動があると予想されるので，教員の指導にしたがってほしい。

　1 つの調査を実施するという観点でいえば，調査の実施から分析・報告までにどのような作業があるのかを見通しておくことが重要である。調査を実施し完成させるまでには，長い道のりがあり，いくつかのプロセスが存在する。すなわち，逆算をして，いつからはじめ，リミットはいつかということの見当をつけておく必要がある。

　まず調査を実施するまでのプロセス（**図 3.5**）では，はじめに調査目的と仮説を明確にする段階がある。その次が調査デザインの段階である。調査デザイ

ンの段階は，調査手法と調査対象者（サンプリング）を決定することと，調査
票を作成（調査内容の決定）することに大別され，それぞれ重要なプロセスで
ある。とくに心理調査は，言語を用いてウェブや紙上で行われるので，調査票
作成には，内容面・レイアウト面を含め細心の注意を払わなければならない。

図3.5　調査を実施するまでのプロセス

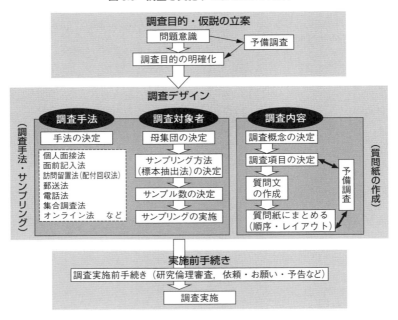

　調査票を作成し終わると調査実施前の段階は終わったと安心するかもしれな
いが，質の高いデータを得るためには，調査実施前の手続き段階が重要である。
研究倫理審査が必要な場合には，研究倫理申請を行い，判断を仰ぐための時間
が必要となるし，集合調査法（大学の教室での依頼など）では，依頼の場を確
保するために各所にお願いする作業も必要になる。また，大学の外で調査を行
う場合には，サンプリング（標本抽出）に時間を要したり，調査票を配付する
ための下準備に赴いたり，実際に配付に労力をかけたりすることが重要となっ
てくる。調査を成功させるためには，調査対象者に快く協力してもらえる環境

づくりが重要であり，調査員など研究協力者が必要な調査の場合にも研究協力者が誠意をもって調査対象者に応対できるよう，協力者に説明や指導することが重要になる。

　調査を実施してからのプロセス（**図3.6**）では，はじめに「検票・データ入力の段階」にはじまり，「データ分析の段階」，「執筆・後始末の段階」と道のりは長い。

図3.6　調査実施後のプロセス

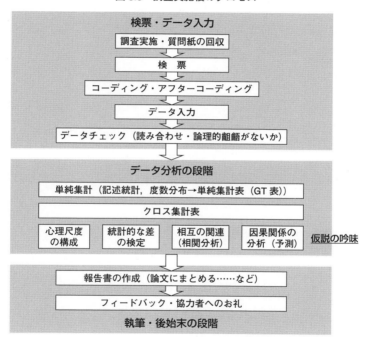

　卒業論文などで調査研究を行う場合，調査実施までに3カ月以上，調査実施後も3カ月程度の期間を必要とするのが一般的であろう。筆者のゼミでは，卒業論文に関する調査実施までに短くても6カ月以上，調査実施後に3カ月程度かけている（実際には，仮説探索型の調査研究が多いので，3年生の中盤からトータルで15カ月程度をかけている）。「自分は何とかなる」と考えたり，「来

週がんばりますから」と言って，作業を進めてこない学生もみられるが，ぜひ過信や先延ばしをせず自分に厳しく時間を見積もってほしい。そして，自らの頭で試行錯誤を重ねてリサーチ・クエスチョンを練り上げ，それをどう測定し，尋ねれば仮説を検証することができるかを考えてほしい。それが，現実場面に潜んでいる現象を可視化することとなり，質の高い研究知見を生み出すことにつながっていくのである。

コラム 3.1 調査対象者を決める

1.「ギャラップの勝利」の逸話が意味する標本抽出の課題

　社会調査の教科書に頻出する逸話に「ギャラップの勝利」がある。1936 年のアメリカ大統領選挙で，リテラリー・ダイジェスト誌は 200 万人以上を対象にした調査結果をもとに共和党候補が勝利すると予測したのに対し，ギャラップ社は 3,000 人程度を対象にした調査結果をもとに，民主党候補が勝利すると予測した。結果は，ギャラップ社の予測通り民主党候補が勝利したという話である。この逸話には，母集団からどのように標本（sample）を抽出するかという問題があり，リテラリー・ダイジェスト誌は，雑誌購読者・自動車保有者・電話保有者の名簿から対象者を抽出したのに対し，ギャラップ社は事前に性別やエリアなどの特性ごとに何人の対象者を収集するかを定め，対象者を抽出する割当法（クウォータ・サンプリング）によって標本を抽出していたとされる。偏りのあるリストから多数の標本を抽出したリテラリー・ダイジェスト誌より，母集団の特徴を意識し対象者を割り付けたギャラップ社のほうが母集団に近い標本を抽出したといわれているがこの逸話は言わば伝説であり真実ではないとの指摘を受けている（鈴木，2021）。

　その後，ギャラップ社は割当法で予測した 1948 年のアメリカ大統領選挙で選挙予測を外してしまう。割当法では母集団からランダムに標本を抽出したことにはならないのである。なぜなら，抽出に用いたリストに偏りがあったのと，割り付けに用いた対象者の決定が調査員の判断に委ねられていたためである。そこで，標本の質を高めるためには，母集団の誰もが標本として抽出される確率が同じである無作為抽出（random sampling）を行い，調査対象者を決める際に調査員の主観を介さないことの重要性が指摘されてきた。

2. 心理調査と標本抽出

　心理調査においても調査対象者を決める際に無作為抽出が行われるのが望ましいが，実際に行われる例はそれほど多くない。その背景には，無作為抽出を行うためには母集団のリストが必要になるが，心理調査が想定する母集団のリストが入手できない場合が多いことや，心理学研究者が母集団の実態把握（○○な人が何％）よりも母集団の相関関係（○○と△△が関連している）の

推測に関心があること，実施の簡便性などがあげられる。

　心理調査の多くで，調査対象者を決める（標本抽出の）方法として用いられているのが，母集団のメンバーによって標本として抽出される確率が異なっている**有意抽出法**である。一例として，①コンビニエンス・サンプリング：大学の授業の受講者や登録されたモニター，機縁などから調査対象者を募る，②ジャッジメント・サンプリング：調査者の主観で，母集団を代表しそうな人を選ぶ，③割当法（前述）があげられる。有意抽出法によって得られた標本は，無作為抽出によって得られた標本より標本誤差が大きく，母集団の状態を反映する程度が低くなる。心理調査を実施し，結果を読み解いていく際には，標本の質（**図 3.7**）による制約を意識し，標本の特徴に合わせ，過度の一般化を控えることが重要となる。

図 3.7　標本の質

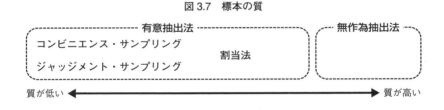

3. 調査対象者を決めることと回収率

　インターネットが発達した現在，調査会社などに委託して調査を行うと，数時間で何万という標本の回答が得られる。しかし，いくら多くの標本を得ても，母集団と調査会社の保有モニターとは異なっているため，標本の質が高いとはいえない。また，調査対象者を決める上でもう一つ重要になるのが「回収率」である。母集団から標本を抽出し調査対象者を決め，その対象者に調査を依頼するわけだが，この調査対象者のうち，調査に回答してくれた人の数が回収数となる。すなわち，回収率とは，調査対象者に占める回収数の割合である。仮に，無作為抽出を行って標本の質が高かったとしても，回収率が高くなければその意味は薄れてしまうのである。

　調査実施が容易になった現代だからこそ，標本抽出と回収率の問題について理解し，調査結果の解釈にそれらの制約を反映させることが肝要となっている。

4 心理測定尺度の概要

市村美帆

　本章では，心理測定尺度を利用するために必要な知識として，心理測定尺度とは何か，心理測定尺度はどのような構成になっているかについて説明する。加えて，心理測定尺度を使用する際に重要となる尺度の信頼性と妥当性について取り上げる。なお，本章は，第1章で取り上げた「賞賛獲得欲求・拒否回避欲求尺度」（小島・太田・菅原，2003）を用いて説明する。

4.1　心理測定尺度とは

　第1章において，「賞賛獲得欲求・拒否回避欲求尺度」（小島他，2003）に回答し，他者からの肯定的な評価を獲得したいと思っていたり，否定的な評価を避けたいと思っていたりするという特徴に，自分自身がどの程度あてはまるのか，知ることができたのではないだろうか。「賞賛獲得欲求・拒否回避欲求尺度」のように，人間のある心理的特徴をとらえるための「物差し」を**心理測定尺度**という。体重を測定する体重計や，体温を測定する体温計と同様に，心理測定尺度は心理的特徴をとらえる測定機器であるとみなすことができる。ただし，心理測定尺度が測定しようとしている心理的特徴は，体重や体温のように明確なものではない。心理的特徴は見たり触れたりできるものではなく，抽象的な概念であるため，測定は容易ではない。

　心理測定尺度が測定しようとしている心理的特徴の抽象的な概念を，**構成概念**とよぶ。構成概念とは，先行研究をふまえた理論的な検討から導かれる定義である。測定しようとしている心理的特徴を明確に定義することによって，心理測定尺度を構成する測定項目を作成することができる。なお，心理測定尺度が測定しようとしている心理的特徴は，抽象的なものであるがゆえに，単一の

項目でその特徴を測定することは困難である。そのため，心理測定尺度の多くは，理論的に検討された構成概念や，予備的な調査をふまえて，複数の項目を作成し，構成されていることが多い。

　たとえば，「賞賛獲得欲求・拒否回避欲求尺度」の2つの欲求は，公的自意識（他者からみられる自己への意識の向けやすさ）の背景となる欲求として取り上げられている（菅原，1986）。菅原（1986）は，先行研究の知見を整理し，公的自意識の強い人の中には，他者から賞賛され，好かれたいという欲求（賞賛獲得欲求）をもつ者と，他者から嘲笑されたり，拒否されたくないという欲求（拒否回避欲求）をもつ者が存在することを指摘している。小島他（2003）は，菅原（1986）の研究をふまえて，短文収集や項目選定を目的とした複数の調査を実施し，賞賛獲得欲求の高さを測定する9項目と，拒否回避欲求の高さを測定する9項目の計18項目を作成している[1]。

4.2　尺度の構造

　心理測定尺度の構成には，測定しようとしている心理的特徴を単一の次元から1次元的にとらえるものと，複数の次元から多次元的にとらえるものがある。前者を **1次元性尺度** とよび，尺度を構成する全項目への回答の合計得点を算出して，その得点から心理的特徴をとらえる。後者を **多次元性尺度** とよび，尺度を構成する項目は，いくつかのまとまりで構成されている。この項目のまとまりを **下位尺度** とよび，多次元性尺度は複数の下位尺度から構成されている。多次元性尺度では，下位尺度ごとに項目への回答の合計得点を算出し，複数の側面から心理的特徴をとらえる。

　1次元性尺度の代表例として，自分自身に対する肯定的な評価を測定する

---

[1] 公的自意識の強い人の2つの欲求は，もともと，菅原（1986）によって「賞賛されたい欲求」と「拒否されたくない欲求」と命名され，尺度が開発された。ただし，菅原（1986）が作成した賞賛されたい欲求と拒否されたくない欲求尺度は，項目数が少ないことや，分散が小さく，2つの欲求間の相関が高いなどの問題点があり，小島他（2003）によって，新たに「賞賛獲得欲求・拒否回避欲求尺度」が作成された。

「自尊感情尺度」（山本・松井・山成，1982）や，落ち込みなどの抑うつの症状を測定する「ベック抑うつ尺度」（林，1988）があげられる。前述したように，1次元性尺度は，尺度項目への回答を合計して，心理的特徴をとらえていることから，尺度の得点の高さのみを議論する（**図 4.1**）。

図 4.1　自尊感情尺度および抑うつ尺度の得点のイメージ

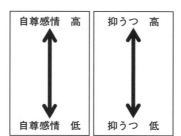

　第 1 章で取り上げた「賞賛獲得欲求・拒否回避欲求尺度」（小島他，2003）は，公的自意識の背景となる欲求を賞賛獲得欲求・拒否回避欲求と 2 次元的にとらえており，多次元性尺度として構成されている。また，日常生活において人が感じるさまざまな感情を，抑うつ・不安，敵意，倦怠（けんたい），活動的快，非活動的快，親和，集中，驚愕（がく）という 8 つの下位尺度から多面的にとらえている「多面的感情尺度」（寺崎・岸本・古賀，1992）や，人の心理的健康を表す指標としての幸福感を，人生に対する前向きな気持ち，達成感，自信，人生に対する失望感のなさという 4 つの下位尺度からとらえている「主観的幸福感尺度」（伊藤他，2003）なども，多次元性尺度として構成されている。

　なお，多次元性尺度は，複数の下位尺度から構成されているため，下位尺度間の関連をふまえて議論することが可能である。下位尺度間の関連については，下位尺度間が密接に関連する（例：ある下位尺度の得点が高ければ，もう一方の下位尺度の得点も高い）場合や，下位尺度間が独立している（例：ある下位尺度の得点が高くても，もう一方の下位尺度の得点が高いとは限らない）場合などがある。

　たとえば，「主観的幸福感尺度」（伊藤他，2003）を構成する 4 つの下位尺度
（「人生に対する前向きな気持ち」「達成感」「自信」「人生に対する失望感のな
さ」）は，すべての下位尺度の得点が高いほど幸福であることを示している。
主観的幸福感尺度は，4 つの下位尺度によって，幸福感を複数の側面から包括
的にとらえており，各下位尺度間は密接に関連するものとして設定されている
（**図 4.2**）。

図 4.2　主観的幸福感尺度の構造イメージ

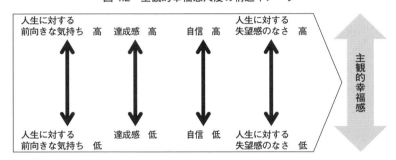

　一方で，多次元性尺度の下位尺度を，それぞれ独立したものとしてとらえる
ことも可能である。たとえば，「多面的感情尺度」（寺崎他，1992）を構成する
8 つの下位尺度（抑うつ・不安，敵意，倦怠，活動的快，非活動的快，親和，
集中，驚愕）には，ポジティブな感情やネガティブな感情が含まれている。感
情を測定する際に，ある一時点においてこれらの感情をすべて感じているとは
考えにくく，その時点の感情状態を示す下位尺度の得点のみが高くなると予想
される。このように，多面的感情尺度では感情を複数の側面から個別的にとら
えており，各下位尺度が独立したものとして設定されている（**図 4.3**）。

　また，独立した下位尺度を**図 4.4** のように組み合わせることによってとらえ
ることも可能である。たとえば，笹川・猪口（2012）は，賞賛獲得欲求・拒否
回避欲求が対人不安に与える影響について検討する際に，賞賛獲得欲求と拒否
回避欲求の得点の平均値をもとに高低群に区分し，①賞賛獲得欲求および拒否
回避欲求が高い群，②賞賛獲得欲求が高く，拒否回避欲求が低い群，③賞賛獲

図 4.3 多面的感情尺度の構造イメージ

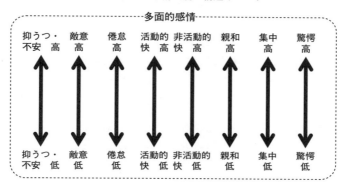

図 4.4 賞賛獲得欲求・拒否回避欲求尺度の構造イメージ

得欲求が低く，拒否回避欲求が高い群，④賞賛獲得欲求および拒否回避欲求が低い群の 4 群を設定している。

　心理測定尺度の構成は，構成概念をふまえて設定されている。前述した多次元性尺度の下位尺度間の関連も，多次元性尺度のすべてに応用できるわけではなく，構成概念に沿って議論することが必要である。

4.3 信頼性と妥当性とは

　本節では，心理測定尺度を使用する際に重要となる尺度の信頼性と妥当性について取り上げる。

4.3.1　尺度の信頼性

　人間の心理的特徴をとらえるための「物差し」である心理測定尺度が，ある心理的特徴を正確にとらえるためには，精度の高い測定機器を使う必要がある。精度の高い測定機器は，何度も繰返し測定を行っても，同じ値を示す。測定する度に，大きく値が変化する測定機器は信頼することができないであろう。しかし，実際には，心理的特徴に限らず，物理的量の測定であっても，測定には誤差が生じる。たとえば，ある体重計を用いて，短時間に何度も体重を計った場合，0.1 kg などの誤差がでる場合がある。この誤差は，測定時に偶然生じるものであり，完全にコントロールすることができない。このように，ある測定機器によって測定される測定値は，測定しようとしているものの「真の値」と，「誤差」から構成されている（**図 4.5**）。

図 4.5　測定値の構成イメージ

　心理測定尺度を使用したり，開発したりする際には，誤差の少ない安定した測定ができること，すなわち，心理測定尺度の**信頼性**が重要となる。

　心理測定尺度の信頼性を示すには，信頼性係数を算出する必要がある。信頼性係数については，古典的テスト理論において説明されているが，厳密には，信頼性係数は真の値を測定しなければとらえることができない[2]。そのため，信頼性係数を推定する方法を用いて，心理測定尺度の信頼性が検討されている。本書では，信頼性係数の推定方法を，何度も繰返し測定を行っても，安定した

---

[2]古典的テスト理論については，カーマインとツェラー（1979）や吉田（2001）などを参照してほしい。

データが得られるかどうかを検討する，尺度の安定性を検討する方法と，ある心理測定尺度を構成する複数の項目に共通した反応（回答）が得られるかどうか検討する，尺度の一貫性（内的整合性）を検討する方法の2つに区分してとらえる（**表 4.1**）[3]。

表 4.1　信頼性係数の推定方法

安定性を検討する方法	一貫性を検討する方法
再テスト法	折半法
平行テスト法	クロンバックの α 係数

1. 尺度の安定性を検討する方法——再テスト法および平行テスト法

　何度も繰返し測定を行っても，安定したデータが得られるかどうかを検討する，尺度の安定性を検討する方法として，再テスト法と平行テスト法がある。**再テスト法**とは，同一対象者に複数回調査を実施し，得られたデータ間の関連の強さを検討する方法である。たとえば，同じ体重計を用いて体重を2回測定した場合，1回目の体重と2回目の体重の値が同じであれば，用いた体重計は信頼できるものであると判断できる。心理測定尺度では，同一対象者に複数回調査を実施し，1回目の測定における尺度の得点と2回目の測定における尺度の得点間の相関係数を算出し，信頼性係数の推定値とする[4]。算出された相関係数が正であり，かつ，相関係数の値が高いほど，1回目の測定と2回目の測

---

[3] 吉田（2001）は，心理測定尺度の信頼性として，安定性と一貫性を検討する方法を以下のように説明している。すなわち，安定性を検討する方法は同一対象者に繰返し測定を行い，安定したデータを得ることが可能か検討しているが，一貫性を検討する方法は尺度を構成する複数の項目が繰返し測定の代用となっている。繰返し測定の一貫性（安定性）が項目間の一貫性（類似性・同質性）に置き換えられているととらえることができる。

[4] 相関係数（r）とは，2変数間の関係の強さを示しており，−1から1までの範囲の値をとり，絶対値が1に近いほど関係が強い。また，2変数のうち，一方が得点が高いほど，もう一方も得点が高いという関係の場合には正の値となり，一方が得点が高いほど，もう一方の得点が低いという関係の場合には負の値となる。

定のデータの関連が強く，2 回の測定がほぼ同様の値を示していると解釈することができる。これにより，用いた心理測定尺度から安定したデータが得られると判断でき，尺度の信頼性を示すことができる。

　「賞賛獲得欲求・拒否回避欲求尺度」を作成した小島他（2003）の研究では，同一対象者に第 1 回調査の後，2 カ月後（第 2 回調査）および 9 カ月後（第 3 回調査）に調査を実施し，「賞賛獲得欲求尺度」の第 1 回調査の得点と第 2 回調査の得点との相関係数，第 2 回調査の得点と第 3 回調査の得点との相関係数，第 1 回調査の得点と第 3 回調査の得点との相関係数をそれぞれ算出している。その結果，すべての相関係数が $r = .70$ 以上の高い正の相関を示しており，第 1 回調査で賞賛獲得欲求の得点が高い者ほど，第 2 回調査や第 3 回調査でも賞賛獲得欲求の得点が高かった。「拒否回避欲求尺度」についても，同様の結果が得られており，「賞賛獲得欲求・拒否回避欲求尺度」の信頼性が確認されている。

　なお，再テスト法を用いて尺度の信頼性を検討する場合には，調査を実施する間隔の長さを考慮する必要がある。体重のような物理的量とは異なり，心理的特徴を測定する場合には，第 1 回調査の回答の記憶が第 2 回調査の回答に影響を与える可能性がある。調査に参加した対象者が，過去の調査への回答の記憶にもとづいて，同じ回答をしようと試みたり，回答を変化させようとしたりすることがある。「賞賛獲得欲求・拒否回避欲求尺度」（小島他，2003）では，2 カ月および 9 カ月の期間をとっているが，2 〜 3 週間や 1 カ月といった期間で実施している研究もある。調査期間が短ければ記憶の影響を受けやすく，長ければ測定しようとしている心理的特徴が変化する可能性もある。心理測定尺度の構成概念などをふまえて，調査時期を設定する必要があるだろう。また，再テスト法では，同一対象者に複数回調査を実施する必要があるが，第 1 回調査に参加した対象者が，必ず第 2 回調査に参加するとは限らず，十分なデータ数を確保するのは容易ではない。

　一方，**平行テスト法**（代替テスト法）では，心理測定尺度の代替項目を作成し，同時期もしくは一定の期間を設けて調査を実施する。そのため，再テスト法のように，回答の記憶がその後の回答に影響を与えることはない。ただし，

平行テスト法（代替テスト法）を行う際には，項目数や難易度などが同レベルの代替項目を作成する必要があり，現実的には実施困難である場合が多い。

2. 尺度の一貫性を検討する方法——折半法およびクロンバックのα係数

ある心理測定尺度を構成する複数の項目に共通した反応（回答）が得られるかどうか検討する，尺度の一貫性（内的整合性）を検討する方法として，折半法とクロンバックのα係数（第8章参照）を算出する方法がある。**折半法**は，ある心理的特徴を測定する心理測定尺度の項目を均等になるように2つに分け，それぞれ別に得点を算出し，2得点の関連の強さを検討する方法である。折半法は，1つの尺度を2つに分けることによって，同じ項目数でかつ難易度が同レベルとなる項目を構成することができ，前述した平行テスト法（代替テスト法）と類似するものととらえることもできる。

折半法の具体例として，尺度の項目番号の奇数と偶数番号から2グループに分け，それぞれの得点を算出し，両得点間の相関係数を算出する方法があげられる。ただし，算出された相関係数は，平行テスト法（代替テスト法）をふまえると，一方のグループの項目から構成される尺度の信頼性係数となってしまう。そのため，統計的な修正を行う必要があり，**スピアマン＝ブラウンの公式**を用いて検討される[5]。

折半法を用いる際に項目を2つに分ける方法は何通りもあり，その方法によって信頼性係数は変化してしまう。そこで，可能なすべての折半法を考慮し，一般化した信頼性係数として，**クロンバックのα係数**を算出する方法がある[6]。クロンバックのα係数は，0から1までの範囲の値をとる。松井（2022）によれば，0.6以上であれば「高い」，0.8以上であれば「非常に高い」と表記されることが多い。ちなみに，「賞賛獲得欲求尺度」は $\alpha = .83$，「拒否回避欲求尺度」は $\alpha = .82$ と十分に高い値が示されている（小島他，2003）。

---

[5] スピアマン＝ブラウンの公式は，折半され算出された合計得点間の相関係数を r とすると，$\rho = \dfrac{2r}{1+r}$ となる。

[6] クロンバックのα係数は，ある心理測定尺度の項目が n 個の場合，項目の分散を σ_j^2 とし，全項目の合計得点の分散を σ_x^2 とすると，$\alpha = \dfrac{n}{n-1}\left(\dfrac{\Sigma\sigma_j^2}{\sigma_x^2}\right)$ となる。

なお，近年では，α係数について，国内の心理尺度作成論文における利用動向が整理され（高本・服部，2015），α係数を内的整合性や内的一貫性の指標とすることへの批判などをふまえα係数をどのように解釈したらよいのか（岡田，2015）といった検討が行われており，ω係数やθ係数を用いる必要性も議論されている。

4.3.2　尺度の妥当性

　前述したように，心理測定尺度は，研究者によって設定された構成概念にもとづいて作成される。しかし，心理測定尺度を用いて測定しようとしている心理的特徴は曖昧なものであるために，先行研究をふまえた理論的検討を重ね，丁寧に項目を作成したとしても，測定しようとしている心理的特徴を本当に測定しているのかどうか，はっきりしていないことが多い。心理測定尺度を使用したり，開発したりする際には，精度の高さである信頼性だけでなく，測定しようとしている心理的特徴を測定する測定器具として適切であるかどうか，すなわち，尺度の**妥当性**についても確認する必要がある。

　吉田（2001）によれば，妥当性の検討方法については，尺度の内容を専門家が理論的に考察し，項目が適切であるかどうかを検討する内容的妥当性（理論的内容的妥当性）と，データを得て統計的に分析することで妥当性を評価する統計的妥当性（経験的統計的妥当性）に区分することができる。

1.　内容的妥当性

　内容的妥当性とは，ある測定器具が，測定しようとしているものを，過不足なくとらえることができているかどうかを示すものである。たとえば，英語の能力をとらえるためにテストを実施する場合，リスニングやリーディング，ライティングなどさまざまな視点から問題が構成される。もし，テスト問題がリスニングのみであった場合，英語の聞きとりの能力をとらえるためのテストとなり，英語の能力全体をとらえるためのテストとしては妥当ではない。

　第1章で取り上げた「賞賛獲得欲求・拒否回避欲求尺度」（小島他，2003）の拒否回避欲求を測定するための項目を概観すると，「意見を言うとき，みんなに反対されないかと気になる」や，「不愉快な表情をされると，あわてて相

手の機嫌をとる方だ」というように，他者に意見を言う場面や他者の表情をよみとる場面，他者の意見を気にしたり，機嫌をとるという行動など，さまざまな場面や行動が設定されている。拒否されたくないと感じる場面や，拒否されないための行動を幅広くとらえ，拒否回避欲求の尺度が構成されていることがうかがえる。

　内容的妥当性は，信頼性の検討の際に用いる信頼性係数のように，何らかの基準を設けることができないため，主に尺度の作成過程で検討される。新たに心理測定尺度を開発する際には，測定しようとしている心理的特徴の内容（構成概念）をもとに，関連する先行研究を徹底的に調べたり，それらの知見を整理するなどして，数多くの項目を作成する。作成した項目を用いて，予備的な調査を実施して，項目を選定したり，複数の専門家によって，作成された項目の内容が妥当であるか判断されたりすることもある。このような手続きを経て項目を作成・選定し，測定したい心理的特徴を明確にとらえる測定機器として，内容的に妥当である心理測定尺度を開発する必要がある。

2.　統計的妥当性

　統計的妥当性とは，測定器具の妥当性を，統計的な手法を用いて検討しており，基準関連妥当性と構成概念妥当性の2つに区分することができる（**表4.2**）。

表 4.2　統計的妥当性の種類

基準関連妥当性	構成概念妥当性
併存的妥当性	収束的妥当性
予測的妥当性	弁別的妥当性

　基準関連妥当性では，尺度の妥当性を検討するために，外的な基準との関連を検討する。たとえば，境界性や自己愛性の人格（パーソナリティ）障害を測定する尺度を新たに作成した場合，調査時に既存の尺度も合わせて実施し，両尺度の得点間の相関係数が高ければ，新たに作成した尺度がそれぞれの人格障害を測定する尺度として妥当であると判断することができる。また，新たに作

成した尺度を，医師によって人格障害と診断された者と，診断されなかった者を対象に実施し，両者の得点に差があれば，新たに作成した尺度の妥当性を確認することができる。このように，心理測定尺度が測定しようとしている心理的特徴を示す他の指標を外的基準とし，関連を検討することによって示される妥当性を**基準関連妥当性**という。なお，外的基準を同時の調査や，同時期の診断から得た場合には**併存的妥当性**とよぶ。一方で，職業などの適性テストを実施した後に，数年後に実際の職業との関連を検討するなど，外的基準が調査実施の時間的後（未来）に存在する場合には**予測的妥当性**とよぶ。

「賞賛獲得欲求・拒否回避欲求尺度」（小島他，2003）では，併存的妥当性を検討している。具体的には，「賞賛獲得欲求・拒否回避欲求尺度」のもととなっている菅原（1986）によって作成された9項目（賞賛されたい欲求5項目，拒否されたくない欲求4項目）との関連を検討し，賞賛獲得欲求と賞賛されたい欲求，拒否回避欲求と拒否されたくない欲求との間に，それぞれ高い正の相関が示された（小島他，2003）。

なお，基準関連妥当性を検討する際には，以下の点に注意する必要がある。基準関連妥当性の検討として，新たに開発した尺度と既存の尺度との関連を検討する場合，両尺度の関連がきわめて強い場合には，新たに尺度を作成する必要がないことを示すことになる。また，基準関連妥当性を検討するための適切な外的基準を常に設定できるとは限らない。心理測定尺度が測定しようとしている心理的特徴は，抽象的なものであるがゆえに，妥当性を示す外的基準を設定することが困難な場合もある。

一方で，構成概念妥当性では，尺度の妥当性を検討するために，他の心理的特徴との関連を理論的に予測し，実際にデータを収集して，予測通りの関連がみられるかどうかを検討する。

たとえば，「賞賛獲得欲求・拒否回避欲求尺度」（小島他，2003）では，構成概念妥当性を検討する際に，先行研究などをふまえ，以下のような予測をしている。小島他（2003）は，賞賛獲得欲求と拒否回避欲求は，他者が自分に対して抱くイメージを操作すること（自己呈示）に影響を与える要因であり，賞賛獲得欲求が高い人ほど，他者に好ましく評価されるように，積極的に行動して

いるのに対し，拒否回避欲求が高い人ほど，他者に嫌われないように，消極的に行動しているととらえている。また，賞賛獲得欲求と拒否回避欲求の高さの違いは，他者の自分に対する反応（フィードバック）の受け止め方も異なることが予想される。すなわち，賞賛獲得欲求が高い人ほど，他者から否定的な反応を受けると，他者から賞賛されたいという目標とは一致しない反応であるために，相手に対して不満や怒りを感じ，逆に他者から肯定的な反応を受けると，他者から賞賛されたいという目標が満たされることから，満足を感じると予想される。一方で，拒否回避欲求が高い人ほど，他者から否定的な反応を受けると，他者からの拒否を避けたいという目標を達成することができず，自分に対して不安や嫌悪を感じ，逆に他者から肯定的な反応を受けると，他者からの拒否を避けたいという目標よりも期待以上の結果を得たために，照れたり困惑を感じたりすると予想される。小島他（2003）は，これらの予測を検証するために，想定場面法を用いて検討している。具体的には，小集団で意見を出し合う状況で，自身が発言した際に，周囲から肯定的な反応を受ける条件と，否定的な反応を受ける条件を設定し，各条件下での情緒的反応を測定し，賞賛獲得欲求・拒否回避欲求の高さとの関連を検討している。その結果，予測通りの結果が得られ，「賞賛獲得欲求・拒否回避欲求尺度」の構成概念妥当性を示している。

　なお，構成概念妥当性の検討として，他の心理的特徴との関連を理論的に予測する際には，関連がある（例：正や負の相関）という視点と，関連がない（例：無相関）という視点を設定することが可能であり，前者を**収束的妥当性**，後者を**弁別的妥当性**とよぶ。

4.3.3　尺度の信頼性と妥当性の注意点

　本章で取り上げた信頼性と妥当性を，バビー（2001）はダーツの的を用いて，**図 4.6** のように示している。信頼性は，ダーツの的のどこであっても，同じ場所に一貫して当たることであり，妥当性は，ダーツの的の中心の近いところに当たることである。**図 4.6** からイメージできるように，ダーツをする際には，ばらつきなく（信頼性），的の中心に当たる（妥当性）ことが必要となる。心

理測定尺度においても，信頼性と妥当性のどちらか一方が不足している場合は有効な尺度とは言い難い。

図4.6　信頼性と妥当性の関係（Babbie, 2001 をもとに作成）

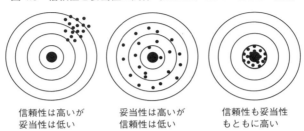

信頼性は高いが　　　妥当性は高いが　　　信頼性も妥当性
妥当性は低い　　　　信頼性は低い　　　　もともに高い

　最後に，信頼性と妥当性に関して，研究・調査をする際の注意点について述べる。他の研究者によって作成された既存の尺度を用いる場合には，単に項目文をそのまま用いるのではなく，尺度がとらえようとしている心理的特徴は何か，構成概念をきちんと理解した上で，尺度の信頼性と妥当性が十分に検討されているかどうか，確認する必要がある。同様に，新たに心理測定尺度を開発する際にも，構成概念の設定や，尺度の信頼性と妥当性の検討は必要である。しかし，実際には，1つの研究ですべてを明確にするには限界があったり，注目する心理的特徴によっては検討できないものもあったりするため，検討が不十分である尺度も少なくない。複数の研究者がある既存の尺度を自身の研究で用いることによって，研究が積み重ねられ，尺度の信頼性や妥当性がより明確になる場合もある。検討が不十分であったり，情報が不足したりしている場合には，先行研究をふまえて理論的に検討することや，新たに調査を計画し検討することが必要である。

5 心理測定尺度の使い方・作り方

山岡明奈

　心理測定尺度を用いた心理調査は，他の研究手法と比較すると労力が少なく，比較的容易に実行できる手法だといえる。しかしながら，安易に心理測定尺度を選んだり，作成したりしてしまうと，測定したいものが測定できず，結局良いデータを集められなかったという事態になり得る。そこで本章では，心理測定尺度を用いた研究の注意点と大まかな手続きについて「既存の心理測定尺度を使用する方法」と，「独自に新規の心理測定尺度を作る方法」の 2 つに分けて説明していく。

5.1 既存の心理測定尺度を使う

5.1.1 既存の心理測定尺度を選ぶときの注意点

　既存の心理測定尺度を用いて心理調査を行う場合，どの心理測定尺度を選ぶかが重要な問題となる。心理測定尺度は，基本的に論文で発表されているものの中から選ぶとよい（論文の探し方については第 3 章，心理測定尺度の探し方については**コラム 5.1** を参照）。以下では，心理測定尺度を選ぶ際に注意すべき観点について述べる。

1. その心理測定尺度が測定している構成概念が，今回の研究で測定したい構成概念と一致しているか

　まず，その心理測定尺度が，"自分が測定したいと考えている構成概念を測定できるものであるか"を確認する必要がある。そのためには，自分が測定したい構成概念の定義を明確にしておくことが重要である。

　構成概念とは，ある学問的目的のために理論的に定義されて作られた概念のことである。心理学の研究の多くは，構成概念を作り，定義することで，心に

関するさまざまな現象を測定可能なものにし，研究を行っている。たとえば，ある人に，授業中にぼんやり別のことを考えるという行動や，電車で座っているときに別のことを考えるといった行動がみられたとする。心理学の分野では，このような行動をまとめた（抽象化した）概念として，"マインドワンダリング"という構成概念を作る。そしてマインドワンダリングとは，「現在行っている課題や周りの環境から注意がそれて他のことを考える現象である」と定義することで，測定や研究を行っていく。

　このように，構成概念は人の手によって定義されるものであるため，同じ構成概念名が用いられた研究であっても，研究者が違えば定義が異なることがある。実際に，マインドワンダリングには複数の定義が存在しており，集中すべき課題があるときの思考だけをマインドワンダリングとみなす立場（定義）をとると，先ほど例にあげた「電車で座っているときに別のことを考える」という行動は，マインドワンダリングとはいえないことになる。定義が異なれば，測定する研究対象（構成概念）も違うものになり得るため，自分が測定したい構成概念の定義を明確にしておくことは非常に重要である。

　また，同じ構成概念名に対して複数の心理測定尺度が作成されることがある。たとえば，マインドワンダリング傾向を測定する心理測定尺度は4つ存在している（MWQ，DDFS，MW-D，MW-S）。このうち，MWQ（Mrazek, Philips, Franklin, Broadway, & Schooler, 2013）は主に集中すべき課題があるときの思考をマインドワンダリングとして測定し，DDFS（Giambra, 1993）は集中すべき課題がないときの思考も広くマインドワンダリングとみなして測定している。また，MW-D（Carriere, Seli, & Smilek, 2013）は意図的に行われるマインドワンダリング傾向を測定し，MW-S（Carriere et al., 2013）は非意図的なマインドワンダリング傾向を測定している。いずれの心理測定尺度もマインドワンダリング傾向を測定するものであるが，どこまでの現象をマインドワンダリングとみなしているかや，測定の着眼点が異なっている。

　したがって，心理測定尺度を選ぶ際には，自分が測定したい構成概念の定義を明確にした上で，十分に先行研究を調べ，各心理測定尺度の特徴をよく理解しておく必要がある。決して，心理測定尺度の名前だけを見て安易に決定する

ようなことはせず，心理測定尺度が発表された原典の論文をきちんと読み，その構成概念の定義や項目の内容を一つひとつ確認するとよいだろう。

2.　妥当性や信頼性の検討は十分か

使用する心理測定尺度は，妥当性と信頼性の高いものが望ましい（妥当性や信頼性の詳細については第4章を参照）。心理学系の論文で発表されている心理測定尺度は，少なくとも一度以上の妥当性と信頼性の検討が行われているものが多いが，それだけでは十分とは言い難い。妥当性や信頼性の検討は一度きりで終わるものではなく，研究の積み重ねによって繰返し行われていくものである。したがって，心理測定尺度を選ぶ際には，先行研究で，ある程度繰返し使用され，その度に高い妥当性と信頼性が報告されている心理測定尺度を選ぶことが望ましい。

3.　心理測定尺度の内容は，今回の調査対象者に適したものか

調査対象者の属性（年齢，性別，職業，文化，宗教，言語，病歴など）をふまえた上で，使用する心理測定尺度の内容が，今回の調査対象者に適したものかを判断する必要がある。たとえば学校生活について尋ねる項目が含まれていた場合，学校に通っていない者（社会人など）を対象とする心理調査には不適切であると考えられる。質問項目を一つひとつ確認した上で，項目の内容が今回の調査対象者にとって適切なものであるかをよく確認する必要がある。

以上の3点をふまえて，質問内容や回答方法が今回の研究において適切だと判断できる場合は，心理測定尺度をそのまま使用することができる。質問内容や回答方法を変更せずに使用することで，先行研究の結果と今回の研究の結果を直接比較することも可能となる。一方で，場合によっては質問項目や回答の方法を変更する必要が生じることもある。心理測定尺度に変更を加えた場合は，先行研究との単純な比較ができなくなるため，注意が必要である。

また，もしも研究対象となる構成概念が，日本特有の概念ではなく，人間全般に共通する概念であり，海外の先行研究との比較を行いたい場合は，日本のみで使用されている日本語の尺度ではなく，世界で広く使用されている外国語の心理測定尺度の日本語版を使用することを勧める。日本語版を作成する過程

で尺度に変更が加えられることがあるため注意が必要ではあるが，同じ心理測定尺度を使用することで，海外の先行研究との比較も可能となる。

　なお，国内外の心理測定尺度には，市販されているものも存在するため，使用の際には使用の条件をよく確認する必要がある。

5.1.2　翻訳が必要な尺度

　外国語で作成された心理測定尺度を，日本語を母語とする者を対象とした心理調査で使用する場合，そのまま使用してしまうと言語の違いから項目の内容が理解されないことや，文化や宗教の違いから適切な回答が得られないことがある。そのため，心理測定尺度を翻訳したり項目の内容を修正・精査したりして，日本語版の心理測定尺度を作成する必要がある。ただし，その国特有の心理的現象に関する心理測定尺度の場合，日本語版に翻訳したところで，日本語圏の回答者には理解できなかったり，適切な測定ができなかったりすることがある。したがって，本当にその心理測定尺度の日本語版を作成する必要性があるのか，翻訳することが適切であるのかについては慎重に検討すべきである。以下に，日本語版心理測定尺度作成の大まかな手続きを紹介する。

1.　原版の心理測定尺度の著者に，日本語版作成の許可を得る

　原版の心理測定尺度の著者に無許可で日本語版尺度を作成することは，さまざまなトラブルのもとになる。可能な限り原著者（第一著者）と連絡をとり，日本語版作成の許可を得る必要がある。著者に連絡をする際は，自分の所属や身分，研究内容を説明した上で，その尺度の日本語版を作成する必要性を述べるとよい。この際，後述するバックトランスレーション（逆翻訳）を行った心理測定尺度の内容の確認も依頼しておくと後の手続きが円滑に進むだろう。

2.　心理測定尺度を日本語に翻訳する

　原著者の許可が下りたら，心理測定尺度を日本語に翻訳する。当然，正確に翻訳することが求められるが，直訳するだけでは日本語として意味の通りにくい表現になることもあるため，滑らかな日本語表現となるよう留意すべきである。また，元の言語圏に特有な文化や価値観が含まれた項目を翻訳する際は，日本語圏の者が読んだときにも理解ができるように，慎重に翻訳を行う必要が

ある。

翻訳を終えたら，適切に翻訳ができているかを確認するために，簡単な予備調査を行ってもよい。具体的には，日本語を母語とする者数名に，翻訳後の心理測定尺度に回答してもらい，分かりづらい項目や，回答しづらい項目がないかを尋ねる。予備調査の結果を受けて，より分かりやすい項目になるよう，修正を重ねていく。

3. バックトランスレーションを行い，原著者に確認を得る

日本語に翻訳した心理測定尺度を，再度元の言語に翻訳する。この作業を**バックトランスレーション（逆翻訳）**とよぶ。バックトランスレーションを行った心理測定尺度を原著者に見てもらい，元の心理測定尺度の意味から内容が大きく外れていないかを確認してもらう。バックトランスレーションを行う際には，元言語から日本語に翻訳した人物とは別の者が行ったほうが望ましい。もしも，研究者自身が日本語への翻訳を行ったのであれば，元言語と日本語の両方に堪能な第三者に依頼するか，校閲・翻訳会社に依頼するとよいだろう。

4. 信頼性と妥当性の検討や因子構造の検討を行い，項目を選定していく

バックトランスレーションの確認が終わり，仮の翻訳版尺度が完成したら，信頼性と妥当性の検討を行い，適切な心理測定尺度になるよう項目を選定していく。具体的には，項目分析を行ったり，探索的因子分析を行ってどのような因子構造になっているかを確認したり，確認的因子分析を行って元尺度の因子構造との当てはまりを確認したりする（詳しくは，第4章および第8章を参照）。この過程で，不適切な項目は削除したり，翻訳をし直したりして，適切な日本語版心理測定尺度になるよう修正していく。当然，翻訳し直した場合は，再度バックトランスレーションを行い，原著者に確認を求める。

とくに翻訳版の作成の場合は，元の心理測定尺度の言語圏と日本語圏の文化や慣習が異なる可能性が高く，文化などの違いによって，日本語圏の人には回答できない項目や不適切な項目があることも少なくない。日本語圏の回答者にとって適切な内容になるよう，項目を取捨選択して尺度を完成させていく必要がある。

コラム 5.1　心理測定尺度の探し方

1. インターネットで探す

　心理測定尺度が開発されると，多くの場合論文化される。論文化された日本語の心理測定尺度を探す際には，「J-STAGE」や「CiNii」といった，論文検索サイトを利用することを勧める。いずれのサイトにおいても，検索バーに，測定したい構成概念と「尺度」という文字を入力して検索するとよいだろう。

図 5.1　J-STAGE の検索画面の例

　検索をかけると，その構成概念の心理測定尺度を開発した論文（原典）や，その構成概念を測定している論文が表示される。心理測定尺度の原典の論文を読むのはもちろんであるが，その構成概念が測定されている論文も一通り目を通しておくとよい。これにより，実際の先行研究においてどの心理測定尺度が頻繁に用いられているのかを把握することができる。とくに1つの構成概念に対して複数の心理測定尺度が存在している場合は，先行研究においてどの心理測定尺度が繰返し使用され，安定して信頼性と妥当性の高さが示されてきたかを確認しておくとよい。

2. 尺度リストから探す

　心理測定尺度をリスト化した資料も存在している。有名なものに，サイエンス社から刊行されている『心理測定尺度集』（第Ⅰ～Ⅵ巻）があげられる。これには，主に1990年から2010年の間に刊行された心理測定尺度のうち，一定

の基準を満たした心理測定尺度が紹介されている。各心理測定尺度のページには，その項目内容だけではなく，測定概念・対象者，作成過程，信頼性，妥当性，心理測定尺度の特徴，採点方法，出典論文の情報が詳細に掲載されている。

　また，日本パーソナリティ心理学会は，その機関誌である「パーソナリティ研究」において発表された心理測定尺度の一部を，学会ホームページ上にある「心理尺度の広場」で公開している（https://jspp.gr.jp/scale/）。ここでは，各心理測定尺度の出典論文へのリンクの他に，その特徴が簡潔にまとめられている。

　尺度リストを使用すれば，一度に複数の心理測定尺度の情報を手に入れることができる。しかしながら，最終的に心理測定尺度を選ぶ際には，尺度リストに掲載された情報だけではなく，必ず心理測定尺度が開発された原典の論文を手に入れて，論文の内容をきちんと精読してほしい。尺度リストはあくまでも，心理測定尺度を探すためのツールの一つとして用いるべきであろう。

5.2 新規の心理測定尺度を独自に作る

　新しく構成概念を作成したときなど，測定したい概念を測定するための心理測定尺度が存在しない場合は，新たな心理測定尺度を作成することもある。しかしながら，類似した構成概念が乱立しないように，安易な心理測定尺度の作成は避けるべきであり，本当に新たな構成概念を作る必要があるのか，その心理測定尺度を作る必要性があるのかについてはよく検討すべきである。たとえば，その構成概念は，既存の構成概念と明確な違いがあり，他の構成概念との関連が予想され，新たに作成するメリットがある場合は，作成してもよいと考えられる。

　以下に，心理測定尺度の作成方法について述べていく。なお本章では，心理測定尺度全般に共通する作り方の例を紹介していくが，とくに健康状態についての自己報告式尺度を作成する場合は，COSMIN（COnsensus-based Standards for the selection of health Measurement INstruments）チェックリストも参

考にするとよいだろう。

5.2.1　項目案の収集

　測定したい概念の定義が曖昧なままだと，だんだん当初の目的からズレていってしまい，最終的に測定したい構成概念からかけ離れた心理測定尺度が作成されてしまうことがある。したがって，何を測定したいのかを事前に明確にした上で項目案の収集に取り組む必要がある。

　また，測定したい概念をできる限り正確に測定するためには，その概念の一部を測定するような項目だけではなく，その概念を網羅的に満遍なく測定する項目を作成する必要がある。項目案は以下の方法で集められることが多い。

1.　既存の資料から集める

　先行研究で，測定したい構成概念の研究がすでに行われている場合や，類似した構成概念の尺度が存在する場合，先行研究の知見を基に項目案の収集を行うことも可能である。研究者自身が項目を考案することもあれば，既存の心理測定尺度の項目の一部を使用したり，複数の心理測定尺度を組み合わせて作成することもある。また，心理学に関する論文だけではなく，必要に応じて書籍や辞書，辞典などを活用し，項目案を収集することもある。

2.　予備調査で項目案を集める

(1)　自由記述式の調査を行う

　測定したい概念についてのイメージや行動などを，自由記述式の質問を用いて第三者に尋ねることで項目案を収集することも可能である。自由記述式の調査を行う場合は，ある程度多くの回答者に調査を実施することが望ましい。回答者によっては，無回答であったり，その概念の一側面のみを記述する者がいるためである。できるだけ多くの回答者から回答を求めることで，より幅広い多様な項目案を網羅的に集めることができる。

　また，特定の調査対象者についての心理測定尺度を作成する場合は，予備調査も，その調査対象者に対して実施するべきである。たとえば，大学生についての心理測定尺度を作成する場合は，大学生に予備調査を実施すべきであるし，高校生についての心理測定尺度を作成する場合は，高校生を対象に予備調査を

行うべきである。

　自由記述式の調査を行う際は，その問いの立て方も重要な問題である。抽象的すぎると，期待からズレた回答ばかりが得られたり，具体的すぎるとその概念について広く網羅的に情報を集めることができない可能性がある。したがって，どのような問いを設定すれば，目的とする概念の情報を収集できるのかを慎重に検討する必要がある。

> （例）大学生の援助要請傾向についての心理測定尺度を作成する。
> 「あなたが大学生活で誰かに助けを求めたり，お願いをしたりしたときの経験をできるだけ詳しく書いてください。」

(2)　面接法を用いる

　測定したい構成概念について知っている人や回答できる人が限られており，回答に協力してくれる者の数が少ないと見込まれる場合は，自由記述法より面接法のほうが有効である。たとえば，特定の病気や状態にある人の心理測定尺度を作成する場合はその病気の当事者に尋ねる必要があり，誰でも調査対象者になり得るわけではない。このように，当事者や専門家といった，少数の人数にしか尋ねることができない場合は，より詳細な情報を得るために面接調査を行うほうが有効である。

　面接法には，構造化面接，半構造化面接，非構造化面接があるが（第2章参照），項目案を収集するなど，尋ねたいことが明確な場合は，構造化面接または半構造化面接が用いられることが多い。面接を行う前には，あらかじめ質問内容を考えておき，自由記述式の調査と同様に，抽象的すぎず，具体的すぎず，測定したい概念についての情報を幅広く得られる質問を設定しておく。

　面接時には，メモをとることはもちろんのこと，事前に回答者の許可を得た上で，ICレコーダーで面接内容を録音しておくことが望ましい。面接が終わったら，メモと録音を基に，面接の記録の書き起こしを行い，トランスクリプトを作成する。いわゆるテープ起こしとよばれる作業である。トランスクリプトには，面接者と被面接者の発言内容の他にも，表情やしぐさ，感情，間があったことなど，面接場面の詳細な情報を記載しておく。これが，面接の素データとなる。

(3)　予備調査のデータを分析する

　自由記述式調査や面接法で得られた質的なデータを分析する方法はいくつかあるが，項目案を作成する際にはKJ法（川喜田，1967）を援用した分類が行われることが多い（第13章も参照）。大まかな手続きとしては，まず，得られたすべての回答を付箋や小さいメモ用紙に書きだし，同じ回答同士をまとめる。次に，似た回答同士をグループにまとめ，小カテゴリーを作成する。必要に応じて，似たグループ同士をまとめて，大カテゴリーを作ることもある。最後に，カテゴリー名（グループ名）をつける（この後，カテゴリー同士の関係性を書き込んで図示することもある）。グループ化を行う際には，研究者本人だけが行うのではなく，第三者に依頼したり，協議をしながら行ったほうが，恣意的な分類になることを避けることができる。

例：KJ法を援用した分類方法

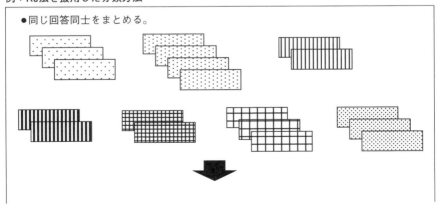

●同じ回答同士をまとめる。

●似た回答同士をまとめ，カテゴリー名をつける。

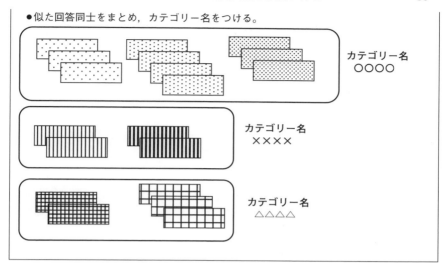

　分類が終わったら，その結果にもとづいて，項目の案を考えていく。回答者が記述した回答から項目の案を作成することもあれば，カテゴリー名から項目の案を作成することもある。

　近年では，KJ法の代わりに，得られた質的データをテキストマイニング（自動要約）によって分析することもある。テキストマイニングを行うと，ソフトウェアによって出現頻度の高い単語数を自動で集計したり，同時に出現する単語同士を検出することが可能となる。テキストマイニングの結果が妥当なものであるかは，人の目によって慎重に検討される必要があるが，質的データの分類を行う際に評定者の主観が入りにくい点は利点だといえる（その他の自由記述式の調査およびその分析方法については，第11章参照）。

　予備調査による項目案の収集は，さまざまな人から意見を集められるという利点があるが，必ずしも測定したい構成概念を網羅できるとは限らない点には注意が必要である。予備調査のデータを分析した後は，今回集めた予備調査の結果だけで，本当に測定したい構成概念を網羅できているのかを確認したほうがよい（内容的妥当性の確認）。十分に網羅されておらず不足している側面がある場合は，それを補うような項目案を考えたり，予備調査を再度実施するな

どして，追加の項目案を収集する必要がある。

5.2.2　項目の作成

項目案を収集した後は，実際の心理尺度の項目としてふさわしい内容になるよう，項目を作成していく。この際，項目の意図が適切に伝わるよう以下の点に注意する必要がある。

1.　分かりやすい適切なワーディングを用いる

項目を読んだ際に，読み手によって違う意味にとらえられることがないよう，ワーディングに最大限の注意を払うべきである。たとえば「美しい海の絵」という文は，美しい海を描いた絵と，海を描いた絵が美しいという2通りの解釈ができてしまう。質問項目は，このような多義文は避け，誰が読んでも同じ意味として受け取られるように作成しなければならない。

そのため，難しい用語や専門用語は避け，調査対象者の理解力や知識の偏りによって回答が左右されることのないようなワーディングを用いるべきである。誰が読んでも理解できる質問項目になるよう，必要に応じて，漢字に読み仮名を振ったり，難しい用語や専門用語の説明を教示文に沿えるのもよい。

また，質問項目は，その文章を読んだ人が傷つくような内容であったり，偏見や差別を助長するような内容であってはならない。たとえば「○○人は陰湿である」といった項目を提示した場合，仮に回答者が否定する意味の回答をしたとしても，世の中には"○○人は陰湿である"という考え方があるのだと，回答者の認知や記憶に影響を与えてしまう可能性がある。このような状況を防ぐために，後述する逆転項目を利用して，聞き方を変えるといった工夫が必要である。心理測定尺度が不特定多数の人の目に触れる可能性がある以上，常にさまざまな立場の回答者の気持ちを想像しながら項目を作成するよう留意すべきである。

2.　否定形の表現を避ける

質問文に否定形が多いと，読み手の混乱を招くため，可能な限り避けるとよい。たとえば「アンチドーピング活動に参加したくないとは思わない」という文章は否定形が重なっており，読み手にとって理解が難しいため，より簡潔な

表現に改めるべきである。

（例）

× 「アンチドーピング活動に参加したくないとは思わない。」

○ 「アンチドーピング活動に参加したいと思う。」

---

3. ダブルバーレルの表現を避ける

1つの質問文の中に，2つの問い（論点）が存在しているような状態を**ダブルバーレル**とよぶ。たとえば「あなたは，自宅や学校で積極的に人と会話をしますか？」という項目は，自宅で積極的に会話をするかという問いと，学校で積極的に会話をするかという2つの問いが含まれている。このような場合，自宅と学校のどちらか一方では積極的に会話を行うがもう一方では会話を行わない人の回答が適切に得られない可能性がある。1つの質問項目では1つのことのみを尋ねるのが原則である。

（例）

× 「あなたは，自宅や学校で積極的に人と会話をしますか？」

○ 「あなたは，積極的に人と会話をしますか？」

○ 「あなたは，自宅で積極的に人と会話をしますか？」

---

4. 誘導するような質問を避ける

回答を誘導するような項目を作成してはいけない。たとえば「人体に悪影響を与える喫煙の規制を進めるべきだと思う」という文は，喫煙についてのネガティブな情報を加えることで，否定的な態度を回答するように誘導しているといえる。

（例）

× 「人体に悪影響を与える喫煙の規制を進めるべきだと思う。」

○ 「喫煙の規制を進めるべきだと思う。」

---

5. 回答が偏りすぎる質問を避ける

　回答者全員が同じ回答をするような質問は，設定したところで意味を持たないことが多いため，避けるべきである。たとえば下記のような質問項目があったとしたら，全員が「1. はい」と回答してしまい，質問の意味を持たなくなってしまう。なお，何かしらの操作チェックのためであれば，回答者全員が同じ回答をするような質問が含まれていても問題はない。

（例）

「あなたにとってもっとも大切な人を思い浮かべてください。その人を今後も大切にしたいと思いますか？」

1. はい

2. いいえ

---

6. 逆転項目について

　測定したい概念について逆の方向から尋ねる項目を**逆転項目**という。採点する際には，得点を反転させる処理が必要になる。逆転項目の利点としては，回答者が惰性でいい加減に回答することを防ぐ効果がある。つまり，似たようなことを尋ねる項目が続くと，回答者によってはきちんと質問項目を読まずに回答することがあるが，逆転項目を作ることで，回答者に質問項目を丁寧に読むことを促し，いい加減に回答してしまうのを防ぐことができる。また，先に述べたように，倫理的配慮の面から直接尋ねることができない項目を逆転項目の形で尋ねることがある。たとえば，「人を傷つけてもよいと思う」という聞き方は，倫理的配慮が十分であるとは言い難いため，「人を傷つけてはいけないと思う」という聞き方に変えることがある。

　一方で，安易な逆転項目の作成は，測定の精度を下げてしまうこともある。また，逆転させた質問項目の内容が本当に測定したい構成概念と逆の意味になっているかを確認することも困難である。逆転項目を入れる際は，本当に必要なのか，適切な逆転項目になっているのかを十分に検討する必要があり，安易な逆転項目の作成は避けるべきである。

（例）

1. 人と会話をすることが好きである。

2. 誰かと話すことは苦手だ。（※逆転項目）

3. 人と会話することを楽しいと感じる。

5.2.3　質問文の形式

　同じような内容を尋ねる項目でも，質問の尋ね方によって，得られる回答が大きく異なることがある。以下に，その注意点を述べる。

1.　個人的質問と一般的質問

　回答者自身のことについて尋ねる質問を**個人的質問（パーソナル質問）**といい，回答者が世間一般の人がどのようにとらえていると思うかを尋ねる質問を**一般的質問（インパーソナル質問）**という。個人的質問は，回答者自身の経験や態度にもとづいて回答が行われるため，より実態に近いデータが得られる。しかしながら，性的活動や犯罪歴といった，センシティブな質問やプライベートな質問に対しては，回答したくないという拒否感が強くなる。このような質問の場合は，一般的質問の形で尋ねたほうが回答してもらいやすいこともある。たとえば，「あなたは飲酒運転をしたことがありますか？」という個人的質問よりも，「世間一般的な人の何割が飲酒運転をしたことがあると思いますか？」という一般的質問のほうが，回答者の心的負担が少なく回答してもらいやすい。ただし，個人的質問の回答と一般的質問の回答が一致しないこともあるため，慎重に使い分ける必要がある。なお，性的なことや犯罪歴など，高度にセンシティブな質問をする必要があるときは，回答者への倫理的配慮を十分に行い，研究倫理審査委員会の審査や指導教員の指導を受けた上で調査を実施するなど注意が必要である。

（例）

個人的質問

「あなたはもっと自分の英語の能力を高めるべきだと思いますか？」

一般的質問
「日本人はもっと自身の英語の能力を高めるべきだと思いますか？」

2.　態度と行動

　個人が持っている態度（意見）と実際の行動は必ずしも一致しない。たとえば「あなたは地球温暖化を防止するための行動をするべきだと思いますか？」という態度（意見）を尋ねる質問に，「はい」と回答した人が，実際に地球温暖化を防止するための行動をしているとは限らない。個人の態度を尋ねるのか，実際の行動を尋ねるのかによって，得られる回答も大きく異なることがある。

（例）
態度を尋ねる質問
「あなたは地球温暖化を防止するための行動をするべきだと思いますか？」
行動を尋ねる質問
「あなたは地球温暖化を防止するための行動を行っていますか？」

3.　常態的質問と実態的質問

　普段の状態について尋ねる**常態的質問**と，調査時点の直近のある一定期間内の事実について尋ねる**実態的質問**は区別して使用しなければならない。常態的質問は，日頃の状態について尋ねるため，自分自身がもっている漠然としたイメージや自己像にもとづいて回答される。したがって，必ずしも実態と一致する回答が得られるとは限らない。一方で実態的質問は，たとえば直近の1週間や1カ月など，一定期間内の事実について尋ねるため，実態に即した回答が得らえる。しかしながら，いつ調査を行うかによって回答内容が変わる可能性がある。実態的質問の場合は，設定する期間の設定が重要な問題となる。設定する期間が長すぎると，記憶が曖昧になり正確な回答が得られず，短すぎても測定対象の現象が生起しない可能性や，その期間の特殊性が高くなりすぎる可能性がある。

（例）

常態的質問「あなたは普段どのくらいの頻度でジムに行きますか？」

実態的質問「あなたはこの2週間の間に何回ジムに行きましたか？」

5.2.4　回答形式を決める

　質問項目に対して，どのように回答を求めるかによって，得られるデータの種類やその後の分析方法が異なってくる。したがって測定したい事柄に合わせて，その後の分析方法まで見据えた回答形式を選択する必要がある。

1.　調査全般で使用される回答形式

　以下には，心理測定尺度に限らず調査全般で使用される回答形式を紹介する。

(1)　自由記述法

　自由記述法とは，質問に対する回答を，文章で自由に記述してもらう方法である。

（例）

「あなたは学校生活において何を求めますか？　以下の空欄に思いついたことを自由にお書きください。」

　自由記述法は，回答者への負担が大きく，質問内容によっては無回答が多くなったり，問いの立て方が不適切だと，想定していた回答が得られない可能性もある。一方で，研究者の枠組みにとらわれない豊かな情報が得られることもある。先に述べた，心理測定尺度の項目案の収集のような，幅広くさまざまな態度や意見を集めたい場合には，非常に有効な手段だといえる。

(2)　順位法（完全順位法・一部順位法）

　順位法とは，複数の項目を提示し，問いに回答する形で各選択肢に順位をつけさせる方法である。すべての選択肢に順位をつけさせる方法を**完全順位法**といい，上位3つなど一部の選択肢のみに順位をつけさせる方法を**一部順位法**という。同順位の回答を認める場合と認めない場合があるが，できるだけ認めないほうが回答者の態度や意見が明確に反映されるため，分析しやすい。

　（例）

「あなたは学校生活において何を求めますか？　以下の事柄について，もっとも重視しているものから順番をつけてください。」（完全順位法の例）

（　　）　学校の友人関係の良好さ

（　　）　学校に自分の居場所があるか

（　　）　教員との関係の良好さ

（　　）　学校生活の楽しさ

（　　）　学校での授業内容の満足度

　順位法の利点としては，強制的に順位をつけるため，選択肢間の序列を明らかにすることができる点である。たとえば5件法（「1.　まったくあてはまらない」～「5.　非常によくあてはまる」）で複数の項目を評定させたときに，いくつかの項目で「5.　非常によくあてはまる」がつくと，その項目間の違い（序列）を検出することができないが，順位法では項目間の序列を明確にすることができる。短所としては，項目数が多すぎると，順位をつけるのが難しく，とくに完全順位法の場合は回答者の負担が大きくなる点がある。

（3）　一対比較法

　一対比較法とは，複数の回答項目をすべてのペアで組み合わせて提示し，どちらか一方を選択させる方法である。この際ペアの配列の順序はランダムにする。

　（例）

「あなたは学校生活で何を求めますか？　以下に，いくつかの事柄がペアにして書かれています。それぞれ2つの事柄のうち，あなたがより学校生

活において重視しているほうを○印で囲んでください。」

1. （学校の友人関係の良好さ　or　学校に自分の居場所があるか）

2. （学校での授業内容の満足度　or　学校生活の楽しさ）

3. （教員との関係の良好さ　or　学校の友人関係の良好さ）

4. （学校での授業内容の満足度　or　教員との関係の良好さ）

5. （学校に自分の居場所があるか　or　学校生活の楽しさ）

⋮

　一対比較法の長所は，順位法と同じように，評定尺度法では差のつかない項目の違いも，強制的に順位をつけさせることができる点である。短所としては，項目数が多くなると，ペアの数が非常に多くなることと（n 個の項目がある場合，${}_nC_2$ 個のペアができる），同じ項目が何度も出てくるため，回答者が飽きやすいことがあげられる。

（4）2項選択法

　2項選択法とは，2択の回答選択肢を提示して，どちらか一方を選択させる方法である。

（例）

「あなたは学校生活において何を求めますか？　以下の2つのうち，より重視しているほう1つに○印をつけてください。」

1. 学校の友人関係の良好さ

2. 学校に自分の居場所があるか

　2項選択法の利点としては，回答が容易であり，回答者の負担が少ないことである。短所としては，どちらか一方の回答を強制的に選択させるため，回答者が曖昧・中庸な立場であったときに回答しづらいという点がある。

（5）多肢選択法（単一回答法・複数回答法）

　回答の選択肢が3つ以上になる場合は，**多肢選択法**とよばれる。質問に対する回答を複数の選択肢の中から選択させ，1つの選択肢のみを選ばせる場合を

単一回答法，あてはまる選択肢のすべてを選ばせる場合を**複数回答法**（多重回答法ともいう）とよぶ。

（例）

「あなたは学校生活において何を求めますか？　以下の事柄について，もっとも重視しているものを1つ（もしくは，すべて）に〇印をつけてください。」

1. 学校の友人関係の良好さ
2. 学校に自分の居場所があるか
3. 教員との関係の良好さ
4. 学校生活の楽しさ
5. 学校での授業内容の満足度
6. その他

　選択肢を作成する際にはいくつかの注意点がある。まず，選択肢が回答され得る答えを網羅している必要がある。回答者が回答したい内容が選択肢にない場合，適切な回答ができないためである。このような状況を避けるために「あてはまるものはない」「その他」といった選択肢を用意することもある。次に，重複または類似した選択肢がないように注意する必要がある。たとえば，「好きなお菓子を1つ回答してください」という問に対し，「アイスクリーム/シャーベット/和菓子/チョコレート……」という選択肢が並べられていた場合，冷たいお菓子が好きな回答者は，「アイスクリーム」と「シャーベット」の両方を好んでいる可能性が高い。しかしながら1つの選択肢しか選べないため，冷たいお菓子が好きな回答者の回答が「アイスクリーム」と「シャーベット」に分かれ，結果として両方の選択率が低くなる可能性が考えられる。また，上記の例では，選択肢のカテゴリー次元が異なる点も不適切であるといえる。「和菓子」という選択肢は，「羊羹」「練り切り」といった日本の伝統的なお菓子の"総称"であり，他の選択肢とはカテゴリーのレベル（抽象度レベル）が異なる。カテゴリーレベルの異なる選択肢が入っていると，他の選択肢との適切な

選択率の比較ができなくなるため，選択肢のカテゴリーレベルは揃えることが望ましい。

2. 心理測定尺度で用いられる回答形式

次に，心理測定尺度の回答方式としてもよく用いられる回答方式を紹介する。

(1) 評定尺度法

評定尺度法は，質問項目に対する自分の意見や態度，あてはまりの程度について，「1. まったくあてはまらない」～「5. 非常によくあてはまる」といった3～7段階（3～7件法）の選択肢を用いて回答する方法である。選択肢間の段階は，等間隔であることが前提となっている。心理尺度では，ある対象についての自分の意見や態度，あてはまりの程度を複数の質問項目で尋ね，得られた各回答の平均値（または合計値）を算出し，尺度得点として分析に用いる。このように，評定尺度法を用いて尺度得点を算出する方法は**リッカート法（評定加算法）**ともよばれている。

（例）

「あなたのふだんの学校生活についてお聞きします。以下の質問文を読みもっともあてはまると思う数字1つを選んで○印をつけてください。」

	全くあてはまらない	ややあてはまらない	どちらともいえない	ややあてはまる	非常にあてはまる
1. 学校の友人関係は良好である	1	2	3	4	5
2. 学校に自分の居場所があると感じる	1	2	3	4	5
3. 教員との関係は良好である	1	2	3	4	5
4. 学校生活を楽しいと感じる	1	2	3	4	5
5. 学校での授業内容に満足している	1	2	3	4	5

リッカート法の利点は，3～7段階程度に区切られた選択肢の段階の違いを等間隔とみなすことで，間隔尺度として扱うことができる点である（尺度の種類については第1章参照）。しかしながら，厳密には，本当に選択肢間の違い

が等間隔であるかの保証はなく，選択肢に用いる語の選び方によっては，順位
尺度としても安定しないといった問題もある。

　また多くの場合，上記の例にあるように，選択肢を奇数個にして（5件法や
7件法），中央に「どちらともいえない」の選択肢を設置する。このようにす
ると，回答者が曖昧・中庸な態度を持っていたときの選択肢を確保することが
できるが，一方で回答が「どちらともいえない」に集中しすぎることがある。
これを避けるために，選択肢から「どちらともいえない」を抜いて，選択肢を
偶数個にする（4件法や6件法）こともある。

(2) 2項選択法

　2項選択法は調査全般で使用される回答方法でも紹介したが，複数の項目に
対して，それぞれ「はい」と「いいえ」の2つの選択肢のどちらかで答えを求
める方法は，心理測定尺度にも用いられることがある。たとえば，「はい」に
1点，「いいえ」に0点を割り当て，全項目の合計値を尺度得点として用いる
といった方法である。

　（例）

　「あなたのふだんの学校生活についてお聞きします。以下の質問文を読み
　もっともあてはまると思う選択肢を1つ選んで○印をつけてください。」

　1.　学校の友人関係は良好である　　　　　　　　（はい　・　いいえ）

　2.　学校に自分の居場所があると感じる　　　　　（はい　・　いいえ）

　3.　教員との関係は良好である　　　　　　　　　（はい　・　いいえ）

　4.　学校生活を楽しいと感じる　　　　　　　　　（はい　・　いいえ）

　5.　学校での授業内容に満足している　　　　　　（はい　・　いいえ）

---

(3) SD法

　SD法は，測定対象を提示した上で，対極の意味を持ち対となる形容詞を2
つ提示し，どちらの形容詞にあてはまるかを回答させる方法である。印象評定
の調査に用いられることが多い手法である。

（例）

「あなたは学校生活についてどのようなイメージを持っていますか？　も
っともあてはまるものに〇印をつけてください。」

苦しい： 1 2 3 4 5 6 7 ：楽しい

簡単な： 1 2 3 4 5 6 7 ：難しい

退屈な： 1 2 3 4 5 6 7 ：面白い

　SD法を用いる際には，提示する2つの形容詞が，対極の意味概念になって
いるかをよく検討する必要がある。また，その形容詞が評定対象を形容するの
にふさわしい適切な語であるかを確認する必要がある。たとえば，風景写真に
対する印象を評定させるときに，「明るい―暗い」という形容詞対は適切であ
るが，「素早い―鈍い」といった形容詞対は不適切である。形容詞対の例とし
ては，井上・小林（1985）に心理系の論文で使用頻度の高い形容詞対が紹介さ
れているため参考にされたい。

5.2.5　項目の並べ方

　質問項目の並べ方によっては,回答を誘導したり,歪ませてしまうことがある
ため，項目の順序にも注意を払う必要がある。以下に注意すべき事項を述べる。

**1. 一般的な質問や当たり障りのない質問から始め，回答しにくい質問や特殊
な質問は後半にする**

　回答しにくい複雑な項目を先にすると，回答の協力率が低下したり，回答ミ
スが増加する可能性があるため，回答しやすい質問から並べる。

2. 回答者の心理的流れに沿った順番にする

　たとえば，複数の時点についての出来事を尋ねるときは，「過去→現在→未
来」という時系列順に質問したり，「原因→結果」というような心理的に想像
しやすい順番にすることで，回答者の負担を減らすことができる。

3. 重要な問いを優先的に尋ねる

　とくに，質問項目数が多い場合，後半は回答者の集中力が途切れたり，回答

ミスが増える可能性がある。研究の本質にかかわる重要な問いは優先的に尋ねたほうがよい。

4. キャリーオーバー効果に注意する

　キャリーオーバー効果とは，前の質問への回答が後続する質問への回答に影響を与えてしまうことである。たとえば，「公的施設内に喫煙所を作ることに賛成ですか？」という質問について，ただこの質問だけを提示した場合と，直前に「喫煙の副流煙によって，喫煙者だけではなく周囲の人間の健康が害されることを知っていましたか？」という質問を入れた場合では，賛成率が変化する可能性がある。キャリーオーバー効果を避けるためには，関連する質問項目同士を連続して配置することを避けるという方法があるが，関連のない質問項目がバラバラに提示されると回答者の負担は大きくなる。したがって，基本的には関連する質問項目をまとめて配置した上で，キャリーオーバー効果が生じそうなところだけ，質問項目の並び方を変えるといった工夫が必要である。

5.2.6　質問項目の精査

　仮の心理測定尺度が完成した後は，因子構造の確認や，信頼性と妥当性の検討を行い，質問項目の内容を精査していく（詳しくは，第4章および第8章を参照）。この過程で，不適切な項目は削除し，不足している項目があれば項目案の収集段階に戻り，新たな項目を追加する。

　項目を選定する上で重要なことは，あくまでも一番最初に作成したものは"仮"の心理測定尺度であり最終版ではない，という意識である。仮で完成させた尺度にこだわり，項目の修正を避けたり，統計的な基準に満たない不適切な項目を無理に残そうとする事例をしばしば見かけるが，これでは良い尺度にならない。分析を行っていく過程で，不適切な項目があれば，削除したり，項目の表現を修正したり，場合によっては新たな項目を追加すべきである。そして再度，修正版の尺度を用いて調査を行い，改めて分析を行うべきである。一度きりの調査で終わらそうとするのではなく，高い完成度の心理測定尺度を作るためには，繰返しの調査が必要なこともある。

6 ウェブ調査の実際

佐藤広英

6.1 ウェブ調査とは？

6.1.1 ウェブ調査とは？

ウェブ調査とは，質問紙を用いず，パソコンやスマートフォン，タブレットを用いて，インターネットのウェブページ上で質問に答えてもらう調査法である。もともとウェブ調査は，データ収集が迅速で安価であることから，市場調査などのマーケティング分野において急速に普及していった手法である。心理学においては，調査対象者がインターネット利用者に限定されるため，ウェブ調査は敬遠される傾向にあった。しかし，現在では，スマートフォンの普及やコロナ禍におけるオンライン授業の導入などによって，ほとんどすべての者がインターネットを利用するようになった。そのため，調査対象者の問題は解消され，ウェブ調査は非常に多くの研究で利用されるようになっている。

本章では，ウェブ調査を実際に実施する方法を紹介するとともに，ウェブ調査を実施する際に留意すべき点について解説していく。近年では，卒業論文や修士論文作成のためにウェブ調査を用いる例も多いことから，はじめてウェブ調査を実施する際の参考にもなれば幸いである。

6.1.2 ウェブ調査の実施方法

ウェブ調査の実施方法には，調査会社に委託する方法と，自分で調査を実施する方法の2つがある。

調査会社に委託する場合，調査対象者の条件や割付（たとえば，男女それぞれどれくらいの量のサンプルを回収するか，各年代でそれぞれどれくらいの量のサンプルを回収するか）を指定し，調査票の見本を送付するだけで，調査会

社が保有するモニターを対象に調査を実施することができる。モニターは各調査会社に自発的に登録した者たちであり，調査に協力することで商品と交換可能なポイントを得ることができる。各調査会社は 100 万人規模のモニターを保有しており，性別，年齢や住んでいる地域を限定するなど，モニターの基本属性の中から調査対象としたい層（たとえば，首都圏在住の男子高校生，既婚者の女性）だけを抽出して調査を実施することもできる。調査会社によっては海外調査などのサービスも提供している。調査費用は，調査票の回収目標数や調査票に含まれる質問項目数，調査の方法によって異なるが，おおむね数十万円程度かかり，金銭面のコストが大きい。

　一方，自分で調査を実施する場合，自分で調査票を作成し，自分で回答を募ることになる。その際，調査票を手軽に作成するためのインターネット上のサービスが役に立つ。代表的なものとして，Google フォームがあげられる。これは，アカウントを作成するだけで，無料で利用可能なサービスであり，直感的な操作で誰でも簡単に調査票を作成することができる。回答者は，パソコンだけでなく，スマートフォンで回答することも可能である。金銭的なコストがかからないため，学生でも気軽に利用できるサービスである。次節では，Google フォームを利用してウェブ調査を実施する方法について紹介する。

6.2 ウェブ調査の実施

6.2.1 Google フォームの使い方

　まず，Google アカウントにログインしてから Google フォーム（https://docs.google.com/forms/u/0/）にアクセスし，「新しいフォームを作成」の「空白（大きい十字部分）」を選択すると（図 6.1），調査票の編集画面が表示される（図 6.2）。①の「無題のフォーム」をクリックし，調査名を入れると，その名前のファイルが Google フォームに保存されるようになる。②には，調査票に表示する調査の題目（「○○に関するアンケート」など）を入力する。

　次に，編集画面の操作方法を説明する。設問を追加するときは，③の「質問を追加」ボタンをクリックして新しい設問を追加し，④のプルダウンメニュー

図 6.1 Google フォームのトップページの画面

図 6.2 Google フォームの編集画面

から利用したい質問形式を選択する。Google フォームで利用可能な質問形式のうち、調査に使用する主なものを**表 6.1** に示す。また、教示文や説明文など、文章のみを入れたい場合は、⑤の「タイトルと説明を追加」、表示するページを前の設問と変えたい場合は⑥の「セクションを追加」をクリックする。さらに、質問項目をコピーしたい場合は⑦の左側のアイコン、質問項目を削除したい場合は⑦の右側のアイコンをクリックする。⑧の部分をドラッグしながら上下に動かすと、設問の順番を変えることができる。その他、ここでは説明を省くが、画像や動画を調査票に追加することも可能である。

表 6.1　Google フォームで利用可能な主な質問項目

質問形式	説　　明
記述式	1 語か 2 語での回答の入力を求めるもの。
段落	自由記述（長文の回答）の入力を求めるもの。
ラジオボタン	多肢選択式で 1 つの回答を選択するもの（単一回答法）。
チェックボックス	多肢選択式で複数の回答を選択するもの（複数回答法）。
プルダウン	プルダウンメニューから 1 つの回答を選択するもの。
均等目盛り	番号の目盛り（例：1 ～ 5）を選択するもの。両端にラベルをつけることができる。SD 法に用いる。
選択式（グリッド）	2 次元のグリッドから該当する場所を選択するもの。段階評定法（リッカート法）に用いる。

6.2.2　調査票の作成

　ここでは，Google フォームで調査票を作成する過程を紹介する。調査票を作成する際には，設問の順番や各ページの構成を事前に決めておく必要がある。今回は，例として，「表紙ページ」「性別と年齢を尋ねるページ」「SNS の利用状況を尋ねるページ」から構成される調査票を作成する。

1.　表紙ページの作成

　最初に，表紙ページとして，調査概要や注意点などを説明する文章と調査協力への同意を得るための設問を作成する（**図 6.3**）。まず，「タイトルと説明を追加」をクリックして，文章を入力する。そして，同意するか同意しないかを選択する設問を作成するため，「ラジオボタン」を用いる（**図 6.4**）。「質問」と書かれた場所に設問文を入力し，「選択肢 1，2」と書かれた部分に「同意する」「同意しない」を一つずつ入力すれば完成である。

　図 6.4 の⑨に「必須」と書かれているが，ウェブ調査では，その質問への回答の入力がないと次のページの回答に移ることができない必須質問を設定することができる。デフォルトでオンの状態になっているため，回答を必須としない設問以外はそのままにしておけばよい。

　さらに，回答者が「同意しない」を選択した場合には，すべての設問を表示

図 6.3 表紙ページの作成例

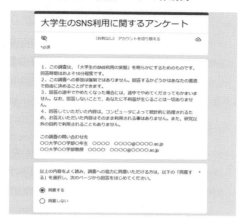

図 6.4 ラジオボタンの編集画面

させず，終了ページまでスキップさせるなど，回答によって次に提示する設問・ページを変えることができる。**図 6.4** の⑩の 3 点リーダーをクリックして「回答に応じてセクションに移動」を選択し，それぞれの回答を選んだ場合にどのページに進むかを選択することで，回答による条件分岐が可能となる。これで表紙ページは完成である。

2. 性別と年齢を尋ねるページの作成

次のページには，性別と年齢の設問を作成していく。性別は，前述の「ラジオボタン」を用い，「あなたの性別を教えてください」という設問文と「男性」

「女性」「その他」という選択肢を一つずつ入力すればよい。選択肢の1つ目に「男性」と入力すると，他の選択肢の候補が自動で表示されるので，それをクリックしてもよい。なお，性別の質問では不要ではあるが，**図6.4**の⑩の3点リーダーから「選択肢の順序をシャッフルする」を選択すると，回答者によって選択肢の順序をランダム化することもできる。

　年齢は，ここでは「記述式」を用い，回答者に年齢を直接入力してもらう（**図6.5**）。「あなたの年齢を教えてください」という設問文を入力し，**図6.5**の⑪の3点リーダーをクリックして「説明」を選択し，説明欄に「※半角数字で入力してください」と注意書きをするとよいだろう。さらに，**図6.5**の⑪の3点リーダーをクリックして「回答の検証」を選択し，回答する数字の範囲を指定すると，入力ミスを防ぐことができる。「回答の検証」では，入力形式（数値・テキスト）の指定や，数値の範囲，回答の長さなど，さまざまな条件を指定することができる。

図 6.5　記述式の編集画面

　これで性別・年齢の設問は完成だが，このままでは表紙ページと同じページに表示されてしまう。そこで，性別・年齢の設問が表紙ページとは別のページに表示されるようにするため，「セクションの追加」を行う（**図6.6**）。ページを区切りたい位置の前の設問を選択し，**図6.6**の⑫の「セクションを追加」をクリックすると，表紙ページと性別・年齢を尋ねる設問が別のセクションとなり，

異なるページに表示されるようになる。ウェブ調査では，ページを下のほうまでスクロールする必要がないように設問ごとにセクションを分割するのが一般的である。性別の設問と年齢の設問を別のページに表示するのもよいだろう。

図6.6 セクションの追加

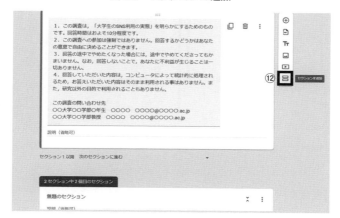

3. SNS の利用状況を尋ねるページの作成

次に，SNS の利用状況を段階評定で尋ねる設問を作成していく。評定尺度法には「選択式（グリッド）」を用いる。編集画面（**図6.7**）で，行（⑬）に質問項目（ここでは SNS の種類），列（⑭）には選択肢（ここでは利用状況）を入力していく。一般的な心理測定尺度を調査票に入れる場合は，この「選択式（グリッド）」を用いることになる。事前に使用する心理測定尺度の質問項目をテキストで準備し，それをコピーして行の「1」の欄でペーストすれば，まとめて入力することもできる。また，**図6.7**の⑮の3点リーダーから「行を並び替える」を選択すると，行に入力した質問項目の順番をランダム化することができる。複数回の調査を行うときなど，質問項目の順番が回答に影響する可能性がある場合に有用である。

4. 調査票のその他の設定

ここでは，その他の設定について解説する。画面右上（**図6.8**）⑮をクリッ

図 6.7　選択式（グリッド）の編集画面

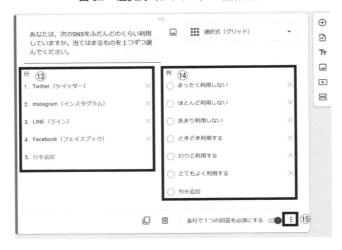

クすると，調査票の見た目（デザイン）を変更することができる。色合いやヘッダー画像など，回答者が見やすいデザインに変更するとよい。画面右上（**図6.8**）の⑯のアイコンをクリックするとプレビュー画面が表示される。プレビュー画面を確認しながら調査票の作成を行うとよいだろう。

　また，調査票を複数人で共有し，各自のパソコンからそれぞれ編集することもできる。画面右上（**図6.8**）の⑰の 3 点リーダーをクリックし，「共同編集

図 6.8　画面右上と中央にある設定

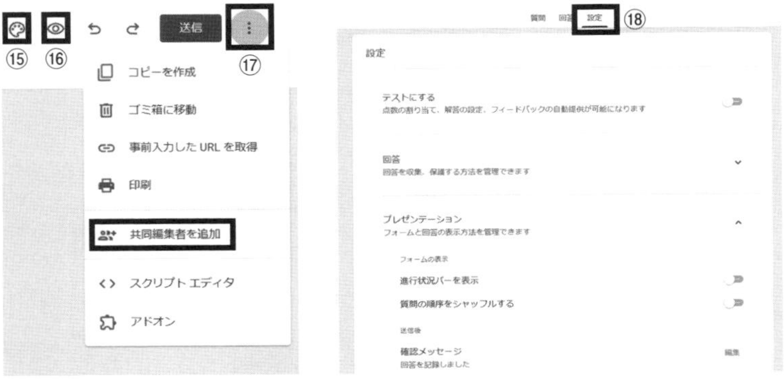

者を追加」を選択し，共同編集者を登録すれば共有することができる。実習授業のようにグループワークでウェブ調査を行う際に便利であるが，複数人が同じタイミングで編集しようとすると，編集した内容が消えてしまうこともあるので注意が必要である。

　画面中央（**図 6.8**）の⑱の「設定」にも，いくつか便利な機能が含まれる。「プレゼンテーション」の中にある「進行状況バーを表示」をオンにすると，現在，調査票全体の何％まで進んだのかを表す進行状況バーを調査票に表示することができる。また，「確認メッセージ」では，調査票への回答がすべて終了したときに表示される文章を編集することができる。デフォルトでは「回答を記録しました」という無機質なものなので，「ご協力ありがとうございました」など，調査協力への謝意を示す言葉に変えるとよいだろう。

5.　調査票の完成

　ここまで作成した設問の画面例を**図 6.9** に示す。調査票が完成したら，誤字脱字はないか，ウェブ調査用の文言になっているか（「丸をつけなさい」といった質問紙用の文言になっていないか）を確認する必要がある。また，スマートフォンでの回答も可とする場合には，スマートフォンでもきちんと表示されるかを確認する必要がある。「選択肢（グリッド）」に文字数の多い質問項目を入れると，**図 6.10** のようにスマートフォンでは非常に読みづらくなってしまう。このような設問を含む場合は，パソコンやタブレットでのみ回答するよう依頼するのが望ましいだろう。

図 6.9　作成した設問の画面例

図 6.10　グリッド（選択式）をスマートフォンで回答する場合の例

6.2.3　調査の実施とデータの収集

　作成した調査票は，リンク URL を取得することで，メールや SNS などを通して拡散したり，ウェブサイトに埋め込むことができる。画面右上にある「送信」をクリックすると「フォームを送信」という画面が現れる（**図 6.11**）。**図6.11** の⑲をクリックするとリンク URL を取得することができるが，「URL を短縮」にチェックを入れて短縮されたリンク URL を取得しておくと，拡散する際に便利だろう。また，リンク URL を QR コードにしておくと，授業内での依頼がしやすくなる。ブラウザに Google Chrome を使用している場合，アドレスバーから簡単に QR コードを作成することも可能である。

図 6.11　調査票を共有するリンク URL を取得する画面

　リンク URL を取得したら，調査対象者（たとえば，大学生）に依頼してい
くのだが，リンク URL を不用意に拡散しないよう取扱いには注意が必要であ
る。とくに，SNS で不特定多数に向けて拡散すると，調査対象者以外から回
答が集まる恐れや，何らかのトラブルが起きる可能性もある。

　調査が始まったら，「回答」（**図 6.12** の⑳）をクリックすると，その時点で
の回答数や回答の概要，個別の回答などを見ることができる。そして，回答が
予定数集まったら，**図 6.12** の㉑の「回答を受付中」をオフにして，回答の受
付を止めておくとよい。

図 6.12　回答画面

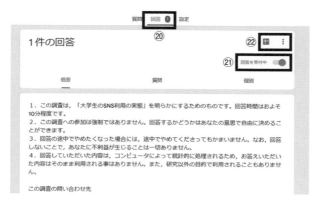

　集まった回答は，**図 6.12** の㉒の 3 点リーダーをクリックし，「回答をダウン
ロード」を選択すれば CSV 形式でダウンロードすることができる。また，**図
6.12** の㉒の緑色のアイコンをクリックすれば，スプレッドシート（ウェブベ
ースの表計算ソフト）を作成することができ（**図 6.13**），ウェブ上でデータを
保存・管理することもできる。実際にデータをみてみると，回答は数値ではな
く選択肢の文字が入っているので，間違いのないよう数値に置換してから分析
に使用することになる。そして，不誠実な回答と思われるものや，同一の時間
に連続して回答されたものなど，問題があるデータをクリーニングしていく。
ここまでが Google フォームを利用してウェブ調査を実施する方法のおおまか

な流れである。

図 6.13　スプレッドシート上に入力されたデータ

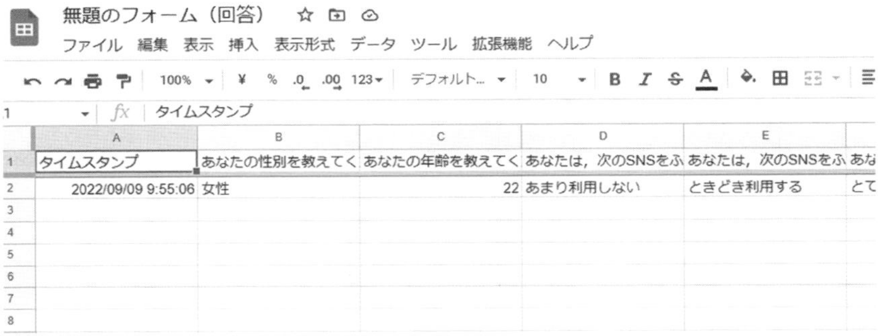

6.3　ウェブ調査を実施する際に留意すべき点

　ウェブ調査は質問紙を単純にウェブページに載せただけのものではない。両者の間にはさまざまな相違点がある。ここでは，質問紙調査と比較したウェブ調査の特徴（**表 6.2**）を紹介しながら，ウェブ調査を実施する際に留意すべき点について解説していく。

表 6.2　質問紙調査と比較したときのウェブ調査の特徴

	長　　所	短　　所
調査対象	特定の条件を持つサンプルを調査対象者にしやすい。	母集団からのランダムサンプリングは難しい。
調査方法	居住地が遠隔地や広範囲におよんでも安価に実施できる。	回答する環境を統制することができない。反応率が低い。
質問形式・デザイン	視覚・聴覚的なコンテンツを利用できる。必須質問・条件分岐を設定でき，回答ミスが少ない。	質問形式・機能やデザイン変更に制限がある。
回答内容	内面的な質問に対する正直な回答が増加する。自由回答の記述量が増加する。	不誠実な回答が含まれる場合がある。ドロップアウトが多い。
データ収集	データが自動で入力されるため入力ミスがない。	多重回答や調査対象者以外からの回答が集まる恐れがある。

6.3.1　調査対象

　ウェブ調査では，ある特定の条件（たとえば，小学生の子供を持つ母親など）を持つ者だけを対象としたいときには，調査会社が保有する大規模なモニターから条件に合う人だけを抽出することが可能である（詳しくは**コラム 6.1**を参照）。ある特定の条件を持つ者だけを対象としたい場合，ウェブ調査は郵送法や面接法よりも金銭的なコストを抑えられるため，市場調査において非常に多く用いられているのである。

　また，ウェブ調査は，インターネット環境を有する者しか回答ができず，調査対象者が偏ることが問題視されてきた。しかし，現在ではインターネット環境を有しないケースが稀であるため，この点はあまり問題にならないだろう。それよりも問題となるのが，ランダムサンプリングの困難さである（Tuten, 2010）。インターネット利用者の名簿は存在しないため，たとえば大学生のようにメールアドレスを全員が有する場合を除いて，母集団からサンプリングを行うことは難しい。また，たとえば SNS で回答を依頼する場合など，回答の依頼方法によっては調査対象者の偏りが大きくなる場合もある。そのため，ウェブ調査を行う場合は，調査対象者の偏りに注意が必要である。

6.3.2　調査方法

　ウェブ調査では，居住地が遠隔地で広範囲に及ぶ場合であっても，インターネットを利用する環境さえあれば調査を実施することができる。これは郵送法による質問紙調査でも同様であるが，より安価で労力も少なく調査を実施することが可能である。

　一方で，質問紙調査は，研究者が調査票を配付し，その場で回答を求めることができるため，回答する環境をある程度統制することができるが，ウェブ調査では回答する環境を統制することはできない。ウェブ調査の場合，スマートフォンを利用して，電車の中やトイレの中など，いつどんなときであってもウェブ調査に回答することができてしまうため，最初から最後まで集中して回答しているとは限らない。実際に，ウェブ調査に回答する学生の中には，スマートフォンをいじったり，音楽を聴きながら回答している者がいることが明らか

コラム6.1　バリエーションに富んだサンプル

　調査会社のモニターを利用するウェブ調査では，バリエーションに富んだサンプルを対象にすることができる。モニターは，性別，年齢，職業はもちろんのこと，家族形態，スマートフォンの種類から所有する車種まで，登録されている属性情報は非常に豊富なものである。国勢調査の人口比率に合わせたサンプリング，市区町村レベルでの地域のサンプリングなども可能であり，研究者の調査目的に応じて最適なサンプルを利用することができるのである。さらには，日本人以外のモニターを含めた国際比較調査を行うこともできる。

　では，実際にウェブ調査を利用している研究にはどのようなものがあるのだろうか。一つの事例として，荒井・藤・吉田（2010）の研究を紹介する。これは，マスメディアの犯罪情報への接触が犯罪不安に及ぼす影響を検討する研究であり，小学生以下の子供を持つ母親を対象としている。調査会社に委託したウェブ調査であり，モニター（45万437人）の中から3歳から12歳の子供を持つ母親（5万3,115人）を抽出し，そこから国勢調査人口比率に合わせて地域ブロックごとにサンプリングを行い，最終的に1,040人のデータを収集している。「子供を持つ母親」のように条件が限定されたサンプルを調査対象とする場合には，大規模なモニターは有用であると考えられる。その他にも，首都圏の未婚単身生活者を対象とした研究（西川，2011）など，ウェブ調査の特徴を活かした調査が見受けられる。このように，バリエーションに富んだサンプルを扱える点が，ウェブ調査の特徴といえるだろう。

となっている（Clifford & Jerit, 2014）。回答時間が一定の基準（平均値 ± 2 SD が多く用いられる；West & Sinibaldi, 2013）を超えるデータを分析に使用しないなど，データクリーニングを行う必要があるだろう。

　さらに，ウェブ調査では，調査対象者に対してメールやSNSなどで協力を依頼するため，質問紙調査の依頼と比較して強制力が弱く，依頼を受けてくれないことが多い（反応率が低い）とされる（Tuten, 2010）。インターネットの

ほうが簡単に回答が集まると思いきや，いざ始めてみるとなかなか回答が集まらず，苦戦を強いられることもあるだろう。

6.3.3　質問形式・デザイン

質問紙調査は文字によって調査票が構成されるのに対して，ウェブ調査では，文字に限らず，写真画像，音声や動画などの視覚・聴覚的なコンテンツを盛り込むことができる。たとえば，調査票に YouTube の動画を埋め込み（あるいは，動画へのリンクを設置し），それを視聴させて印象を尋ねるということも可能である。

また，ウェブ調査では，前述の通り，必須質問や回答による条件分岐を設定することができるため，回答ミスや矛盾した回答を防ぐことができるという点も利点だろう。

一方，ウェブ調査を行うためのサービスのうち，無料で利用できるサービスには，質問形式の種類や機能，調査票のデザイン変更に制限がある。たとえば，Google フォームでは，ヘッダーの画像と全体的な色合いを変更することができるが，全体的なレイアウトやデザインを自由に変えることはできない。また，前述の通り，スマートフォンでは文章の長い質問項目が非常に見づらいという問題点もある。こうした制限の中で調査票を作成することになるが，有料のサービスを使用すれば，より幅広い研究を実施でき，より見やすい調査票を作成することもできるだろう（**コラム 6.2** を参照）。

6.3.4　回答内容

ウェブ調査では，質問紙調査と同じ質問項目であっても回答傾向が異なるとされる。とくに，ウェブ調査では，匿名性の感覚が高まることにより，社会的望ましさの影響が入りにくく（Davis, 1999; Joinson, 1999），内面的で答えにくい質問に対して正直な回答が増加することが多くの研究で報告されている（Tourangeau & Smith, 1996; Tuten, Urban, & Bosnjak, 2002）。さらに，ウェブ調査では，匿名性の感覚が高まるとともに，キーボード入力で文書記述が容易であるため，自由記述形式の質問項目についてはより多くの回答が得られると

コラム 6.2　有料のウェブ調査のサービス

　Google フォームは，誰でも無料で利用することができるが，質問形式の種類や機能，調査票のデザイン変更などに制限がある。一方，Qualtrics（クアルトリクス），SurveyMonkey（サーベイモンキー），Questant（クエスタント）といった有料のサービスを利用すれば，より幅広い研究を実施でき，より見やすい調査票を作成することもできるだろう。

　Qualtrics を例にあげると，スライダー（バーをドラッグして好みのレベルを示す）やランキング（一連の項目をランク付けする）といった質問形式，ループ（同じ設問で表示内容のみ変更）やタイミング質問（回答者がそのページに費やしている時間を計測して追跡および管理）といった機能を使用できるほか，Javascript によるさまざまな機能拡張も可能である。タイミング質問の機能は，画像や動画などの刺激を呈示する設問において，回答者が刺激をどれくらいの時間見ているか，測定することができる。さらに，多肢選択法のマトリックスを図 6.14 のようにアコーディオン形式（折り畳み形式）で表示することができ，スマートフォンでも非常に回答しやすいデザインとなっている。

図 6.14　Qualtrics でのアコーディオン形式の表示例

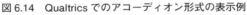

　Qualtrics は，公式サポートページ（https://www.qualtrics.com/support/jp/）を見れば誰でもすぐに調査票を作成することができる。また，名古屋大学五十嵐 祐研究室による Qualtrics マニュアル（非公式版）（https://tasukuigarashi. github.io/qualtrics_japanese/）には，Qualtrics の操作方法とともに心理調査におけるテクニックが分かりやすく紹介されている。ウェブ調査の有料のサービスを利用できる場合は，ぜひ積極的に活用してほしい。

もいわれている。

　一方で，ウェブ調査への回答には，不誠実な回答（すべて同じ数字を選ぶな
ど）も多く含まれることが多く指摘されている。たとえば，調査会社のモニタ
ーには，ポイントを稼ぐために自分の実際の意見よりも，調査への回答を早く
終わらせることを優先する者が少なくないとされる（日本学術会議社会学委員
会，2020）。調査回答者のこのような行動は，努力の最小限化（Satisfice：サ
ティスファイス）とよばれ（Oppenheimer, Meyvis, & Davidenko, 2009），努力
の最小限化による不注意回答が，データの質や相関分析などに悪影響を示すこ
とが指摘されている（Maniaci & Rogge, 2014：**コラム 12.3** 参照）。

　こうした努力の最小限化を検出する方法が提案されている。1つ目は，IMC
（Instruction Manipulation Check; Oppenheimer et al., 2009）である。これは，
設問の教示文を読まないで回答してしまう回答者を検出する方法であり，正し
く答えないように求める教示文をトラップとして入れる方法である。**図 6.15**
は，三浦・小林（2016）で実際に使用された IMC の設問であるが，教示文の
最後に「はい」と回答して次のページに進むよう指示が書かれている。しかし，
教示文を読み飛ばして質問にだけ回答しようとすると，「私は電子メールを使
ったことがない」という質問に対して「いいえ」と回答してしまうのである。

図 6.15　三浦・小林（2016）で使用された IMC 設問

あなたの日常的な行動についておたずねします.

意思決定に関する近年の研究で，人間の決定は「真空」状態でおこなわれるわけではないことが
わかってきました。人が何かを決めるとき，その人の好みや知識，または，そのときどんな状況に
おかれているかなどのさまざまな特徴が，大きな影響を及ぼすのです。この調査では，こうした
「人間の決め方」を研究するために，あなたの「意思決定者」としてのある特徴を知りたいと考えて
います。つまり，あなたがこの指示を時間をかけてよく読んでいるかどうかを知りたいのです。もし
誰もこの問題文をお読みになっていなければ，問題文の内容を変えることが「人間の決め方」に与
える影響を見たい，というわれわれの試みは意味を持たないからです。ここからがお願いです。この
指示をお読みになったことの証明として，実際のあなたがどうであろうが，以下の質問には「は
い」と回答して，次のページに進んで下さい。よろしくお願いします。

私は電子メールを使ったことがない

| はい | いいえ | わからない |

　2つ目は，DQS（Directed Question Scale; Maniaci & Rogge, 2014）である。

これは，質問項目の文章を読まないで回答してしまう回答者を検出する方法であり，リッカート尺度の質問項目の中に，回答を指示する項目を紛れ込ませるという方法である。たとえば，心理尺度の質問項目の中に「この項目は『あまりあてはまらない』を選んでください」という項目を入れると，質問項目の文章を読まないで回答している回答者は，それ以外の回答をしてしまう確率が高いだろう（もちろん偶然合っている場合もあるが）。

　IMC や DQS によって努力の最小限化による不注意回答を検出し，データを分析から除くことで，ウェブ調査のデータの質を高めることができるだろう。とくに，DQS は質問項目を 1 つ加えるだけであり，簡単に用いることができるため，調査票の後半あたりに入れておくとよいだろう。

　さらに，ウェブ調査の場合，回答を途中でやめてしまうドロップアウトが多く，調査にかかる時間が長いほどドロップアウト率も高いことが報告されている（Galesic, 2006）。ウェブ調査を実施する際，調査票が長くなりすぎないよう注意が必要である。

6.3.5　データ収集

　質問紙調査ではデータの入力作業および確認作業に時間的コストがかかるが，ウェブ調査では回答が自動で入力されるため，データ入力の手間がすべて省略される。また，データの入力ミスも基本的に起こることはなく（回答を数値へ置換する際のミスには注意が必要だが），確認作業にかかる労力も軽減することができるだろう。

　一方，ウェブ調査の場合，調査票へのリンク URL さえ分かれば同じ人が何度でも回答することができてしまう。また，たまたま通りがかりで調査票へのリンク URL をみつけ，適当に回答するケースが多いことも報告されている（Reips, 2009）。こうしたデータは，ノイズデータとなり，調査の妥当性を損ねてしまう可能性を含む（Reips, 2002）。調査の依頼をする際に，回答する際の注意点として，調査対象者の範囲や回答が一度限りであることなどを伝えるとよいだろう。

第III部

データの整理と解析

7 データの整理

竹中一平

　本章では，オンラインの調査票を用いて調査を実施した後，収集したデータを目の前にしてまずするべきことは何なのかについて解説する。7.1 節では，分析のための統計ソフトである JASP について，その入手方法や特徴を説明する（他の統計ソフトに関しては**コラム 7.2** を参照）。7.2 節では，代表的なオンラインの調査票作成サービスである Google フォームを例にあげ，データを収集した後の処理に関して説明し，さらに逆転項目の処理や尺度水準の設定について解説する。7.3 節では，分析計画に則った本格的な分析を実施する前段階として，得られたデータの概要を把握するための分析について説明する。7.4 節では，オンラインの調査票ではなく，紙媒体の調査票を使用した際にどのように調査票を整理し，分析できるデータにするのかについて説明する。

7.1　統計ソフトを準備する

　収集したデータは，分析しないとその意味を解釈することができない。回答の割合を確認する程度であれば，Google フォームで自動的に作成されたグラフでも可能である。また，Excel を使えば，多様なグラフを作成することができるし，簡単な分析であれば関数を組み合わせて実行することもできる。しかし，より高度な分析をしたい場合や，より容易に分析したい場合は専用の統計ソフトを使用すべきである。本節では，分析のための統計ソフトとして，JASP を紹介する。なお，JASP の詳細な説明は，清水・山本（2020a，2020b，2022）などを参照してほしい。

7.1.1 JASP の特徴と入手方法

JASP は，現在，統計ソフトの世界的な標準となっている「R」（**コラム 7.2**参照）を使用して統計処理を行う無料のソフトウェアである。アムステルダム大学を中心としたオープンソースプロジェクトとして開発が進んでおり，活発にアップデートされている。日本語で画面操作が可能であることに加えて，直感的に操作ができるようにさまざまな工夫がなされている。「記述統計量を算出したい」「t 検定を実施したい」など，行いたい分析のイメージがあれば，統計の授業で見聞きした専門用語を手がかりにして画面上で試行錯誤することにより，ある程度分析することができる点が優れている。

JASP を入手するためには，公式サイト（https://jasp-stats.org/）の「Download JASP」（**図 7.1**）をクリックし，ダウンロードページで自身の使用するパソコンの OS を選択する。たとえば，Windows を使っている場合，「Windows 64bit」をクリックするとインストール用のファイルをダウンロードすることができる。ダウンロードが完了したら，そのファイルを開いてインストールを

図 7.1 JASP の公式サイト（2022 年 11 月現在）

実行する。なお，公式サイトやインストーラーは英語であるが，たとえば
「JASP　インストール」などのキーワードでインターネットを検索することに
よって，解説サイトやYouTubeの動画を見つけ，参考にすることができるだ
ろう。

7.1.2　JASPの日本語化と操作の基本

　JASPをインストールした直後は，画面表示は英語である。そのため，ウィ
ンドウ左上の「≡」ボタンから設定画面を開き，使用する言語を日本語に変更
するとよい（**図7.2**）。一部英語のままの部分もあるが，バージョンアップに
よって徐々に改善されている。

図7.2　JASPの日本語化

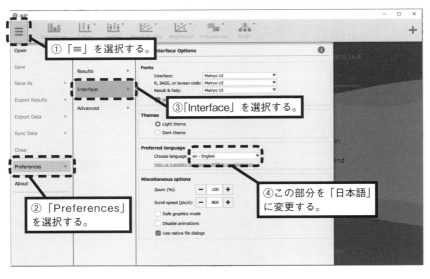

　ウィンドウ左上の「≡」ボタンからデータを開いたり，保存したり，設定を
変更したりすることができる。自身のパソコン上のデータを開く場合は，「≡」
→「開く」→「コンピュータ」→「参照」をクリックしていくことで，ファイ
ルを開くことができる（とくに，7.2.1項で説明する，Excelで作成したCSV

形式のデータを JASP で読み込む場合，この手順でファイルを開く）。

　開いたデータは，「≡」→「名前を付けて保存」→「コンピュータ」→「参照」をクリックしていくことで，JASP の独自形式で保存することができる。上書き保存する場合は，「≡」→「保存」をクリックすればよい。一度 JASP で保存したデータは，保存したファイル自体を開くことで JASP が起動され，操作できる状態になる。

　「≡」ボタンの右にある「記述統計」や「t 検定」などのボタンをクリックすると該当する分析を実施することができる。ボタンによっては▼アイコンがついているものがあり，いくつかの分析を選択することができる（**図 7.3**）。分析ボタンを押した際に表示される項目は，上部に「伝統的」，下部に「ベイジアン」と分けられている。前者は伝統的な頻度主義にもとづいて分析するためのものであり，後者はベイズ統計にもとづいて分析するためのものである。いずれを使うべきなのかは，授業担当教員や論文指導教員に尋ねてほしい。

図 7.3　JASP における分析

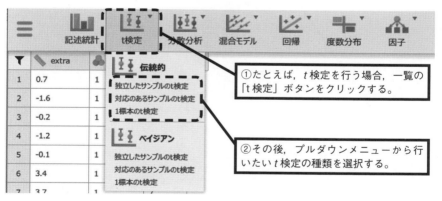

　JASP は，データと，分析に関する設定と，分析結果を 1 つのファイルにまとめて保存しており，これらをシームレスに行き来できる（**図 7.4**）。そのため，分析結果を出した後にデータの一部を修正すると，修正した内容が自動的に分析結果に反映される。また，新たに変数を追加すれば，分析に関する設定画面

にその変数が追加される。実施した分析の設定画面から追加した変数を選べば，変数以外の設定はそのままで分析し直すことができる。

図 7.4　JASP におけるデータ画面と分析画面の切り替え

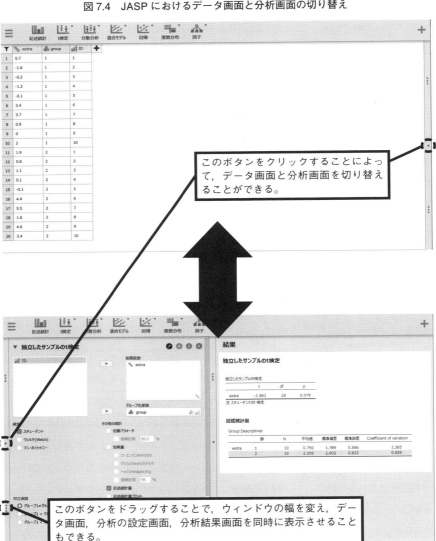

7.2　データを分析できる形にする

　Google フォームなどのオンラインの調査票作成サービスを使用した場合，収集したデータは必ずしも JASP でそのまま分析できる形にはなっていない。本節では，Google フォームを用いてデータを収集した場合を例にあげ，収集したデータを分析できる形にするために何をするべきなのかを説明する。

7.2.1　データのダウンロード

　Google フォームで収集したデータは，自動的に Google フォーム内で円グラフや棒グラフといった基本的なグラフとして表示される。データの概要を把握するだけであれば十分かもしれないが，これだけでは統計処理は行えない。そのため，Google フォームには，収集したデータを統計ソフトなどで処理するために別途保存する方法が用意されている。具体的には，Google スプレッドシートに保存した上でダウンロードするか，CSV 形式でそのまま回答をダウンロードするかのいずれかの方法で保存することができる。ただ，後者については文字コードの関係上，Excel による処理を行う場合にやや煩雑であるため，前者の方法を勧める。

　Google スプレッドシートに保存するためには，Google フォームの「回答」タブの上部右側にあるスプレッドシートのアイコンを選択する（**図 7.5** の 1）。回答を保存する場所を選択するウィンドウが開くため，「新しいスプレッドシートを作成」を選んでファイル名を入力しよう（**図 7.5** の 2）。そうすると Google スプレッドシートが開き，入力されたデータが表示される（**図 7.5** の 3）。なお，一度ファイルを作成すれば，回答が追加される度にスプレッドシートにもその回答が反映されるため，以降はスプレッドシートをそのまま開いてデータを確認できるようになる。続いて，Google スプレッドシートの「ファイル」メニューから，「ダウンロード」の項目を選び，「Microsoft Excel（.xlsx）」を指定すると，Excel 形式でダウンロードされる。以降では，Excel を用いた処理について解説するが，ここで説明する内容は Google スプレッドシートでも同様に行うことができる。そのため，必要な処理を Google スプレッドシー

図 7.5　Google フォームと Google スプレッドシートの画面

【1.　Google フォームから Google スプレッドシートを開くボタン】

【2.　1 のアイコンを押すことで開くウィンドウ】

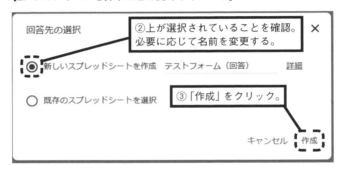

【3.　作成された Google スプレッドシートの画面】

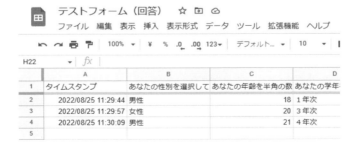

トですべて行い，JASP で読み込むための CSV 形式でダウンロードすることもできる。

　Google フォームでは，各質問文がそのまま変数名として使用されるため，このままでは JASP で扱うことのできる変数名にはならない。そこで，ダウンロードした Excel ファイルを開いたら，まず変数名を，半角英数字からなる JASP で扱うことのできるものへと変更しなくてはならない[1]。**図 7.5** の 3 において，「あなたの性別を選択して下さい」という質問とその回答が B 列に入力されている。B1 セルが変数名となるが，そこには日本語の質問文がそのまま使用されている。これを，たとえば，性別を示す英単語である「gender」に変更することになる。同様に，C1 セルには「あなたの年齢を半角の数字で入力して下さい」という質問文が入力されているため，これを年齢を示す「age」に変更する。

　Google フォームでは，5 件法のような選択肢で答えるタイプの回答は，その選択肢がそのまま値として使用される。そのため，たとえば，「まったくあてはまらない」という選択肢を「1」という値として扱う場合，変数名と同様に，この変換作業を行う必要がある。Excel では，「置換」という機能を用いて一括して変換作業が可能である。具体的には，変換したい変数の列を選択し，「ホーム」リボンの「編集」カテゴリーにある「検索と選択」メニュー内から「置換」をクリックする。そうすると，「検索と置換」ウィンドウの「置換」タブが開く。ここで，「検索する文字列」に「まったくあてはまらない」を入力し，「置換後の文字列」に半角の「1」を入力する。最後に「すべて置換」をクリックすれば，当該変数について，すべての「まったくあてはまらない」が「1」に変換される。同様にして，たとえば「あまりあてはまらない」を「2」に，「どちらともいえない」を「3」に置換していき，すべての選択肢について

---

[1] 実は，JASP 0.16.4.0 では変数名やデータに日本語を使用することができる。ただ，Excel で編集したデータを読み込む際に，日本語部分に文字化けが発生する場合があり，現在のところ半角英数字のみを使用したほうが安全である。JASP や Excel のバージョンアップによって問題が解消される場合があるため，実際に使用する際には最新バージョンのヘルプなどを参照してほしい。

置換が終われば，その変数は完了となる。もちろん，同じように変換する質問
に関してまとめて選択して置換すれば，一列ごとに変換作業を行う必要はない。
その他にも，自由記述の回答を収集している場合，それを JASP に読み込ませ
るものとは別のファイルに移動させる必要がある。

　これらの作業が終われば，JASP に処理したデータを読み込ませる段階に進
む。JASP は，Excel ファイル（*.xls; *.xlsx）をそのまま開くことができないた
め，JASP で開くことのできる「CSV（コンマ区切り）」形式でファイルを保存
する必要がある。CSV 形式でファイルを保存するためには，「ファイル」リボ
ンから「名前を付けて保存」を選択し，「ファイルの種類」を「CSV（コンマ
区切り）(*.csv)」に設定して保存すればよい。なお，CSV 形式で保存する場合，
現在選択されているシート以外は保存されないため注意が必要である。一旦
CSV 形式でファイルが保存できれば，JASP の「≡」メニューから「開
く」→「コンピュータ」→「参照」を選択することで，ファイルを開くための
画面が表示される。ここで保存したファイルを選択し，「開く」ボタンを押せ
ばよい。

7.2.2　尺度水準の設定

　1.4 節でみたように，測定尺度には，**名義尺度**，**順序尺度**，**間隔尺度**，**比率
尺度**の4つの水準がある。JASP では，各変数に対してこれらの尺度水準を設
定すれば，尺度水準に合わない計算や分析をしてしまうのを防ぐことができる。

　JASP で尺度水準を設定するのはデータ編集画面から行う（**図 7.6**）。具体的
には，「スケール」「順序」「名義」の3種類であり，「スケール」が間隔尺度と
比率尺度，「順序」と「名義」はそれぞれ順序尺度と名義尺度に相当する尺度
水準となる。このように尺度水準を設定するのは，尺度の水準によって適用で
きる計算や分析が異なるからである。たとえば，四則演算は「スケール」でし
か実行できない。次項以降で説明する欠損値や逆転項目の処理には一部四則演
算が必要なため，当該の変数は「スケール」にしておかないと数式に入れるこ
とができない。JASP では，分析画面の変数選択欄にすべてのタイプの変数が
表示されてしまうため，場合によっては誤った尺度水準の変数を分析してしま

図 7.6　JASP におけるデータ編集画面

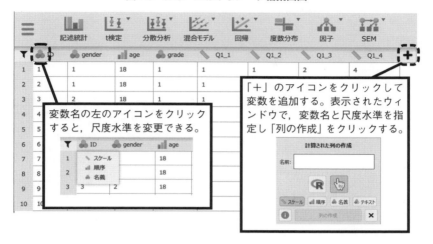

う可能性がある（それでも，その変数に何らかの数値が入力されていれば，多くの場合 JASP は計算結果を表示する。一方で，分析によっては該当しない尺度水準の変数は選択できない場合もある）。事前に自身が測定している変数や作成した変数の尺度水準を正しく認識し，設定しておくことによって，誤った尺度水準の変数を使った分析をするのを防ぐことができる。

7.2.3　欠損値の処理

　心理調査を実施すると，無効回答を含んだ調査票が返ってくる場合がある。あまりにも無効回答が多すぎる場合には，その回答者を無効回答者として分析対象から除外することになるが，さほど多くない場合には無効回答を**欠損値**として扱い，残りの有効回答を分析に使用する。JASP ではデフォルトの欠損値として，「空白セル」（何も入力されていない状態）か，「NaN」「nan」「.」「NA」のいずれかの文字がサポートされている。また，設定画面から欠損値とみなす文字をさらに追加することもできる（**図 7.7**）。Google フォームを使用した場合，回答がなければ「空白セル」として扱われるため，そのまま JASP に読み込んで問題はない。

図7.7　JASP における欠損値の指定

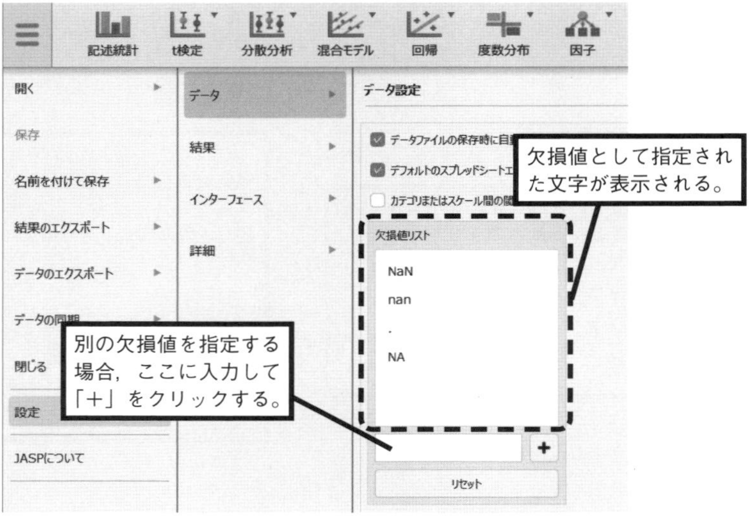

　JASP では，欠損値が含まれるデータをどのように除外するのかを分析のオプションで指定できる場合がある。具体的には，「ペアワイズ削除」と「リストワイズ削除」の2種類である（JASP 0.16.4.0 では，分析によってこれらの名称がやや異なるため，「ペア」や「リスト」といった単語で区別してほしい）。前者は，分析に使用する変数に欠損値があれば，当該回答者をその分析から除外する方法である。後者は分析に使用するかしないかを問わず，いずれかの変数に欠損値があれば当該回答者を分析から除外する方法である。デフォルトでは前者が選択されるようになっているため，後者の方法で欠損値を除外する場合には分析のオプションで忘れずに設定しておく必要がある。

　最後に，JASP で欠損値を補完する方法について簡単に触れておこう。JASPでは，replaceNA(y) 関数を用いて欠損値を補完することができる。この関数は，以下のような形式で使用する。

replaceNA(欠損値を補完する変数，欠損値を計算する関数)

　たとえば，「Q1_1」の変数に欠損値が含まれている場合，まずデータ編集画

面の「＋」ボタンを押して欠損値を補完するための新たな変数を作成する（**図7.6**）。ここでは「Q1_1M」としよう。計算式の入力画面（**図7.8**）において，中央の枠内に右側の関数一覧から「replaceNA(y)」を移動させる。次に，replaceNA内の「column」に，左側の変数一覧から欠損値が含まれている変数を移動させる。今回は「Q1_1」を移動させよう。尺度水準の設定に問題がなければ，緑の楕円が表示されるため，そこに移動させるとよい。そして，replaceNA内の「replaceWith」に，右側の関数一覧から欠損値を補完する関数を移動させる。今回は平均値を用いて欠損値を埋めるために，「mean(y)」を移動させよう。この場合も緑の楕円が表示されるので，そこに移動させる。その後，mean内の「values」に，左側の変数一覧からcolumnに移動させたのと同じ「Q1_1」を移動させる。ここまで問題なく移動できていれば，中央の枠内には，以下のように表示されているはずである。

$$\text{replaceNA}(Q1\_1, \text{mean}(Q1\_1))$$

図7.8　JASPにおける計算式の入力画面

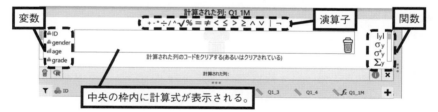

最後に計算式の入力画面の下部にある「計算された列」をクリックするとQ1_1Mに欠損値が補完されたデータが挿入される。なお，中央値で補完する場合には「mean(y)」の代わりに「median(y)」を使用するなど，別の関数を使って補完することも可能である。

7.2.4　逆転項目の処理

心理測定尺度のいくつかは**逆転項目**（第5章参照）を含んでいる。逆転項目は，他の項目とは得点の方向が異なるため，尺度構成を行う前に得点の方向を

反転させておく必要がある。とくに，信頼性係数（α 係数；第 8 章参照）の算出の際に反転させる前の逆転項目を含むと，算出される値が大幅に低くなるため注意が必要である。なお，JASP では，信頼性係数を算出した際に，逆転項目の可能性がある項目を指摘してくれたり，当該項目を指定することで反転させた後の得点で信頼性係数を算出してくれたりするため活用してほしい。

　JASP で逆転項目を反転させるためには，欠損値の補完と同様に，データビューの「＋」ボタンを押して，逆転項目を反転した新たな変数を作成する。ここでは「Q1_2」が逆転項目であったとして，新たに「Q1_2R」という変数を作成する。続いて，計算式の入力画面に式を入力するが，逆転項目の得点を反転させるための計算式は，以下のようになる。

　　　逆転後の項目得点 ＝（項目最小値＋項目最大値）－逆転前の項目得点

　ここで，項目最小値または項目最大値とは，対応する項目に割り振った値の最小値または最大値を指す。5 件法の選択肢に対して，「1」から「5」の得点を割り振った場合は，「1」が項目最小値，「5」が項目最大値になる。今回，Q1_2 は 5 件法で測定し 1 点から 5 点までを割り振ったため，「6」から逆転前の項目得点を引けばよい。

　まず，計算式の入力画面において，中央の枠内に，上部の演算子（図 7.8）の中から「－」（マイナス）を移動させよう。次に「－」の左側に半角で「6」を入力する。そして，「－」の右側に，左側の変数一覧から「Q1_2」を移動させよう。最後に「計算された列」をクリックすれば，「Q1_2R」の得点が計算される。

7.3　データの概要を把握する

　データ入力をし，JASP に読み込ませ，逆転項目などの処理が一通り終われば，分析に進むことができる。しかしながら，いきなり分散分析や因子分析を始めようとしてはならない。分析計画に則った本格的な分析を実施する前にいくつかの簡単な分析を行い，得られたデータの概要を把握しておくことが重要

である。これによって，分析計画を修正したり，分析に使用できないような変数が見つかったりする場合もある。

7.3.1 単 純 集 計

得られたデータの概要を把握するためには，まず調査票の単純集計を行うとよい。**単純集計**とは，調査票のそれぞれの項目に対する回答率を集計したものである。たとえば，もし実施した調査の性別の回答率を集計した結果，男性が約 90 %，女性が約 10 %ということになれば，得られたデータは男性の回答傾向を反映している可能性が高いと解釈する必要があるだろう。また，特定の選択肢に回答が著しく偏っており，そのまま分析に使用するには不適切な項目が含まれている可能性もある。こういった項目の回答率の偏りを把握し，得られたデータに合わせて当初の分析計画を修正することが単純集計の目的となる。

JASP を用いて単純集計をするためには，度数分布表を作成する。「記述統計」を選択すると，**図 7.9** の画面が表示される。JASP の分析画面では，左側に変数の選択など分析の設定が表示され，右側に結果が表示される。左側で変

図 7.9　JASP における記述統計の画面と結果

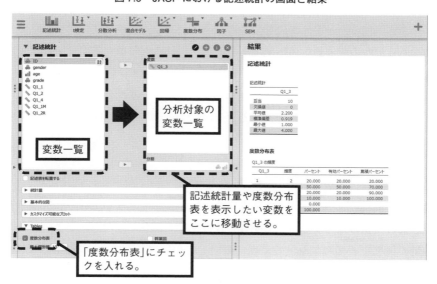

数やオプションを選択すると自動的に右側の結果が変化するため，欲しい情報に合わせて適宜設定しよう。ここでは，左の変数一覧から度数分布表を表示させたい変数を右の分析対象の変数一覧に移動させ，「Tables」のメニューで「度数分布表」にチェックを入れると度数分布表が表示される。ヒストグラムを表示させる場合には，「基本的な図」のメニューから「分布図」を選択する。記述統計量として，有効回答数（JASP 0.16.4 時点では「妥当」と表示される。以下同様）や欠損値，平均値，標準偏差，最小値，最大値がデフォルトで表示される。また，度数分布表では，度数（頻度），欠損値を含んだ選択率（パーセント），欠損値を除いた選択率（有効パーセント），累積選択率（累積パーセント）が表示される。

　「統計量」のメニューからは，選択した変数について，同時に平均値や標準偏差といった統計量を算出するかどうかを決めることができる。一般的に使用されるものは元々選択されているため，必要に応じて追加でチェックしたり，不要なもののチェックを外したりするとよい。なお，平均値とは，代表値（その変数を代表する値）の一種で間隔尺度と比率尺度で使用される。理論的中間点（設定した数値の中心の値。「1」から「5」の値を割り振った 5 件法の選択肢であれば，「3」が理論的中間点となる）と平均値が著しく異なっている場合は，回答に何らかの偏りが生じている可能性がある。順序尺度の代表値は中央値，名義尺度の代表値は最頻値である。また，標準偏差は，間隔尺度と比率尺度で使用される，得点の散らばりの程度を示す値である。この値が大きいと回答者は平均値から外れた値を選択しがちであることを意味し，この値が小さいと調査回答者は平均値に近い値を選択しがちであることを意味する。順序尺度の場合，四分位範囲が散らばりの程度を示す値としてよく使用される。

7.3.2　クロス集計

　クロス集計とは，2 つ以上の変数についてその関連をみるための分析である。データの概要を把握する目的でクロス集計を行う場合，性別や学年といった回答者の属性を表す変数や名義尺度で測定した変数についてクロス集計を行い，属性によって回答者が偏っていないかや，回答傾向が著しく異なる項目がある

かどうかを把握するとよい。

　JASP では，クロス集計は「度数分布」メニューから「分割表」を選択することで行う。変数一覧から，「行」と「列」にそれぞれ変数を移動させる（**図7.10**）。たとえば，回答者の性別によって学年に大きな偏りがないかどうかを確認するためには，「行」に性別の変数（「gender」）を，「列」に学年の変数（「grade」）を入れる。そして，「セル」のメニューから「パーセンテージ」カテゴリーの「行」にチェックを入れる。この結果からは，男性はすべて1年次であり，女性は75％（3件）が1年次，25％（1件）が2年次であることがわかる。ただし，回答者数が10人と少ないことから，この結果のみから判断することはできない。統計的にみてこれらの選択率の差に意味があるかどうかは，χ^2（カイ2乗）検定を行うことで確認することができる。分割表では，デフォルトでカイ2乗検定の結果が出力されるため，容易に確認できる。

図 7.10　JASP におけるクロス集計の画面と結果

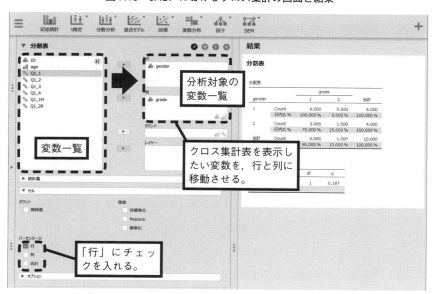

7.4 紙媒体の調査票を利用する

　Google フォームなどのオンラインの調査票は便利である。一方で，インターネットに接続できる環境がない場所でデータを収集する場合や，オンラインの調査票に慣れていない調査対象者に調査を実施する場合など，紙媒体の調査票を使用したほうがよいこともある。

　紙媒体の調査票を用いる場合，7.2 節の作業をする前に，紙に回答されたデータをパソコンに入力しなくてはならない。ここで，おもむろにパソコンに向かい，Excel を立ち上げて，訳もわからず一番上に重なっている調査票の丸がついている数字を入力し始めてはいけない。データ入力の際に最初にやるべきなのは，パソコンに向かうのではなく，積み上げられている調査票を整理することである。本節では，ナンバリング，コーディング，エディティングという 3 つの作業について説明する。その後，パソコンを使ったデータ入力について解説する。

7.4.1　ナンバリング

　ナンバリング（numbering）とは，調査票に通し番号を振る作業のことを意味する。データ入力をする際には，この通し番号をまず入力し，その後それぞれの項目についてコードを入力していく。

　ナンバリングは，後々その調査票を確認することを前提として行うべきである。すなわち，特定の番号の調査票を探す際に，迅速に見つけることができるように通し番号を振る。まず，通し番号を振る場所は，調査票の表紙上部がよい。とくに理由がなければ，ホッチキス止めした場所の側に番号を振っておくとよいであろう。横書きの調査票の場合，調査票の左肩にホッチキス止めをするため，そのすぐ右側に通し番号を振ることになる（**図 7.11**）。

　次に，番号をどのように振っていくかであるが，一人で入力をするのであれば，「1」から始めて順番に 1 ずつ番号を増やしていけばよい。この方法でなら，通し番号がそのまま調査票の回収数になるため，ナンバリング作業によって回収数の確認も同時にできる。実習授業のように，複数でナンバリング作業をす

図7.11　ナンバリングの例

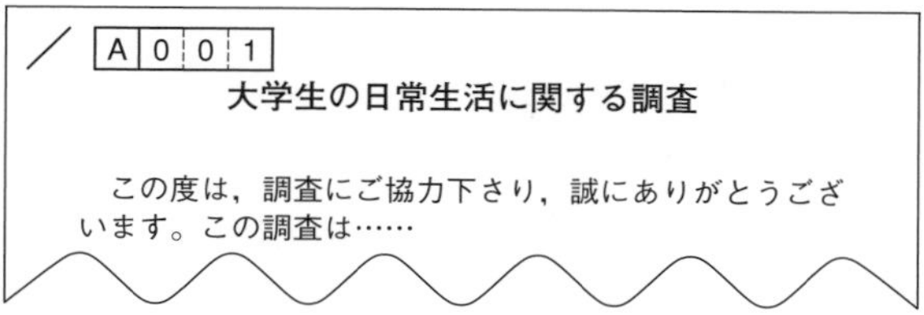

る場合は，個人を識別する記号とともに通し番号を振っていくとよい。たとえば，3人で作業する場合，「A」「B」「C」の3つの記号を用意し，Aさんは「A001」から順番に，Bさんは「B001」から順番に，Cさんは「C001」から順番に番号を振っていく。入力を終えた調査票は，AさんからCさんの順番で昇順に通し番号が並ぶように重ねて保管しておけば，いざというときに迅速に目的の調査票を見つけることができるだろう。

　続いて，通し番号を振る作業に関して，調査票の部数が多い場合にはナンバリングマシンのような事務機器を使用することを勧める。作業時間を短縮できるだけでなく，同じ番号を2回書いてしまうような単純なミスを防ぐこともできる。最後に，通し番号は調査票の表紙にのみ記入することが多いであろう。その場合，調査票を綴じているホッチキスは決して外してはならない。理由があってホッチキスを外すような場合には，調査票のそれぞれのページにも通し番号を振る作業を行ってから外すことを忘れてはならない。

7.4.2　コーディング

　コーディング（coding）とは，調査票の個々の項目への回答を，記号や数字などの符号（code）に置き換えることを意味する（中澤，1998）。たとえば，**図7.12**のような質問項目の場合，調査回答者はそれぞれ「父親」や「母親」を回答する。しかし，得られた回答をデータ化する際に，そのまま「父親」や「母親」として入力すると非常に煩雑である。ローマ字変換であれば，前者は「t」「i」「t」「i」「o」「y」「a」の7文字を入力し変換キーを押さなくてはならない。かな変換であっても，「ち」「ち」「お」「や」の4文字である。そこで，「父親」であれば「1」を，「母親」であれば「2」を，それぞれを示すコードと

図7.12　事前にコードが決められている質問項目①

問　あなたが<u>ここ1週間</u>で<u>最も多く接した</u>人は誰ですか。以下に挙げた選択肢のうち最も当てはまる数字<u>1つ</u>に○をつけて下さい。

　　　1．父親　　　2．母親　　　3．兄弟姉妹　　　4．友人　　　5．恋人　　　6．その他

図7.13　事前にコードが決められている質問項目②

（「賞賛獲得欲求尺度」（小島・太田・菅原，2003）より一部引用）

【1．選択肢に数字を明示する場合】

問　普段のあなた自身についてお聞きします。以下に挙げた各項目について，あなたはどの程度当てはまりますか。それぞれの項目について最も当てはまると思う数字1つに○をつけて下さい。

	当てはまらない	あまり当てはまらない	どちらとも言えない	やや当てはまる	当てはまる
1　人と話すときにはできるだけ自分の存在をアピールしたい	1	2	3	4	5
2　自分が注目されていないと，つい人の気を引きたくなる	1	2	3	4	5
3　大勢の人が集まる場所では，自分を目立たせようとはりきる方だ	1	2	3	4	5

　　　　　　　　　　　　　　　　⋮

【2．選択肢に数字を明示しない場合】

問　普段のあなた自身についてお聞きします。以下に挙げた各項目について，あなたはどの程度当てはまりますか。それぞれの項目について最も当てはまると思う箇所1つに○をつけて下さい。

	当てはまらない	あまり当てはまらない	どちらとも言えない	やや当てはまる	当てはまる
（回答例）毎日早起きする方だ		○			
1　人と話すときにはできるだけ自分の存在をアピールしたい					
2　自分が注目されていないと，つい人の気を引きたくなる					
3　大勢の人が集まる場所では，自分を目立たせようとはりきる方だ					

　　　　　　　　　　　　　　　　⋮

して決めておき，そのコードを入力することによって，入力の手間を省くようにすればよい。これがコーディングの目的である。このような回答とコードとの対応づけのことをコーディングルールとよぶ。

　コーディングには，事前にコードを決めておくものと，調査票を回収した後

でコードを決めるものの2通りがある。**図 7.12** は事前にコードが決められているパターンである。それぞれの選択肢の横に数字を割り振っているため，選択された数字をその項目のコードとしてそのまま使用すればよい。同様に，**図 7.13** の1のような質問形式もよく使用される。この場合も，丸がついた数字がそのまま入力するコードとなる。**図 7.13** の2のように，コードを調査票に直接示さない場合もあるが，それぞれの回答場所に対応した数字を事前に割り振っておき，その数字を入力することに変わりはない。

　一方，調査票に記載されている数字と，入力するコードとが一致しない場合もある。**図 7.14** は，一見すると**図 7.12** と同じように見えるが，質問の形式が異なっている。**図 7.12** は単一回答形式であるため，回答は6つの選択肢のうちどれか1つだけを選ぶ。したがって，入力する値は1つであり，使用する変数も1つになる。ところが，**図 7.14** は複数回答形式であるため，6つの選択肢すべてに丸がつく可能性もある。したがって，変数は6つ用意しなければならない。必然的に，入力する値も6つになる。**図 7.14** では，選択された場合に「1」を，選択されなかった場合に「0」を割り振るようにコーディングしている。**図 7.12** と異なり，各項目の前に付記されている数字はコードではなく，変数名に使用するものであると考えておくとよい。

図 7.14　事前にコードが決められている質問項目③

　問　あなたが**ここ1週間**で接した人は誰ですか。以下に挙げた選択肢のうち当てはまる**数字すべて**に○をつけて下さい。

①　父親　　②　母親　　3. 兄弟姉妹　　④　友人　　5. 恋人　　6. その他

	① 父親	② 母親	3. 兄弟姉妹	④ 友人	5. 恋人	6. その他
変数名	問△_1	問△_2	問△_3	問△_4	問△_5	問△_6
入力するコード	1	1	0	1	0	0

　また，自由回答法のように，どのような回答が返ってくるかがわからないため，事前にコードを決めにくい質問項目もある。この場合，調査票を回収した後でコードを決めることになる。自由回答法を用いた項目をコーディングする場合，データ入力の前に，回収した調査票で自由回答法を用いた項目をまず確

認し，どのような回答があるのかをリストアップする。そして，回答件数が一定以上あるものに対してコードを割り振っていく。件数の少ない回答に関しては，まとめて「その他」を示すコードを割り振るとよい。

　データ入力を終えた後で，特定の質問項目について別のコードを割り振る場合もある（アフターコーディング）。たとえば，大学 1，2 年生を主な対象として調査を実施したところ，18 歳や 19 歳が大半を占める一方で，21 歳や 22 歳など 20 歳以上も少数みられるような場合がある。この場合の 20 歳以上の調査回答者のように，件数の少ないカテゴリーをそのまま使用すると，比較対象が膨大になって分析が煩雑になるだけでなく，少数のサンプルでそのカテゴリーを代表させることになり，データの解釈を誤る可能性もある。そこで，18 歳を「1」，19 歳を「2」，20 歳以上を「3」のように新たなコードを割り振り，カテゴリーを少なくした上で分析を行うことがある。

7.4.3　エディティング

　エディティング（editing；検票）とは，回収した調査票の内容をチェックし，回答もれや回答ミス，回答方法の間違い，矛盾する回答やでたらめな回答がみられないかどうかを確認する作業のことである。加えて，エディティングの中で，合理的にみて修正可能な部分があれば回答を修正する場合もある。

　それでは具体的なエディティングの例をみていこう。**図 7.15** の項目 1 は正しく回答された例である。一方で，項目 2 は回答もれとなっている。項目 3 と項目 4 は，回答パターンは異なるものの，いずれも「2」か「3」か判断できないため，無効回答とするべきである。項目 5 のように，選択肢に重なっているような場合は，重なっているほうの「3」とみなしてよいであろう。この例の場合，項目 1 を「4」，項目 2 から 4 までが欠損値となり，項目 5 を「3」と入力することになる。

　また，特定の対象に限定された質問に対して，該当しない調査回答者が回答してしまうことがある。**図 7.16** の 1 は，問 1 で「会話していない」と回答しているにも関わらず，問 2 でその相手を回答してしまっている。この場合，問 1 と問 2 の回答のどちらが正しいのか判断できないため，すべて無効回答とし

図 7.15　回答ミスの含まれる質問紙①

（「賞賛獲得欲求尺度」(小島・太田・菅原，2003) より一部引用）

問　普段のあなた自身についてお聞きします。以下に挙げた各項目について，あなたはどの程度当てはまりますか。それぞれの項目について最も当てはまると思う数字 1 つに〇をつけて下さい。

		当てはまらない	あまり当てはまらない	どちらとも言えない	やや当てはまる	当てはまる
1	人と話すときにはできるだけ自分の存在をアピールしたい	1	2	3	④	5
2	自分が注目されていないと，つい人の気を引きたくなる	1	2	3	4	5
3	大勢の人が集まる場所では，自分を目立たせようとはりきる方だ	1	②	③	4	5
4	高い信頼を得るため，自分の能力は積極的にアピールしたい	1	2〇3		4	5
5	初対面の人にはまず自分の魅力を印象づけようとする	1	2 〇3		4	5

:

図 7.16　回答ミスの含まれる質問紙②

【1.　無効回答となるパターン】

問 1　あなたは**昨日**誰かと会話しましたか。当てはまる選択肢に〇をつけて下さい。

　　　　　　　1.　会話した　　　　　② 　会話していない

問 2　問 1 で「会話した」と回答した方にお伺いします。あなたが**昨日**会話した人は誰ですか。以下の選択肢のうち当てはまる**数字すべて**に〇をつけて下さい。

　　① 父親　　② 母親　　3. 兄弟姉妹　　④ 友人　　5. 恋人　　6. その他

【2.　問 1 を修正できるパターン】

問 1　あなたは**昨日**誰かと会話しましたか。当てはまる選択肢に〇をつけて下さい。

　　　　　　　1.　会話した　　　　　2.　会話していない

問 2　問 1 で「会話した」と回答した方にお伺いします。あなたが**昨日**会話した人は誰ですか。以下の選択肢のうち当てはまる**数字すべて**に〇をつけて下さい。

　　① 父親　　② 母親　　3. 兄弟姉妹　　④ 友人　　5. 恋人　　6. その他

て対応するべきである。一方，同様に条件分岐が生じる項目において，回答の修正が可能な場合もある。**図 7.16** の 2 は，問 1 は無回答であるが，問 2 は回答されている。合理的に考えて，問 2 が回答できるということは昨日誰かと会話したことを示しているため，問 1 の回答は「1」であろうと判断できる。したがって，問 1 の回答もれは，問 2 の回答結果から「1」と修正することができる。

　1 つの調査票に含まれる無効回答が少数であれば，欠損値として処理し，有効回答者に含めることができるが，ある程度多い場合はその調査票自体を無効回答者として分析から除く必要がある。実際に，どの程度の無効回答の数であれば分析から除くべきなのかは，調査目的や使用する分析の種類，欠損値の処理に対する方針などによって異なる。授業を担当する教員や指導教員と相談し，全項目数の何％の無効回答までを許容するかを決めておくべきである。

7.4.4　データ入力

　データを入力する際には，JASP などの統計ソフトのデータ編集画面から入力するのではなく，Excel などの表計算ソフトを使用して入力することを勧める。とくに理由がない限り，1 行目に変数名（項目名）を入力し，その後，2 行目から横方向（行方向）に向かって 1 人の調査回答者の各項目の回答を入力していく。JASP を使用して Excel で作成したファイルを読み込む場合，1 行目を変数名として読み込み，2 行目以降をデータとして読み込むためである。

　図 7.17 は入力されたデータの例である。この図のように，A 列に通し番号を記入し，B 列から 1 列ずつ順番に質問紙の各項目を変数として設定する。そして，2 行目から順番に各調査回答者のコードを入力していく。破線で囲った部分は，通し番号「007」番の調査回答者が，性別を示す「gender」は「1」，年齢を示す「age」が「18」歳，学年を示す「grade」が「1」年次で，問 1 の 1 番目の項目である「Q1_1」から順番に「2」「3」「2」「1」と回答していることを示している。

　Excel でデータ入力が終われば，次は JASP に入力したデータを読み込ませる段階に進む。JASP は，Excel ファイル（*.xls; *.xlsx）をそのまま開くことが

図7.17　入力されたデータの例

	A	B	C	D	E	F	G	H
1	ID	gender	age	grade	Q1_1	Q1_2	Q1_3	Q1_4
2	001	1	18	1	1	1	2	4
3	002	1	18	1	1	3		3
4	003	2	18	1	1	4	変数名	1
5	004	1	19	1	3	2	3	1
6	005	2	18	1	1	3	4	5
7	006	2	19	1	1	2	1	2
8	007	1	18	1	2	3	2	1
9	008	1	19	1	1	4	1	2
10	009	2	20	2	2	2	3	2
11	010	1	18	1	3	1	2	5
12								
13	通し番号				通し番号 007 番の回答者の回答			
14								

できないため，JASPで開くことのできる「CSV（コンマ区切り）」形式でファイルを保存する必要がある。CSV形式でファイルを保存するためには，「ファイル」リボンから「名前を付けて保存」を選択し，「ファイルの種類」を「CSV（コンマ区切り）（*.csv）」に設定して保存すればよい。なお，CSV形式で保存する場合，現在選択されているシート以外は保存されないため注意が必要である。一旦CSV形式でファイルが保存できれば，JASPの「≡」メニューから「開く」→「コンピュータ」→「参照」を選択することで，ファイルを開くための画面が表示される。ここで保存したファイルを選択し，「開く」ボタンを押せばよい。

コラム 7.1　GT 表作成のススメ

　GT 表（Grand Total, Gross Total）とは，回答結果の単純集計を表としてまとめたものである（松井，2022）。調査票のすべての項目について，有効回答者数と各選択肢の回答率，当該項目における無効回答数をまとめ，調査票の形式に沿って記載する。

　図 7.18 が紙媒体の調査票の場合の GT 表の例である。問 1 は単一回答形式のため，選択率の合計は 100 ％になっているが，問 2 は複数回答形式のため，各選択肢の肯定率がそれぞれ示されている。問 3 は 5 件法の質問項目であり，各選択肢への選択率および，無効回答者数（NA），平均値，標準偏差が併記されている。また，質問項目によって選択率のもととなる回答者数が異なる場合には，それぞれ異なる問の上部に回答者数を記載しておくとよい。

　これにより GT 表を確認するだけで，その調査の質問項目から教示文，選択肢，質問項目の順番，単純集計結果までを概観することができるようになる。松井（2022）は，GT 表を作成する意義として，以下の 3 点をあげている。第 1 に，回答分布の偏りのチェックである。7.3.1 項でも述べたように，得られたデータの概要を把握することが，分析の前段階として必須となる。GT 表はそのための最適なツールである。第 2 に，追試研究のための基礎資料である。卒業論文のように，先輩の調査内容を参考にして後輩が研究を行うような場合，使用した調査票と単純集計結果がまとめられた GT 表は非常に有用な情報源となる。そして第 3 に，GT 表の作成を通したデータの理解である。GT 表を作成するためには，JASP での分析やオフィスソフトを使用した編集など，やや手間のかかる作業をする必要がある。しかし，この作業を通して基礎データに繰返し触れることで，目の前のデータの意味を咀嚼するための時間をとることができる。したがって，GT 表を作成する際には，ただ作業として行うのではなく，データを十分に理解し，吟味することを念頭において作成するとよりよいだろう（第 10 章も参照）。

図 7.18　GT 表の例（「賞賛獲得欲求尺度」（小島・太田・菅原，2003）より一部引用）

$N=100$
問 1　あなたは<u>昨日</u>誰かと会話しましたか。当てはまる選択肢に〇をつけて下さい。

　　　　　1．会話した（82.5）　　　　2．会話していない（17.5）　　　NA 3

$n=80$
問 2　問 1 で「会話した」と回答した方にお伺いします。あなたが<u>昨日</u>会話した人は誰ですか。以下に挙げた選択肢のうち当てはまる数字<u>すべて</u>に〇をつけて下さい。

　　　1．父親（72.5）　　2．母親（77.5）　　3．兄弟姉妹（52.5）　　4．友人（93.8）
　　　　　　5．恋人（30.0）　　6．その他（20.0）　　　NA 0

以下の質問は全員が回答して下さい

$N=100$
問 3　<u>普段のあなた自身</u>についてお聞きします。以下に挙げた各項目について，あなたはどの程度当てはまりますか。それぞれの項目について最も当てはまると思う数字<u>1 つ</u>に〇をつけて下さい。

	当てはまらない	あまり当てはまらない	どちらとも言えない	やや当てはまる	当てはまる	NA	平均値	標準偏差
1　人と話すときにはできるだけ自分の存在をアピールしたい	(4.4)	(11.4)	(21.9)	(38.6)	(23.7)	0	3.66	1.10
2　自分が注目されていないと，つい人の気を引きたくなる	(10.5)	(21.9)	(28.9)	(26.3)	(12.3)	0	3.08	1.18
3　大勢の人が集まる場所では，自分を目立たせようとはりきる方だ	(21.1)	(33.3)	(35.1)	(7.9)	(2.6)	0	2.38	0.99
4　高い信頼を得るため，自分の能力は積極的にアピールしたい	(22.8)	(21.9)	(39.5)	(7.0)	(8.8)	0	2.57	1.17
5　初対面の人にはまず自分の魅力を印象づけようとする	(20.2)	(20.2)	(48.2)	(10.5)	(0.9)	0	2.52	0.96

コラム 7.2　統計ソフトあれこれ話

　現在（2022 年 11 月時点），統計ソフトのスタンダードは「R（または R 言語）」である。R とは，オープンソースのフリーソフトウェアとして開発されている統計解析向けのプログラミング言語である。言語自体を指すこともあれば，その言語で記載されたコードを実行するための実行環境を指す場合もある。R は，パッケージとよばれる，ユーザが開発した独自の R プログラムを容易に実行できるようになっている。多くの統計科学者が R 本体やパッケージの開発に関わっており，最先端の統計手法はまず R で実装されるといっても過言ではない状況にある。関連書籍が多く出版されているため，興味があれば読んでみてほしい。

　R はシンプルなプログラミング言語の実行環境であることから，プログラミング教育を受けていないユーザにとってやや取っつきづらい。そのため，市販の統計ソフトと類似した，グラフィカルなインターフェイスで利用できるフリーのソフトウェアが複数開発されている。

　代表的なものとして，本書で説明にも使用している JASP（https://jasp-stats.org/）と jamovi（https://www.jamovi.org/）があげられる。両者とも，ソフトウェア内部に R やそのパッケージを組み込んでおり，それらを使用して統計解析を行うため，別途 R を用意する必要はない。JASP は主にベイズ統計と頻度論的統計を併用できるところに特徴があり，jamovi は変数やデータの処理，出力結果の編集が容易なところに特徴がある。上に記載した URL のリンク先は英語であるものの，いずれも日本語での利用が可能になっている。

　また，R のパッケージとして開発されている R Commander も，グラフィカルなインターフェイスで統計解析を行うことができる。こちらは R のパッケージであるため，R そのものをインストールした後で，R Commander（パッケージ名は「Rcmdr」である）を含めた追加パッケージのインストールが別途必要となる。こちらも日本語での利用は可能である。

　R 以外にも，従来から統計解析のための多くのソフトウェアが市販されてき

た。代表的な市販の統計解析ソフトウェアとして，IBM 社の「SPSS」があげ
られる。場合によっては，大学のコンピュータ室にある端末にインストールさ
れていたり，大学経由で個人のパソコンにインストールできたりするかもしれ
ない。他にも，SAS 社の「JMP」や Stata Corporation 社の「STATA」，Excel
のアドオンとして提供される，社会情報サービス社の「エクセル統計」などが
利用できるかもしれない。いずれも個人での購入も可能であるが，R や，それ
を利用した JASP や jamovi などのソフトウェアを無料で入手できる現在，市
販のソフトウェアを個人で用意するような場面は少ないといえよう。

　最後に，心理統計を主眼とし，フリーソフトウェアとして心理学者が開発し
ている統計ソフトを紹介しよう。「HAD」（https://norimune.net/had）は，関
西学院大学社会学部の清水裕士氏が開発している。マクロ付の Excel ファイル
として提供され，インストールも不要で非常に取り回しが良い統計ソフトであ
る。個人による開発にも関わらず，基礎的な分析から統計的検定，分散分析や
回帰分析，因子分析や共分散構造分析などの多変量解析まで，心理統計で使用
する大半の分析をカバーしている。また，「js-STAR XR+ release 1.5.2j」（https://
www.kisnet.or.jp/nappa/software/star/）は，上越教育大学名誉教授の田中　敏
氏と上越教育大学大学院学校教育研究科の中野博幸氏が開発している。ウェブ
ブラウザ上で動作し，R を使って分析するための R プログラムを出力してくれ
るところに特徴がある。とくに，3 要因混合計画分散分析の下位検定まで丁寧
に実施できるため，自身の使っている統計ソフトで実施できなかった場合に使
用を検討するとよいだろう。

8 心理測定尺度の尺度構成

畑中美穂

　調査票上で尋ねた個々の項目から心理測定尺度を構成するためには，測定に適切な尺度項目を選定し，尺度の信頼性と妥当性を検討した上で，得点化して尺度得点の基本統計量を分析する必要がある。本章では，尺度構成に関わる一連の手順について説明する。

8.1　尺度項目の選定

8.1.1　尺度の内的一貫性

　ある心理測定尺度のために用意された項目は，すべてが無条件に**尺度構成**に用いられるわけではなく，調査の回答結果をもとに各項目の適切性が吟味され，尺度項目として採用されるか否か選別される。尺度の候補項目の適切性を検討する主たる方法は，尺度項目の**内的一貫性**の分析である。尺度項目の内的一貫性とは，複数の尺度項目が全体として同じ内容を測定していることを指す。ある1つの内容を測定するために用意された心理測定尺度を構成する項目群は，すべてが測定すべき1つの方向性を共有しており，1次元性が保たれていなければならない。そうでなければ，精度の高い心理測定尺度にはならないのである。内的一貫性を確認する方法として，まず主成分分析と因子分析があげられる。主成分分析は，ある1つの事柄を測定することを目的とした単一次元の心理測定尺度の場合に，因子分析は，ある心理測定尺度の中に複数の下位尺度が含まれている場合に，それぞれ用いられる。

1.　主成分分析による内的一貫性の確認

　下位尺度をもたない心理測定尺度の内的一貫性の確認は**主成分分析**によって検討できる。内的一貫性を検討するために，ある尺度の候補項目群に対して主

成分分析を実施した場合，確認すべき内容は第1主成分負荷量である。第1主成分として抽出される内容は当該の心理測定尺度で測定しようとしている構成概念に相当するとみなされる。すべての尺度項目が第1主成分に対して高い負荷量（経験的には絶対値 .40 程度以上）を示している場合，準備された項目は第1主成分にあたる構成概念を共通して測定する項目群として1次元性を有しており，尺度項目全体の内的一貫性が保たれていると解釈される。逆に，いくつかの項目において第1主成分に対する負荷量の絶対値が0に近い低い値である場合，それらの項目は，第1主成分に絶対値 .40 以上で負荷している他の項目とは測定内容が共通しておらず，尺度項目全体の内的一貫性が保たれていないことになる。第1主成分負荷量が低い項目は，尺度全体として測定しようとしている内容をあまり反映しておらず，尺度項目の内的一貫性を損なう項目であると考えられるため，除外して再度主成分分析を行い，残った項目の内的一貫性を検討する。なお，逆転項目を処理せずに主成分分析を行った場合，マイナスの主成分負荷量がみられるが，第1主成分負荷量の絶対値が十分に高い場合には有用な尺度項目とみなされる。

　図 8.1 は，共感性の測定のために用意された 15 項目について，尺度構成のために主成分分析を行った結果の例である。図 8.1 では，第1主成分負荷量の絶対値が .40 に満たないものが5項目ある（項目 3-1，3-14，3-15，3-9，3-11）。これらの5項目を除外して再度主成分分析を実施した結果が図 8.2 である。図 8.2 では，分析に使用された 10 項目すべての第1主成分負荷量の絶対値が .40 以上となっている。この結果から，これら 10 項目は心理測定尺度の項目群として1次元性を有しており，尺度項目全体の内的一貫性が保たれていると解釈される。

　尺度の内的一貫性の検討結果として主成分分析結果を提示する際には，第1主成分の負荷量と同時に，**固有値**や**寄与率**を示すことが望ましい（第 10 章参照）。固有値や寄与率から，第1主成分として抽出された内容，すなわち，検討中の心理測定尺度で測定しようとしている内容が，準備された尺度項目全体においてどの程度意味のある重要な情報であるかをよみとることができる。第1主成分の固有値や寄与率が高ければ，尺度項目全体で測定された情報が第1

図8.1　主成分分析の結果の書き方の例（1）

表1　共感性尺度の主成分分析（1回目）の結果

項目内容	第1主成分
3-10. 困っている人たちがいても，あまり可哀想だという気持ちにはならない	−.711
3-7. 他人の話で感動したり泣いたりしている人を見るとしらける	−.699
3-6. まわりの人が悩んでいても，割合に平気でいられるほうである	−.688
3-4. 人より薄情なほうかもしれない	−.650
3-12. 周りの人たちが不幸でも，自分は平気でいられる	−.616
3-5. 人に同情しやすいたちである	.631
3-3. 愛の歌や詩に深く感動しやすい	.615
3-2. 人がうれしくて泣くのを見ると，ばかばかしい気持ちになる	−.612
3-13. 不公平な扱いをされている人たちを見ても，あまり可哀想とは思わない	−.555
3-8. 関係のない他人に同情しても，しかたないと思う	−.495
3-1. 歌を歌ったり聞いたりすると，楽しくなる	.361
3-14. ときどき，自分の目の前で突然起こったことに，感動することがある	.350
3-15. もし自分を紹介するとしたら，優しい人というと思う	.335
3-9. 自分よりも不幸な人たちには，やさしくしたいと思う	.334
3-11. 運動などの試合では，負けている方に応援したくなる	.240
固有値	4.509

> マイナスの負荷量を示す項目は，第1主成分の内容（表中の項目群からなる心理測定尺度で測定される内容）を逆の方向に測定する項目であること，すなわち，当該心理測定尺度の逆転項目であることを示す。

> 第1主成分負荷量の絶対値が.40以上であることを，尺度項目群の1次元性の基準とした場合，負荷量に網掛けをした10項目のみが基準を満たすことになる。この場合，網掛けされていない5項目を除去し，再度主成分分析を行って，内的一貫性の確認を行う（表2参照）。

> 第1主成分の寄与率は，「固有値÷尺度項目数」から求められる。表の分析における第1主成分の寄与率は30.1%である。

図8.2　主成分分析の結果の書き方の例（2）

> 表1の結果をもとに，第1主成分負荷量が絶対値.40以上の10項目を抜粋して再度主成分分析を行った結果である。表の分析における第1主成分の寄与率は41.1%。

表2　共感性尺度の主成分分析（2回目）の結果

項目内容	第1主成分負荷量
3-2. 人がうれしくて泣くのを見ると，ばかばかしい気持ちになる	−.628
3-3. 愛の歌や詩に深く感動しやすい	.592
3-4. 人より薄情なほうかもしれない	−.666
3-5. 人に同情しやすいたちである	.621
3-6. まわりの人が悩んでいても，割合に平気でいられるほうである	−.720
3-7. 他人の話で感動したり泣いたりしている人を見るとしらける	−.725
3-8. 関係のない他人に同情しても，しかたないと思う	−.544
3-10. 困っている人たちがいても，あまり可哀想だという気持ちにはならない	−.718
3-12. 周りの人たちが不幸でも，自分は平気でいられる	−.625
3-13. 不公平な扱いをされている人たちを見ても，あまり可哀想とは思わない	−.540
固有値	4.111

> 2回目の主成分分析では，すべての項目の負荷量が絶対値.40以上であることが確認され，分析に使用された項目群は1次元構造であると解釈される。

主成分に十分集約されていると解釈できる。

2.　因子分析による内的一貫性の確認

　複数の下位尺度を含む心理測定尺度の内的一貫性の確認には，**因子分析**が用いられる。想定している下位尺度の個数を因子数として設定し，尺度項目群に対する因子分析を実施して各項目がどの因子に高い負荷量（経験的には絶対値が .40 程度以上）を示しているかを確認する。同じ因子に高い負荷量を示した項目群をグループ化して，当初想定されていた下位尺度の項目群と対応しているかどうかという観点から，項目の分かれ方を検討する。あるいは，具体的な下位尺度が想定されていなければ，因子分析によって，用意された尺度項目への回答の背後に潜在する因子を探索的に抽出して，尺度の構造を確認することもできる。その場合は，何らかの基準をもとに因子数の決定を行わなければならない。因子数の決定基準には，**スクリー法**（回転前の固有値の推移を確認し，固有値が極端に低下する直前の因子数を採用する方法），固有値 1 以上の基準（回転前の固有値が 1 以上の因子数を採用する方法），**解釈可能性**（尺度項目の分かれ方について理論的に解釈がしやすい因子数を採用する方法）などがある。

　因子数を指定し，回転を行った後（回転法はいくつかあるが，直交回転では**バリマックス回転**が，斜交回転では**プロマックス回転**が一般的である），各因子に高い負荷量を示している項目は，各因子を代表する項目と解釈される。通常，ある因子に対して絶対値 .40 以上の負荷量を示す項目群が，当該因子を測定する下位尺度とみなされる。複数の因子に対して高い負荷量を示す項目や，いずれの因子にも高い負荷量を示さない項目がある場合には，これらの項目を除外し，再度因子分析を実施した後，各因子の負荷量と，それにもとづく項目の分かれ方を確認する。

　独自作成の心理測定尺度について，因子分析によって探索的に尺度の構造を確認する場合は，項目の分かれ方をもとに因子を解釈した後に，因子名，すなわち下位尺度の名前を決定する。因子名を決定するときは，負荷量の絶対値の高い順に重要な項目とみなし，負荷量の高い項目全体をまとめて表現できるような名前をつける。因子の解釈は設問文や選択肢，各項目の平均値の状態（理論的中間点よりも高いのか，低いのか）によっても変わってくるため，因子名

の決定時には，設問文や選択肢をよく吟味し，項目平均値にも留意する。

　図 8.3 は，「コミュニケーションの基本スキル（ENDE 2）尺度」（堀毛，1994）の 15 項目を因子分析（主成分解，バリマックス回転）した結果である。この尺度は，堀毛（1994）において，記号化スキル，解読スキル，統制スキルの 3 つの下位尺度をもつ構造であることが示されている。そのため，因子数を 3 に設定して解析した結果，各因子に対する負荷量の絶対値が高い項目は先行研究と同様の分かれ方を示し，3 種のスキルに該当する因子（因子 1：解読，因子 2：統制，因子 3：記号化）が抽出された（ここでは探索的因子分析の手順を紹介しているが，既存尺度の場合，共分散構造分析による確認的因子分析を実施するとモデルの適合度を検討することもできる）。なお，**図 8.3** では，因子の分かれ方をわかりやすく示すために，負荷量の絶対値が高い順に因子ごとに項目を並べかえグループ化して示している。**図 8.3** のように，因子分析結果について，各因子の負荷量の絶対値をもとに項目を並べかえて表に示す場合には，調査票での項目提示順序がわかるよう項目番号を付記しておくことが望

図 8.3　コミュニケーションの基本スキル（ENDE 2）尺度（堀毛，1994）の因子分析結果（主成分解・バリマックス回転）

コミュニケーションの基本スキルを測定する 15 の尺度項目に因子分析を行った結果，3 つの下位尺度に対応する因子（因子 1：解読，因子 2：統制，因子 3：記号化）が得られた。

項目内容	因子 1	因子 2	因子 3
2．相手のしぐさから気持ちを読みとる	.795	.165	.129
5．話をしている相手の気持ちのちょっとした変化を感じとる	.792	.061	.100
14．相手が自分をどう思っているか読みとる	.767	−.009	.100
8．言葉がなくても相手のいいたいことがなんとなくわかる	.740	.020	.077
11．嘘をつかれても見破ることができる	.646	−.014	.026
3．自分の気持ちや感情をコントロールしながらつきあう	.160	.732	.286
15．相手の言うことが気に入らなくてもそれを態度に出さない	−.011	.678	.100
6．自分を抑えて相手に合わせる	.203	.674	−.030
9．気持ちを隠そうとしても表にあらわれる	−.036	−.631	.333
12．いわないつもりでいることをつい口に出す	−.030	−.559	.189
1．自分の気持ちを正確に相手に伝える	.120	.059	.750
10．身振りや手振りをうまく使って表現する	.109	.047	.628
7．感情を素直にあらわす	.085	−.395	.643
4．会話をうまくすすめる	.372	.248	.533
13．自分の気持ちを表情や目に現す	.241	−.467	.367
因子負荷量の 2 乗和	3.112	2.632	2.062
因子の寄与率（%）	20.747	17.549	13.745

ある因子に対して高い付加量を示す項目群は，測定内容が共通しており，内的一貫性が高いと解釈される。

ましい。

　尺度の内的一貫性の検討手続きとして因子分析結果を提示する際には，解析方法（回転前の因子抽出法，因子数の決定基準，回転前の累積寄与率，回転手法など），解析結果（因子負荷量行列あるいは因子構造行列，各因子の負荷量の2乗和と寄与率），因子の解釈と名称を記載する（第10章参照）。なお，斜交回転の因子分析を実施した場合には，因子寄与の最大値が決定できないため，寄与率は算出されない。また，斜交回転の結果には因子間相関を記載する。

8.1.2　不良項目の確認

　上述した主成分分析や因子分析による内的一貫性の検討の他にも，心理測定尺度を構成する個々の項目が適切か否かを検討する項目分析の手法がいくつかある。とくに新しく心理測定尺度を作成する際には，個々の項目の詳細な検討が必要となる。項目分析では主に，困難度，識別力，等質性の検討が行われる。

1. 困 難 度

　心理測定尺度は何らかの個人差を測定することを目的としているが，尺度内のある項目に対する調査回答者の反応がすべて同じだったり，ある反応に極端に偏っている場合，その尺度項目では調査回答者の個人差をとらえることが難しい。このような項目は，心理測定尺度の項目として不適切と考えられる。「はい」あるいは「いいえ」等の2件法（0–1形式）で回答できる尺度項目の場合，項目が十分に個人差を測定できているかどうかを検討する**困難度**の指標としては**肯定率**（もしくは一方の回答を選択した調査回答者の全調査回答者に対する割合）が用いられる（**表8.1**）。この場合，肯定率が0.5（たとえば，半数の調査回答者が「はい」，残りの半数の調査回答者が「いいえ」と答え，項目分散が最大である状態）が理想的であり，これに近い項目（目安としては肯定率が0.3から0.7程度）を選ぶことが望ましいとされている（東條，1998）。

　0–1形式ではなく，多段階で評定を求める項目の場合にも，個人差をとらえられない項目は不適切であるため，各項目に対する調査回答者の反応の偏りやばらつきに注意し，測定値が上限に偏る「天井効果」や下限に偏る「床効果」がみられる項目や，項目分散が極端に小さな項目は，削除したり改良したりす

表8.1　0-1形式の測定項目に対する回答と肯定率（仮想データ）

	項目1	項目2	項目3	項目4	項目5	項目6	項目7	項目8	項目9	項目10
回答者1	○	○	○	○	○	○	○	○	○	○
回答者2	○	○	○	○	○	○	○	○	○	×
回答者3	○	○	○	○	○	○	○	○	×	×
回答者4	○	○	○	○	○	○	○	×	×	×
回答者5	○	○	○	○	○	○	×	×	×	×
回答者6	○	○	○	○	○	×	×	×	×	×
回答者7	○	○	○	○	×	×	×	×	×	×
回答者8	○	○	○	×	×	×	×	×	×	×
回答者9	○	○	×	×	×	×	×	×	×	×
回答者10	○	×	×	×	×	×	×	×	×	×
肯定率	1.0	0.9	0.8	0.7	0.6	0.5	0.4	0.3	0.2	0.1
項目分散	0.00	0.09	0.16	0.21	0.24	0.25	0.24	0.21	0.16	0.09

注1）表中、○印はある項目に対して調査回答者が「はい」と反応したことを、×印は「いいえ」と反応したことを示す。
注2）肯定率は、ある項目に対して、調査回答者が「はい」と反応した割合である。

る必要がある。

2. 識別力

識別力とは、尺度全体で測定している内容について、各項目が調査回答者の特性の違いを正確にとらえることができる程度のことである。尺度の全体得点が高い者は、尺度に含まれる個々の項目の回答でも高い得点を示すと考えられる。尺度の全体得点と個々の項目得点との相関（**項目―全体相関、I-T相関**）が高い場合は、当該項目が尺度全体で測定している内容を十分に反映しており、調査回答者の特性の違いを正確にとらえていると考えられる。しかし、項目―全体相関が低い項目は、尺度で測定している内容と関係が乏しく異質であり、調査回答者の特性の違いを正確にとらえられていない項目と考えられる。そのため、項目―全体相関が低い項目は、尺度項目から除外する。

なお、項目―全体相関を求める際、尺度の全体得点に、相関を求めようとしている項目の得点自体を含めると見かけ上相関が高くなるため、当該項目は尺度の全体得点には加算せずに項目―全体相関を求めることが望ましい。

識別力を検討する別の手法として、**G-P**（Good-Poor）**分析**があげられる。G-P分析は、**上位―下位分析**ともよばれ、尺度の全体得点の高低にもとづいて調査回答者を分割して上位得点群と下位得点群とを設定し（たとえば、全体

得点の中央値による 2 群分割や，全体得点上位 25 ％と下位 25 ％の抽出による 2 群設定など），群間で各項目得点の平均値を比較検討する方法である。個々の尺度項目が尺度全体で測定する内容を十分に反映していれば，尺度の上位得点群と下位得点群との間では，個々の項目得点の平均値にも同様に違いがみられ，上位得点群のほうが下位得点群よりも各項目得点の平均値が高いと考えられる。そこで，設定された 2 群間で個々の項目得点の平均値の差の検定（t 検定，第 9 章参照）を行い，有意差がみられなかった項目は識別力が低い不良項目とみなして削除する。サンプル数が多い場合は，検定によってわずかな差も検出されるため，有意差がみられた場合でも，群間の平均値の差の大きさを確認することが望ましい。

3. 等 質 性

　等質性の検討では，すべての項目が尺度全体で測定しようとする内容を示しており，内容的に等質かどうか，つまり尺度項目群の内的一貫性が問題となる。上述した識別力の高い項目群は等質性も高いということになるが，α 係数を用いて等質性を検討すると，項目—全体相関や G-P 分析のように尺度項目を 1 つずつとりあげて分析しなくても心理測定尺度を構成する項目全体の等質性を検討することができる。また，等質性を低下させている項目を見つけるために，すべての尺度項目からある項目を除外して，残りの項目から算出された α 係数と，全尺度項目を用いて算出された α 係数とを比較する方法がある（α 係数の算出方法は次節で述べる）。ある項目を除外した後の α 係数が除外前の全項目による α 係数よりも高い値であれば，当該項目が等質性を低下させていると解釈されるため，その項目を尺度構成から除外する。

　このように，さまざまな方法によって尺度項目の選別が可能であるが，項目—全体相関や G-P 分析は，前項で述べた主成分分析や因子分析にもとづく項目の選定と同様の結果を示すため，すべてを行う必要はない。とくに，尺度に含まれる項目数が多い場合には，項目—全体相関や G-P 分析は作業が繁雑になるため，主成分分析や因子分析によって不適当な項目を除外するほうが効率的であり，その後 α 係数を算出すれば，内的一貫性の検討としては十分と考えられる。

8.2 尺度の信頼性と妥当性の検討

8.2.1 信頼性係数

1. クロンバックの α 係数

　尺度項目が確定した後には，尺度の**信頼性**の指標であり，尺度項目の内的一貫性あるいは等質性を示す**α 係数**を算出する。信頼性係数としてもっともよく用いられているクロンバックの α 係数は，折半法による信頼性係数（第 4 章参照）の算出方法から発展したものである。具体的には，折半法による信頼性係数は，尺度項目を半分ずつに分けて両者の相関係数をもとに統計的な修正を行った値であるが，この方法では項目の折半の仕方によって相関係数が異なり，信頼性係数も一意的に定まらない。たとえば，10 項目の心理測定尺度では，折半の仕方，すなわち全 10 項目を 5 項目ずつの 2 組に分ける組合せは $_9C_4 =$ 126 通りある。また，20 項目の心理測定尺度では $_{19}C_9 = 92378$ 通りとなる。そして，折半の仕方の数だけ折半法信頼性係数の推定値が得られるという困った事態となる。そこで，すべての可能な折半の仕方から信頼性係数の推定値を計算し，その平均値を算出する，という方法が考案された。この方法であれば，信頼性係数の推定値は 1 つに定まる。このようにして得られた折半法信頼性推定値の平均値が，**クロンバックの α 係数**なのである。

　α 係数の算出式は，以下の通りである（具体的な算出例は**コラム 8.1** 参照）。

【尺度項目の分散共分散行列から計算する場合】

$$\alpha = \frac{尺度項目数}{尺度項目数-1} \times \frac{分散共分散行列の非対角要素の総和}{尺度得点の分散} = \frac{n}{n-1} \frac{\sum_{j \neq i} S_j S_i}{S_X^2}$$

$$= \frac{尺度項目数}{尺度項目数-1}\left(1 - \frac{分散共分散行列の対角要素の総和}{尺度得点の分散}\right)$$

$$= \frac{n}{n-1}\left(1 - \frac{\sum S_j^2}{S_X^2}\right)$$

　各項目得点の分散が 1 に基準化されている場合は，分散共分散行列は相関行

列となり，分散共分散行列の対角要素以外の $n(n-1)$ 個の相関係数の平均値を $\bar{r}$ とすると，α 係数は以下の式でも表される。

【尺度項目の相関行列から計算する場合】

$$\alpha = \frac{n\bar{r}}{1+\bar{r}(n-1)}$$

（$\bar{r}$ は尺度項目間の相関係数の平均値，n は尺度の項目数）

　上記の式（尺度項目の相関行列から計算する場合の式）からわかる通り，α 係数は $\bar{r}$（尺度項目間の相関係数の平均値）と n（尺度の項目数）が大きい値であるほど，α も大きくなる。したがって，尺度項目間の相関が大きければ α 係数も大きくなるが，α 係数が大きいからといって，必ずしも，相互に相関の高い項目から尺度が構成されているとは限らない。

2.　マクドナルドの ω 係数

　上述したクロンバックの α 係数とは異なる方法で算出される信頼性係数として，**マクドナルドの ω 係数**があげられる。ω 係数は，因子分析を行った際の各尺度項目の因子負荷量と誤差分散を用いて尺度の内的一貫性を推定した信頼性の指標である。α 係数は，尺度項目の真値の分散が等しく，各項目間の共分散が等しいという仮定のもとで算出される値であるが，尺度内に複数の下位尺度が存在する場合には，上記の仮定を満たすことが困難となる。一方，ω 係数は，α 係数のような仮定を伴わずに求めることができるため，より適切に信頼性係数を推定することが可能とも考えられる。ただし，ω 係数は，因子分析の結果をもとに信頼性係数を算出しており，データ数が少ない場合には不安定になる可能性があることに留意する必要がある。近年では，尺度の信頼性について記述する際に，α 係数とともに ω 係数を併記することが推奨されている。

8.2.2　妥当性の検討方法

　妥当性とは，心理測定尺度が本来測定しようとしている内容を実際にどの程度適切に測定できているか，という測定内容の適切性に関する概念である。妥

当性の検証方法は，大きく分けて2種類ある。一つは，尺度項目の内容を理論的に検討して項目の妥当性を判断する方法であり，内容的妥当性とよばれる。もう一つは，問題となる尺度項目を用いて実際に測定を行い，そのデータをもとに統計的分析を実施して妥当性を評価する方法であり，基準関連妥当性と構成概念妥当性がある（第4章も参照）。

1. 内容的妥当性

　内容的妥当性を評価する際に重要な点は，用意された尺度項目群が測定しようとしている概念内容を偏りなく反映しているかどうかである。前項の信頼性係数を高める方法として，相互に相関の高い尺度項目を選定するという手段があることを述べたが，相関が高い類似した項目ばかりを選び，本来測定すべき内容よりも狭く偏った内容しか測定できない結果となっては，妥当性のある尺度にはなり得ない。たとえば，コミュニケーションを上手にとることができる能力（コミュニケーション・スキル）を測定する尺度では，話す能力，聞きとって理解する能力，コミュニケーション時に感情を統制する能力などコミュニケーションを円滑に行うために役立つと考えられる能力をまんべんなく測定できるよう，幅広い項目をとりあげなければならない。話す能力を測定する項目だけで尺度が構成されたとしたら，その尺度はコミュニケーション・スキル尺度として「内容的に妥当ではない」と考えられる。つまり，心理測定尺度は，測定しようとしている概念内容を適切に反映する内容的な広がりをもった項目によって構成されていなければならないのである。

　内容的妥当性を確保するには，関連文献を十分に検討して，測定を試みる概念内容の全体像を明確に把握し，内容が一部に偏らないように項目を選択し，その上で項目内容の妥当性を評価するという手順が考えられる。ただし，内容的妥当性の程度を客観的に評価する手段は厳密にはなく，概念内容を熟知した専門家に，項目内容の適切性について評価と判断を求めるという方法がとられることが多い。可能であれば，複数の専門家に独立して評価を求め，一致した評価が得られることが望ましい。

　また，測定しようとしている構成概念が複数の下位概念から成り立っており，複数の下位尺度から構成される心理測定尺度を準備した場合，因子分析を用い

て，想定通りの下位概念が因子として確認されるかどうかを検討し，妥当性を評価することがある。これは**因子的妥当性**とよばれ，構成概念の内容を評価している点から内容的妥当性の一つとみなされる。ただし，測定データをもとにどのように因子が分かれるかという観点から妥当性を評価していることから，後述する構成概念妥当性の一つとしてとらえられる場合もある。

2.　基準関連妥当性

　ある心理測定尺度で測定しようとしている内容が，心理測定尺度とは別の方法でも把握される場合，別の手段で把握される行動様式や心理状態が心理測定尺度の外的な基準となり得る。この外的基準と心理測定尺度の測定結果とが強く関連していることをもって，尺度の妥当性を保証することができ，これを**基準関連妥当性**という。たとえば，抑うつ傾向を測定する心理測定尺度では，精神科医によるうつ病の診断が外的基準の一つとなり得る。つまり，医師から実際にうつ病の診断を受けた人々は，うつ病とは診断されていない精神的に健康な人々よりも，高い尺度得点になると予想される。そこで，うつ病と診断された人々と，精神的に健康な人々の両方を対象に，作成された抑うつ傾向の心理測定尺度を実施して，うつ病の人々と健康な人々との間で尺度得点を比較する。その結果，実際に両群間に得点差があれば，この抑うつ傾向の心理測定尺度は「基準関連妥当性がある」と解釈される。

　あるいは，心理測定尺度得点と外的基準となるものの得点との相関係数によって基準関連妥当性が評価されることもある。これは，**妥当性係数**とよばれる。尺度得点間の相関係数は，測定誤差による影響を受けるため，真の妥当性係数は，以下の式のように修正されて求められる。

$$真の妥当性係数 = \frac{尺度得点と外的基準得点の相関係数}{\sqrt{尺度得点の信頼性係数}\sqrt{外的基準得点の信頼性係数}}$$

3.　構成概念妥当性

　心理測定尺度が測定しようとしている内容に対して外的基準が設定可能な場合は，上述した基準関連妥当性の評価ができるが，心理測定尺度では抽象的な

概念を測定対象として扱うことが多く，適切な外的基準を見つけることが難しい場合も多々ある。このような場合には，構成概念妥当性を検討することで，心理測定尺度の妥当性評価が可能となる。**構成概念妥当性**とは，ある心理測定尺度による測定と他の測定とがどのように関連しているか，関連の仕方が測定された構成概念に関して理論的に導かれる仮説と合致しているか，という観点から評価，検討される妥当性のことである。構成概念妥当性では，心理測定尺度の得点と，他の測定で得られる当該尺度以外の変数との相関係数の検討が重要な情報となる。たとえば，新たに開発した心理測定尺度で測定される概念内容（変数x）は，別の概念内容である変数yと理論的に強く関連することが予想される場合，実際に変数xと変数yとを測定したデータをもとに変数xと変数yとの間に高い相関係数が得られれば，構成概念妥当性を支持する一つの証拠になる，と考えられる。

　構成概念妥当性には，収束的妥当性と弁別的妥当性の2種類がある。**収束的妥当性**は，理論的に関連が予想される変数との間に高い相関がみられることで評価される。具体的には，妥当性を検討しようとしている心理測定尺度と，同じあるいは類似した内容を測定していると考えられる別の尺度の測定結果が実際に高い相関係数を示せば，収束的妥当性の証拠が1つ得られたと考えられる。**弁別的妥当性**は，理論的に異なる構成概念の指標とみなされる変数との間には実際に相関がみられないことで評価される。具体的には，妥当性を検討しようとしている心理測定尺度と，理論的に区別され関連しないという仮説が成り立つ内容を測定している別の尺度との相関が実際に低ければ，弁別的妥当性の証拠が1つ得られたと考えられる。

　構成概念妥当性の検討は，尺度の測定内容に関わる理論モデル全体の検証過程でもあり，本来は，多くの研究の積み重ねにより長い時間をかけて確認されていくものである。しかし，実際には，構成概念妥当性の証拠が1つでも確認できれば，「構成概念妥当性が検証された」と表現されることが多い。

8.2.3　尺度得点の算出——確認すべき指標

　心理測定尺度を構成する項目を選定して採用項目を決定したら，**尺度得点を**

算出する。尺度得点は，逆転項目の処理を行った後，個々の項目に対する回答
を加算して算出する。この段階で，算出された尺度得点が高い（あるいは低
い）ことが何を意味するのかをきちんと理解しておく必要がある。また，算出
された尺度得点の平均値，標準偏差，得点の分布範囲（レンジ）を確認するこ
とも重要である。尺度得点の実際の平均値と，理論的な中間点とを比較して，
調査回答者の全体的傾向を把握することができる。得点分布の様相を知るため
に，歪度と尖度を求めてもよい。尖度は，正規分布では「3」であり（統計ソ
フトによって「0」に修正されていることもある），これより大きい場合には，
分布はより尖って裾の短い分布になり，これより小さい場合には，分布はより
平たく裾の長い分布になる。歪度は，正規分布では「0」であり，正の値の場

図 8.4 JASP による尺度得点の基本統計量とヒストグラムの出力例

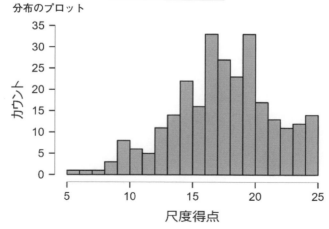

合は左右対称よりも右に裾野が伸びた分布に，負の値の場合は左に裾野が伸び
た分布になる。

　得点の分布範囲は，尺度得点の最小値と最大値を確認すれば把握でき，また，
歪度と尖度から得点分布の様相もある程度推定できるが，より詳細に得点分布
の形状を把握するには，**ヒストグラム**を利用するとよい（**図** 8.4 参照）。統計
的分析では，尺度得点の分布の正規性を前提とするものも多いが，ヒストグラ
ムによって尺度得点分布を視覚的に確認すれば，ふた山分布などになっておら
ず，釣り鐘状の山型をした正規分布に近い形をしているかどうかという点も確
認できる。なお，尺度の得点分布が正規分布に近い形をしているかどうかを検
討する手段として，統計的な正規性の検定を行うことも可能である。

コラム 8.1　α係数の算出例

　図 8.3 のコミュニケーションの基本スキル（ENDE 2）尺度の下位尺度である解読尺度（5 項目）を用いて，α係数を算出する過程を例示する。表 8.3 〜表 8.5 は，大学生 271 名から得られたデータの解析結果である。

表 8.3　尺度項目の平均値と標準偏差

	平均値	標準偏差
項目 1	3.5240	1.0534
項目 2	3.4022	1.1041
項目 3	3.5129	1.0215
項目 4	3.6937	0.9805
項目 5	3.7860	1.0249

表 8.4　尺度項目間の分散共分散行列

	項目 1	項目 2	項目 3	項目 4	項目 5
項目 1	1.1096				
項目 2	0.8292	1.2191			
項目 3	0.4080	0.4929	1.0434		
項目 4	0.4055	0.5236	0.3762	0.9614	
項目 5	0.6533	0.7457	0.3620	0.5120	1.0503

注 1）表中，太字で示した値は分散共分散行列の対角要素であり，網掛けの数値は非対角要素（左下半分）である。

表 8.5　尺度項目間の相関行列

	項目 1	項目 2	項目 3	項目 4	項目 5
項目 1	1.0000				
項目 2	0.7129	1.0000			
項目 3	0.3792	0.4371	1.0000		
項目 4	0.3926	0.4837	0.3756	1.0000	
項目 5	0.6052	0.6590	0.3458	0.5095	1.0000

これらの表の値をもとに，α係数の算出に必要な値を求めていくと，以下のようになる。

- **尺度の項目数**…… 5（項目）
- **尺度得点の分散**（分散共分散行列のすべての要素の合計）

$$S_X^2 = 2 \times （非対角要素の総和）+（対角要素の総和）$$

$$= 2 \times (.8292 + .4080 + .4929 + .4055 + .5236 + \cdots\cdots + .5120)$$

$$+ (1.1096 + 1.2191 + 1.0434 + 0.9614 + 1.0503)$$

$$= 10.617 + 5.384 = 16.001$$

- **非対角要素の総和**

$$\sum_{j \neq i} S_j S_i = 2 \times (.8292 + .4080 + .4929 + .4055 + .5236 + \cdots\cdots + .5120) = 10.617$$

これらの値をα係数の算出式に代入すると，

$$\alpha = \frac{n}{n-1} \frac{\sum_{j \neq i} S_j S_i}{S_X^2} = \frac{尺度項目数}{尺度項目数 - 1} \times \frac{分散共分散行列の非対角要素の総和}{尺度得点の分散}$$

$$= \frac{5}{4} \cdot \frac{10.617}{16.001} = \frac{53.085}{64.004} = .8294$$

信頼性係数αは.8294となる。

また，相関行列から計算する場合，尺度項目間の相関係数の平均値（$\bar{r}$）は，

$$\bar{r} = \frac{.7129 + .3792 + .4371 + \cdots\cdots + .5095}{10} = \frac{4.901}{10} = .490$$

である。相関行列にもとづくαの算出式にこの値を代入すると，

$$\alpha = \frac{n\bar{r}}{1 + \bar{r}(n-1)} = \frac{5 \times .490}{1 + 4 \times .490} = .8277$$

となる。

　通常は，このような計算をしなくても，JASPなどの統計ソフトによって尺度の信頼性分析を行えば，信頼性係数 α をはじめ，各尺度項目や尺度得点の統計量を容易に確認することができる（**図8.5**）。

図8.5　同じデータを用いてJASPにより尺度の信頼性分析を行った出力結果

頻度論的尺度信頼性統計

推定	McDonald's ω	Cronbach's α	mean	sd
点推定値	0.8388	0.8294	17.9188	4.0001
95% CI 下限	0.8086	0.7949	17.4426	3.6893
95% CI 上限	0.8689	0.8592	18.3951	4.3685

標準化された項目に基づく推定値。

頻度論的尺度信頼性統計

推定	Cronbach's α
点推定値	0.8277
95% CI 下限	0.7924
95% CI 上限	0.8581

数式から求めた α 係数の値と同じ値になっている。

頻度論的個別項目信頼性統計

項目	もし項目が除外された場合		I-R 相関
	McDonald's ω	Cronbach's α	
項目1	0.7904	0.7800	0.6792
項目2	0.7612	0.7548	0.7576
項目3	0.8474	0.8378	0.4696
項目4	0.8319	0.8163	0.5488
項目5	0.7938	0.7780	0.6876

注）破線および破線内は筆者により挿入。

9 平均値の比較と相関分析

渡部麻美

　卒業論文や修士論文の心理調査では，1つの尺度得点の平均値を算出しただけで終わることはほとんどない。心理測定尺度は尺度得点を算出することだけでなく，その尺度得点を利用してさまざまな目的や仮説を検証するために使用される。

　本章では，心理調査で頻繁に行われる尺度得点の平均値の差や尺度得点間の関連の検討の仕方を取り上げる。9.1 節の冒頭と 9.1.1 項では，それ以降で紹介するさまざまな手法にも共通する統計的仮説検定の考え方についても説明する。図 9.1 に，本章で取り上げる分析手法を示す。

図 9.1　本章で取り上げる分析手法

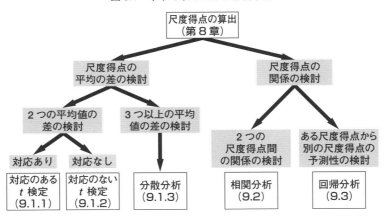

　なお，本章では，検定に関わる各数値を求めるための詳しい手続きや数式は省略する。本章で説明するのは，それらの数値がどのような考え方をもとに計算されているか，数値をどのように解釈したらよいかということである。各数

値の詳しい算出方法については岩原（1965）や森・吉田（1990），効果量については大久保・岡田（2012）などの書籍が参考になる。

　本章で示した分析結果は統計ソフト JASP Version 0.16.4 によるものである。JASP の操作手続きについては清水・山本（2022）などを参照してほしい。

9.1 平均値の差の検定

　心理調査では，**平均値**の比較が研究の目的の一つになっていることがよくある。たとえば，大学新入生の大学生活に対する不安を測定するために，「大学生活不安尺度」を使った心理調査を実施するとしよう。新年度が始まったばかりの 4 月と 1 カ月後の 5 月で大学生活不安の程度が変化するか調べるためには，何をしたらよいだろうか。4 月と 5 月の 2 回にわたって新入生に大学生活不安尺度に回答してもらい，それぞれの回答時期の尺度得点を算出すれば，4 月と 5 月の大学生活不安に何点の差があるかがわかる。しかし，そのとき得られた平均値の差は本当に回答時期の違いによって生じたものなのだろうか。回答者がもともともっていた不安の程度や回答時の気分によって，その調査のときだけ偶然生じた差である可能性も否定できない。

　ある心理調査に回答した限られた数の回答者から得られた結果が，偶然によるものでないことを確かめるためには，**統計的仮説検定**を行う必要がある。統計的仮説検定とは，調査から得られた種々の数値が偶然によって得られたものなのか，それとも何らかの理由があって得られたものなのか判断する方法である。統計的仮説検定にはさまざまな種類があるが，いずれも検定統計量と自由度とよばれる数値から，その数値が偶然得られる確率（有意確率）を求めるという手続きをとる。

　本節で取り上げるのは，2 つの平均値の差について検定する **t 検定** と 3 つ以上の平均値の差を検定する**分散分析**である。

9.1.1 対応のある t 検定

　まず，2 つの平均値の差を検定する方法について説明する。ひとくちに 2 つ

の平均値を比較するといっても，データの収集の仕方によってデータの型が違ってくる。データの型が違うと，それによって適用する分析手法が異なる。データの型には対応のあるデータと対応のないデータの2種類がある。本項では，対応のあるデータとその平均値の差の検定について概観しながら，統計的仮説検定の基本的な考え方についても説明していく。

　対応のあるデータは，**関連のあるデータ**ともよばれ，同じ回答者，またはペアになった回答者から得られたデータを指す。例として，4月と5月の大学生活不安の差を検討する場合を取り上げる（**表9.1**）。4月と5月で変化しているかをみたいのであるから，一人ひとりの回答者の中で4月と5月の得点間に差があるかを検討しなければならない。たとえば，1番の回答者の4月の得点と2番の回答者の5月の得点を比べて，「4月より5月のほうが高くなった」といっても測定時期による差を説明したことにはならない。同じ回答者の4月と5月を比べることで，回答時期によって得点が変化したか検討することができる。したがって，対応のあるデータでは，同じ回答者の2つの得点を必ず一対として横に並べた状態で入力する。

表9.1　4月と5月の大学生活不安得点

回答者 No.	4月	5月
1	22	12
2	29	24
3	34	30
4	36	37
5	16	20
6	33	27
7	45	41
8	22	15
9	32	26
10	15	14

　対応のあるデータで2つの平均値に差があるか判断する際に用いるのが，**対応のあるt検定**である。**表9.1**のデータをもとに，JASPで対応のあるt検定を

行うと，検定統計量，自由度，有意確率，効果量などの数値（**表9.2**）や各回
答時期の記述統計量（**表9.3**）が出力される。なお，JASPではさまざまな数
値が出力されるが，ここでは最低限確認しなければならない数値について言及
する。これ以降の各節でも同様である。

表9.2　対応のある *t* 検定

Measure 1		Measure 2	*t*	*df*	*p*	コーエン (Cohen) の *d*	SE コーエン (Cohen) の *d*	コーエン (Cohen) の *d* についての 95% CI	
								下	上
4 月	−	5 月	2.93	9	0.02	0.93	0.16	0.16	1.66

表9.3　4 月と 5 月の大学生活不安得点の記述統計量

	N	平均値	標準偏差	標準誤差	Coefficient of variation
4 月	10	28.40	9.51	3.01	0.33
5 月	10	24.60	9.69	3.06	0.39

　t 検定に限らず，統計的仮説検定をする際には**帰無仮説**とよばれる仮説を設
定する。帰無仮説は，その名称が示す通り「無に帰する」ことを目指す仮説で
あり，最終的に否定することを想定している。帰無仮説は「……ない」という
形の文章になる。この例では，「4 月と 5 月の大学生活不安の間に差はない」
が帰無仮説となる。帰無仮説は，実際の解析作業の際に文章として示したり，
論文やレポートに書いたりすることはない。しかし，統計的仮説検定を行う際
は帰無仮説を想定して行っていることを念頭においてほしい。

　それでは，**表9.2** に示された結果の数値を順にみていく。統計的仮説検定を
行うと，まず**検定統計量**という数値が算出される。検定統計量とは，そのとき
のデータから得られた平均差などの数値が，偶然によって得られたものか，何
らかの理由があって得られたものかを判断する材料となる数値である。*t* 検定
では *t* 値とよばれる数値が検定統計量である（**表9.2** の 2.93）。対応のある *t* 検
定では，個々の回答者の 2 回の得点の差をもとに *t* 値が算出される。

　また，統計的仮説検定では，検定統計量の他に自由度（*df*）が算出される。

自由度とは，「自由に変動できる値の数」という意味である。対応のある t 検定では，t 値を算出する際に，2回の得点差を回答者全員について求め，平均した値（**図9.2** の 3.80）を使用している。このとき，10人の回答者がいる場合，9人までは4月と5月の差がどのような値になってもよいが，残りの1人の差の値は，9人目までの値と全体の平均値（3.80）からおのずと決定されてしまう。ゆえに，自由に変動できるのは9人までであり，自由度は9となる（**表9.2**）。データ数を n で表すと，自由度は $df = n-1$ である。ただし，検定の種類によって自由度算出の前提となる規則が異なり，それに合わせて自由度の式も変わるため，どのような検定でも $df = n-1$ となるわけではない。

図9.2　自由度の考え方

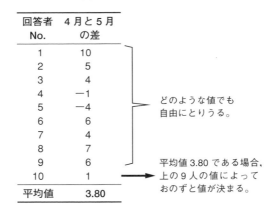

続いて，算出した t 値と自由度から**有意確率**（p）が導き出される。有意確率は，あらかじめ設定した帰無仮説のもとで，今回のような2つの得点の差が偶然得られる確率が何％であるかを表している。本節の例でいえば，「4月と5月の大学生活不安の間に差はない」という仮説のもとで，4月と5月の尺度得点の間に 3.80 という差が偶然生じる確率はどのくらいかということである。この確率が低い場合，2つの得点の差は偶然の要因ではなく別の要因によって生じたものであると判断できる。

　しかしながら，確率が「低い」と感じる程度は人によってさまざまである。

どの程度の確率であれば「低い」と判断してよいのだろうか。心理学をはじめ、多くの学術領域で基準とされているのは5％や1％である。算出された有意確率が5％未満、または1％未満であれば、統計的に有意な差があったと結論づける。**表 9.2** の結果をみると有意確率は 0.02、つまり2％であるから、5％よりも小さいことになる。「4月と5月の大学生活不安の間に差はない」という帰無仮説のもとで、今回のような平均値の差が偶然得られる確率は5％よりも低い。したがって、「4月と5月の大学生活不安の間に差はない」という帰無仮説は誤っているとみなして棄却する。すなわち、4月と5月の大学生活不安の間に統計的にみて意味のある差、「有意な」差があったと判断する。

t 検定によって判断できるのは2グループの平均値に統計的に有意な差があるかどうかである。4月と5月のどちらの平均値が高いか、すなわち大学生活不安が上昇したのか低下したのかを判断するには、4月と5月の平均値を確認しなければならない。**表 9.3** の4月、5月の平均値をみると、4月が 28.40、5月が 24.60 である。したがって、5月のほうが有意に大学生活不安が低いと結論づけることができる。

ただし、有意な差があることは必ずしも2つの平均値の間に大きな差があることを表すわけではない。検定統計量の値は差の大きさとデータ数の大きさの両方を反映している。検定統計量である t 値の絶対値が大きくなるほど有意確率は小さくなる。また、実質的には意味のないような小さな差であっても、データ数が多ければ t 値が大きくなり、有意確率が5％を下回るという性質がある。

これに対して、データ数の影響を除いて、差の大きさそのものを表す数値が効果量である。分析の結果を論文やレポートにまとめる際は、検定統計量、自由度、有意確率に加えて、効果量とその信頼区間を記すことが推奨される。

t 検定を行った場合、コーエンの d を使用することが多い。コーエンの d は2つの得点の差の平均値を差得点の標準偏差で割った値、言い換えれば差得点の平均値を標準化した値である。**表 9.2** のコーエンの d 値は、算出する際に分母が $n-1$ の標準偏差を使用しているが、分母が n の標準偏差を使用する場合もあるため注意が必要である。

コーエン（Cohen, 1988）は 0.20 程度を小さな効果量，0.50 程度を中程度の効果量，0.80 程度を大きな効果量とする解釈の目安を提示している。**表 9.2** の**コーエンの d** は 0.93 であるから，4 月と 5 月の大学生活不安には大きな差があると解釈できる。さらに，95 ％信頼区間（**表 9.2** の 0.16，1.66）が 0 を含んでいないため，4 月と 5 月には 5 ％水準で有意な差があると考えられる。ただし，コーエン（1988）が提示した大きさの目安はあくまでも参考ととらえたほうがよい。効果量の大きさについては，先行研究などをふまえて解釈することが求められる。また，**表 9.2** の信頼区間はかなりの幅がある。これはデータ数が 10 人分と少ないためであり，効果量の値について相当の誤差を見込まなければならないことがわかる。

9.1.2　対応のない t 検定

対応のないデータは，**独立したデータ**ともよばれており，2 つの別のグループの回答者から得られたデータを指す。たとえば，文系学部の学生と理系学部の学生に大学生活不安尺度に回答してもらい，文系と理系で平均値を比較するような場合である（**表 9.4**）。対応のあるデータでは，一人ひとりの回答者の 2 回の回答を必ず一対のものとして扱わなければならなかった。しかし対応のないデータでは，データを対にする必要はない。

表 9.1 では同じ回答者が回答していたため 4 月と 5 月のデータは横に並んでいたが，**表 9.4** では 1 人の回答者が回答したのは 1 回のみであるため，大学生活不安得点が入力される列は 1 列だけである。また，新たに回答者の所属学部が入力された列が加わっている。

対応のないデータで，2 つの平均値に差があるか判断する際に用いるのが，**対応のない t 検定**である。JASP で**表 9.4** のデータをもとに対応のない t 検定を実行すると，検定統計量，自由度，有意確率，効果量などの数値（**表 9.5**），等分散性の検定の結果（**表 9.6**），各グループの記述統計量（**表 9.7**）が出力される。

表 9.5 で対応のない t 検定の結果を確認する前に，**表 9.6** をみる。**表 9.6** には F 値とその有意確率が記載されている。これらは**等分散性の検定**といわれ

表 9.4 文系と理系の大学生活不安得点

回答者 No.	学部	大学生活 不安
1	1	27
2	1	15
3	1	42
4	1	37
5	1	19
6	2	30
7	2	41
8	2	25
9	2	32
10	2	25

注）学部の数値は 1：文系，2：
理系を表す。

表 9.5 対応のない t 検定

	検定	統計量	df	p	コーエン (Cohen) の d	SE コーエン (Cohen) の d	コーエン (Cohen) の d についての 95% CI	
							下	上
大学生活不安	Student	− 0.44	8	0.67	− 0.28	0.64	− 1.52	0.98
	Welch	− 0.44	6.37	0.68	− 0.28	0.64	− 1.52	0.98

表 9.6 等分散性の検定

	F	df₁	df₂	p
大学生活不安	2.41	1	8	0.16

表 9.7 文系と理系の大学生活不安得点の記述統計量

	群	N	平均値	標準偏差	標準誤差	Coefficient of variation
大学生活不安	文系	5	28.00	11.49	5.14	0.41
	理系	5	30.60	6.58	2.94	0.22

る検定の結果を示している。対応のない t 検定は，2 グループのデータの分散
によって，さらに 2 通りの方法に分類される。**分散**とはデータの散らばり具合
の指標であり，分散が大きいとデータが広い範囲に散らばっていることを，分
散が小さいとデータが狭い範囲に集中していることを表す。2 グループの分散
が等しい場合は等分散を仮定した t 検定を，分散が等しくない場合には等分散

を仮定しない t 検定を使用する。このとき事前に 2 グループの分散が等しいか
どうかを検定するのが等分散性の検定である。

　等分散性の検定も統計的仮説検定の一種であるから，帰無仮説が設定される。
帰無仮説は「2 グループの分散に差はない」である。等分散性の検定では，2
グループの分散の比を算出して検定統計量 F 値としている。F 値と 2 グループ
それぞれの自由度をもとに有意確率が導き出される。有意確率が 5 ％を超えた
場合は，2 グループの分散に有意な差がない（分散が等しい）と判断できるた
め，等分散を仮定した t 検定を行う。有意確率が 5 ％未満だった場合は，2 グ
ループの分散に有意な差があると判断できるため，等分散を仮定しない t 検定
を行う。

　JASP の結果の出力では，**表 9.5** のように，等分散を仮定した t 検定（上段
の Student），等分散を仮定しない t 検定（下段の Welch）の 2 通りの結果が出
力できる。等分散性の検定の結果に応じて，2 種類の t 検定の結果のいずれか
をみればよい。**表 9.6** をみると，F 値の有意確率は 0.16 であり，5 ％よりも大
きい。これは，2 つのグループの分散に差がない，すなわち等分散であること
を示している。したがって，この例では**表 9.5** の上段にあるスチューデントの
t 検定の結果をみる。

　次に，等分散を仮定した対応のない t 検定について説明する。この場合の帰
無仮説は「文系と理系の大学生活不安に差はない」である。対応のある t 検定
と同様に統計量 t 値が算出されている（**表 9.5** 上段の -0.44）。一人ひとりの回
答者の 2 回の得点差に焦点をあてた対応のある t 検定とは異なり，対応のな
い t 検定で着目すべきことは文系全体と理系全体の差である。そのため対応のな
い t 検定の t 値は，2 グループの平均値（**表 9.7** の 28.00 と 30.60）の差をもと
に算出されている。同じ t 値であっても，対応のある t 検定とは算出方法が異
なっている。また，2 グループそれぞれの平均値にもとづいているため，自由
度は $df = (n_1 - 1) + (n_2 - 1) = n_1 + n_2 - 2$（$n_1$，$n_2$ は各グループのデータ数）となる
（**表 9.5** 上段の 8）。算出した t 値と自由度から有意確率を求め，文系と理系の
大学生活不安得点に有意な差があったかを判断する。有意確率が 5 ％未満，ま
たは 1 ％未満であれば，文系と理系との間に有意な差があったといってよい。

表 9.5 上段の例では，t 値の有意確率は 0.67 であり，5 ％よりも大きい。文系の平均値は 28.00，理系の平均値は 30.60 であり，この程度の差であれば偶然の要因によって生じる確率が高いということである。このような場合には，帰無仮説が採択され，「文系と理系の大学生活不安に差はない」と結論づけられる。

　等分散性の検定結果である F 値の有意確率が 5 ％未満で，2 グループの分散に差があると判断された場合は，**表 9.5** 下段にあるウェルチの t 検定の数値をみればよい。等分散を仮定しない t 検定の代表的な方法であるウェルチの t 検定では，等分散を仮定したスチューデントの t 検定とやや異なる式によって t 値や自由度が求められる。しかし，帰無仮説や結果の解釈の仕方は等分散を仮定した t 検定と同様である。

　対応のない t 検定においても効果量を算出することができる。**表 9.5** にはコーエンの d（-0.28）と 95 ％信頼区間（-1.52，0.98）が記載されている。対応のない t 検定の場合のコーエンの d は 2 グループの平均値の差をプールした標準偏差で割った値である。ここでいうプールした標準偏差とは 2 グループの平均的な標準偏差である。**表 9.5** のコーエンの d の絶対値は 0.28 であり，コーエン（1988）の効果量の大きさの目安をふまえれば，文系と理系の大学生活不安には小さな差しかないと解釈できる。95 ％信頼区間が 0 を含むことからも，5 ％水準で有意な差があるとはいえないことがわかる。

　なお，**表 9.5** でコーエンの d とよんでいる値は，標準化の際に $n-1$ を分母とした標準偏差を使用しているが，n を分母とした標準偏差を使用した値をコーエンの d，$n-1$ を分母とした標準偏差を使用した値をヘッジズの g とよぶ場合もある。統計ソフトを使用して効果量を算出した場合は，算出式を確認した上で，どの値を論文やレポートに記載するか選択する必要がある。

　ここまでに紹介した t 検定の手法を**図 9.3** に整理する。まず，2 つの平均値が同じ回答者から得られたものかどうか，すなわち対応のあるデータか否かによって t 検定の手法は大きく 2 つに分けられる。対応のあるデータから得られた平均値である場合は対応のある t 検定を実施する。対応のないデータから得られた平均値である場合は，等分散性の検定の結果をふまえ，等分散であれば

等分散を仮定したt検定を，等分散でなければ等分散を仮定しないt検定を実施する。

図9.3　t検定の分類

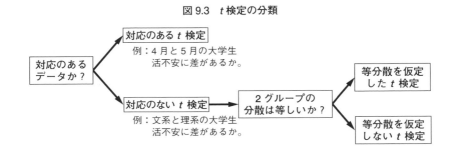

9.1.3　分散分析

分散分析は，3つ以上の平均値の差を検定する方法である。文系学部と理系学部のように，2グループの平均値の差を検定する場合はt検定を使用した。さらに学部を細かく分類し，文学部，理学部，工学部のように，3グループ以上の平均値の差を検定する場合に分散分析が用いられる。

分散分析では独特の用語が用いられる。平均値の高低に影響を与える事象を**要因**とよび，その要因内のカテゴリーを**水準**とよぶ。文学部，理学部，工学部の差を検討する場合，「学部」が1つの要因であり，学部に3つのカテゴリーがあるため水準数は3となる。すなわち，1要因3水準の参加者間分散分析ということになる。要因の数は1要因だけでなく，2要因，3要因と増やしていくことが可能である。仮に，3学部の学生が4月と5月の2回の調査に回答した場合，学部の他に回答時期の要因が加わるため，学部（3水準）と回答時期（2水準）の3×2の2要因分散分析となる。

また，t検定で対応のあるデータとよんでいたデータを**参加者内データ**や**反復測定データ**とよび，対応のないデータとよんでいたデータを**参加者間データ**とよぶ。分散分析の各要因は，参加者間要因または参加者内要因のいずれかに該当する。どちらのデータを使用したかによって，**参加者間分散分析**または**参加者内分散分析**という。学部と回答時期の例では，2つある要因のうち学部が

参加者間要因，回答時期が参加者内要因であるため，参加者内と参加者間の要因の両方が含まれているという意味で**2要因混合計画の分散分析**とよばれる。要因数やそれぞれの要因の水準数，参加者間・参加者内の別があるため，さまざまな組合せの分散分析が無数に存在する。

それでは，分散分析がどのように行われるかを説明する。例として，3つの学部で数学苦手意識に差があるかを検討する，1要因参加者間分散分析について考えてみよう。今，文学部，理学部，工学部の各学部5人，合計15人の学生が数学苦手意識尺度に回答し，その回答をもとに数学苦手意識得点を算出したとする（**表9.8**）。この場合の帰無仮説は，「学部による数学苦手意識の差はない」である。

表 9.8　文学部・理学部・工学部の数学苦手意識得点

回答者 No.	学部	数学 苦手意識
1	1	28
2	1	25
3	1	16
4	1	21
5	1	10
6	2	2
7	2	14
8	2	6
9	2	18
10	2	6
11	3	4
12	3	5
13	3	14
14	3	7
15	3	13

注）学部の数値は1：文学部，2：
理学部，3：工学部を表す。

JASPで**表9.8**のデータをもとに1要因参加者間分散分析を行うと，分散分析の結果（**表9.9**），各グループの記述統計量（**表9.10**），等分散性の検定の結果（**表9.11**）が出力される。ここでは，出力される数値がどのような過程を経て算出されているかを説明する。

　参加者間分散分析でも，対応のない t 検定と同様に等分散性の検定が行われる。表9.11では有意確率が 0.55 であり 5 ％を上回るため，各グループの分散は等しいと判断できる。この段階で等分散ではないことが確認された場合は，分散分析ではなく，クラスカル゠ウォリス検定などのノンパラメトリック検定とよばれる検定を使用したほうがよい。

　回答者の数学苦手意識得点は，15 人それぞれで異なった値になっている。分散分析では，この得点の違いには，所属する学部によって生じた部分と個人の要因によって生じた部分があると考える（表9.12）。個人の要因とは，各個人が所属学部とは関係なくもともともっていた苦手意識の程度や，回答時の気分などの要因である。

　表9.12（1）の各セルの数値は，一人ひとりの回答者の得点が，全体の平均値からどの程度変動しているか（全変動）を示している。この例の場合，回答者 15 人全体の数学苦手意識の平均値は 12.60 である。表9.12（1）には，一人ひとりの回答者の得点から 12.60 を引いた値が示されている。表9.12（1）の各セルには＋と－の値が混在しているため，2 乗して表9.12（4）のようにする。表9.12（4）の 15 セルの値をすべて合計すると 875.60 となり，全平方和とよばれる値になる。自由度は $df = 15 - 1 = 14$ である。

　表9.12（2）の各セルの数値は，所属学部の平均値から 15 人全体の平均値を引いた値である。同学部の 5 人の数値がすべて同じ値になっていることがわかる。この数値は，その学部に所属していることで，数学苦手意識得点が全体の平均値からどの程度変動するか（群間変動）を表している。表9.12（2）の各セルの数値を 2 乗して表9.12（5）のようにする。表9.12（5）の 15 セルの値をすべて合計すると群間平方和とよばれる値になる（表9.9 の 411.60）。群間平方和は，学部による数学苦手意識得点への影響力の大きさを表す。群間平方和は，個人の得点ではなく，各学部の平均値と全体の平均との差から算出しているため，自由度は $df = 3 - 1 = 2$ となる。群間平方和はそのまま使用せず，自由度で割って平均平方という値にする（表9.9 の 205.80）。

　表9.12（3）の各セルの数値は，一人ひとりの回答者の得点から所属学部の平均値を引いた値である。（2）とは異なり，（3）の値は個人によってまちまち

表 9.9 1 要因参加者間分散分析の結果

ケース	平方和	df	平均平方	F	p	η^2
学部	411.60	2	205.80	5.32	0.02	0.47
Residuals	464.00	12	38.67			

表 9.10 文学部・理学部・工学部の数学苦手意識得点の記述統計量

学部	N	平均値	標準偏差	標準誤差	Coefficient of Variation
文学部	5	20.00	7.18	3.21	0.36
理学部	5	9.20	6.57	2.94	0.71
工学部	5	8.60	4.62	2.06	0.54

表 9.11 等分散性の検定

F	df_1	df_2	p
0.63	2	12	0.55

表 9.12 群間平方和と群内平方和の考え方

(1) 全変動
個人の得点－全体の平均

	文学部	理学部	工学部
1	15.40	−10.60	−8.60
2	12.40	1.40	−7.60
3	3.40	−6.60	1.40
4	8.40	5.40	−5.60
5	−2.60	−6.60	0.40

=

(2) 群間変動
グループの平均－全体の平均

	文学部	理学部	工学部
1	7.40	−3.40	−4.00
2	7.40	−3.40	−4.00
3	7.40	−3.40	−4.00
4	7.40	−3.40	−4.00
5	7.40	−3.40	−4.00

+

(3) 群内変動
個人の得点－グループの平均

	文学部	理学部	工学部
1	8.00	−7.20	−4.60
2	5.00	4.80	−3.60
3	−4.00	−3.20	5.40
4	1.00	8.80	−1.60
5	−10.00	−3.20	4.40

(4)
全変動の各セルを 2 乗した値

	文学部	理学部	工学部
1	237.16	112.36	73.96
2	153.76	1.96	57.76
3	11.56	43.56	1.96
4	70.56	29.16	31.36
5	6.76	43.56	0.16

(5)
群間変動の各セルを 2 乗した値

	文学部	理学部	工学部
1	54.76	11.56	16.00
2	54.76	11.56	16.00
3	54.76	11.56	16.00
4	54.76	11.56	16.00
5	54.76	11.56	16.00

(6)
群内変動の各セルを 2 乗した値

	文学部	理学部	工学部
1	64.00	51.84	21.16
2	25.00	23.04	12.96
3	16.00	10.24	29.16
4	1.00	77.44	2.56
5	100.00	10.24	19.36

である。それは，(3) の値が 15 人の回答者それぞれの要因によって，数学苦手意識得点が学部の平均値からどの程度変動するか（群内変動）を表しているためである。(3) の各セルの値を 2 乗して (6) のようにする。(6) の 15 セル

の値をすべて合計した値が群内平方和とよばれる値である（**表9.9**の464.00）。
群内平方和は，回答者個人がもともともっていた傾向や回答時の状況，つまり
偶然の要因による得点への影響力の大きさを表す。群内平方和は3学部それぞ
れの中で算出されるため，自由度は$df=(5-1)\times 3=12$である。群内平方和に
ついても，自由度で割った平均平方を算出する（**表9.9**の38.67）。

　2乗する前の**表9.12**（2）と（3）の各セルの値を加算すると，（1）の各セル
の値に等しくなる。これは，一人ひとりの回答者の得点の変動が，所属学部に
よる部分と各個人の要因による部分で構成されていることを示している。また，
表9.9の群間平方和（411.60）と群内平方和（464.00）を合計すると全平方和
（875.60）となる。

　続いて，群間の平均平方を群内の平均平方で割り，検定統計量であるF値
が算出される（**表9.9**の5.32）。F値と群間と群内の自由度をもとに有意確率
が導き出される。有意確率が5％未満であれば，群間の要因の影響力が偶然の
要因の影響力よりも有意に大きいと判断される。**表9.9**をみると，F値の有意
確率は0.02で5％よりも小さい。したがって，「学部による数学苦手意識の差
はない」という帰無仮説は棄却され，学部によって数学苦手意識が異なると結
論づけられる。

　このように学部の違いによって有意に数学苦手意識が異なることを，分散分
析では「学部の有意な**主効果**があった」という。偶然の要因の影響力よりも，
学部の影響力のほうが大きいということである。分散分析は，各要因の主効果
が偶然の要因の効果よりも統計的に大きいことを確認するための方法なのであ
る。

　分散分析でも効果量が算出される。**表9.9**には，効果量としてη^2が記載さ
れている。η^2は群間平方和を全平方和で割った値であり，全平方和に占める
群間平方和の割合を表す。全分散のうちのどれだけを群（学部）の違いによっ
て説明できるかという分散説明率を表す値である。η^2は母集団の効果量より
も大きな値になりやすいため，そのバイアスを補正したε^2やω^2とよばれる
値が用いられることもある。本項では1要因参加者間分散分析を取り上げてい
るが，参加者内分散分析や2要因以上の分散分析の場合，ある要因の群間平方

和をその要因の群間平方和＋群内平方和で割った値である偏 η^2 が使用される
ことも多い。

η^2 についてもコーエン（1988）が大きさの目安を提示している。それによ
れば，$\eta^2 = 0.01$ が小さい効果，$\eta^2 = 0.06$ が中程度の効果，$\eta^2 = 0.14$ 以上が大
きい効果となる。**表9.9** では，η^2 が 0.47 であることから，学部によって数学
苦手意識に大きな差があるといえる。

3 グループ以上の平均値について検討する場合，主効果が有意であることが
わかったら，どの水準とどの水準との間に差があるのか明らかにするために**多
重比較**を行う。JASP では分散分析を行う際に，あわせて多重比較も実施する
よう指定すれば，分散分析の結果とともに多重比較の結果が出力される。多重
比較にはさまざまな手法があるが，**表9.13** に示したのは**テューキーの HSD
法**とよばれる手法による結果である。

表9.13　多重比較

		平均値差	標準誤差	t	コーエン（Cohen）の d	$p_{テューキー}$
文学部	理学部	10.80	3.93	2.75	1.74	0.04
	工学部	11.40	3.93	2.90	1.83	0.03
理学部	工学部	0.60	3.93	0.15	0.10	0.99

有意確率（$p_{テューキー}$）の列をみると，文学部と理学部（0.04），文学部と工学
部（0.03）は 5 ％を下回っているが，理学部と工学部（0.99）は 5 ％を超えた
値となっている。したがって，この例では，文学部と理学部，文学部と工学部
の数学苦手意識得点には 5 ％水準で有意な差があるが，理学部と工学部の差は
有意ではない。平均値差の列には，各学部の平均値（**表9.10**）をもとに算出
された学部間の平均値差の値が記載されている。文学部の平均値から理学部の
平均値を引いた値（**表9.13** の 10.80）と文学部の平均値から工学部の平均値を
引いた値（**表9.13** の 11.40）は，どちらも正の値になっていることから，文学
部が他の 2 学部よりも数学苦手意識得点が有意に高いと結論づけることができ
る。**表9.13** のコーエンの d をみても，文学部と理学部の d は 1.74，文学部と
工学部の d は 1.83 で大きな差があるのに対して，理学部と工学部の d は 0.10

と小さな差しかないことがわかる。

　上記の例では学部という 1 要因の影響力を検討した。2 要因以上になるとそれぞれの要因の主効果だけでなく，**交互作用**（交互作用効果）も検討する必要がある。交互作用とは，ある要因と別の要因を組み合わせたときに生じる効果を表す。たとえば，ある学部では 4 月より 5 月の数学苦手意識が低いが別の学部では変化しない場合などは，学部と回答時期の交互作用があると考えられる。

　交互作用が有意であった場合は**単純主効果検定**を行う。単純主効果検定では，ある要因の各水準における別の要因の効果を検討する。たとえば，「4 月における理学部の数学苦手意識が他の 2 学部よりも低いが，5 月は学部間に差はない」というように，各回答時期における学部の効果を明らかにすることができる。

9.2　相関分析

　心理調査には，複数の変数間にどのような関係があるか明らかにすることを目的として行われるものがある。調査対象者に複数の尺度への回答を求め，それらの尺度得点の間の関係を検討するような場合である。

　本節では，複数の変数間の関係を図示する方法と相関係数という数値によって示す方法を説明する。それらに加えて，一方の変数からもう一方の変数の値を予測する式を求める回帰分析について述べる。

9.2.1　散布図の作成

　2 つの尺度得点が得られたら，まずはそれらの変数間の関係を**散布図**によって図示するとよい。散布図とは，x と y の 2 変数の得点を用いて 1 人分の回答を 1 つの点としてプロットした図のことである。散布図をみることによって，2 変数の関係性を視覚的にとらえることができる。

　ここでは例として，数学苦手意識と数学の授業満足度を使って散布図を作成してみよう。10 人の学生に数学苦手意識尺度と授業満足度尺度に回答してもらい，2 種類の尺度得点を算出する（**表 9.14**）。数学苦手意識を x 軸に，授業

満足度をy軸にプロットすると**図9.4**のようになる。JASPでも，**表9.14**の数学苦手意識と授業満足度をもとに散布図を作成することができる。

表9.14 数学苦手意識得点と授業満足度得点

回答者 No.	数学苦手 意識	授業 満足度
1	28	27
2	25	33
3	16	59
4	21	41
5	10	81
6	2	89
7	14	64
8	6	79
9	18	70
10	6	88

図9.4 数学苦手意識得点と授業満足度得点の散布図

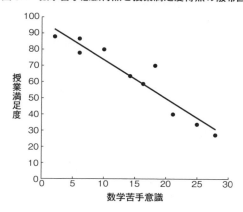

　図 9.4 をみると全体に右下がりの図になっていることがみてとれる。この散布図から推測できるのは，数学苦手意識が高まるほど，授業満足度が低くなるという関係があるのではないか，ということである。

9.2.2　相関係数の算出

　散布図は2つの変数の関係を視覚的に把握でき，データの様子を理解する上で役立つ方法であるが，心理学の学術論文などに記載することはあまりない。視覚的な判断は，往々にして判断する個人の主観の影響をうけ，見る人によって解釈が変わる可能性があるためである。**図 9.4** はプロットされた点が直線に近い形になっているが，プロットした点がはっきりとした関係をよみとれない形に散らばることも多い。また，その都度散布図を掲載していては，スペースも大幅に必要になる。

　図に示されていた2つの変数の関係性を，1つの客観的な数値で表すことができれば，さらに効率的に結果を表現することができるだろう。このとき利用されるのが相関係数 r である。**相関係数**とは，2つの変数間の関係を -1 から $+1$ の数値に表したものである。相関係数にはさまざまな種類があるが，もっとも多く使われているのが**ピアソンの積率相関係数**である。一般に相関係数といった場合，ピアソンの積率相関係数を指している。

　算出された相関係数は $+$ または $-$ の値になる。正（$+$）の値であれば，片方の変数の値が高くなるほどもう片方の変数の値も高くなる「正の相関関係」であることを意味する。負（$-$）の値であれば，片方の変数の値が高くなるほどもう片方の変数の値が低くなる「負の相関関係」であることを意味する。-1 または $+1$ に近いほど関係性が強く，0 に近づくほど関係性が弱い。$r=0$ であれば，2つの変数の間にまったく関係がない無相関の状態を表す。仮に相関係数が -1 や $+1$ となる2変数で散布図を作成した場合，プロットされた点が右下がりまたは右上がりの一直線上に並ぶ。

　t 検定や分散分析では，標本の大きさに左右されない差の大きさや分散説明率を表す効果量を記述することが推奨されていた。相関係数もまた効果量の一種である。相関係数は標本の大きさや変数の単位に関わらず，2つの変数の関

連の強さを-1から+1で表す。

　JASPで，**表 9.14** の数学苦手意識と授業満足度から相関係数を算出すると，**表 9.15** のような結果が出力される。**表 9.15** をみると，数学苦手意識と授業満足度の相関係数は $r = -0.95$ である。これは負の値であるから，数学苦手意識が高いほど授業満足度が低いことを表している。また，この値は-1に近い値であり，強い負の相関であるといえる。なお，同一の変数間で相関係数を算出しても意味がないため，縦の数学苦手意識と横の数学苦手意識がぶつかるセル，縦の授業満足度と横の授業満足度がぶつかるセルにはダッシュ記号が記されている。右上の数学苦手意識と授業満足度がぶつかるセルには何も記載されていない。これは左下のセルと同じ値になるためである。相関係数は，2つの変数の相互の関係を示しているため，どちらの変数からみても同じ値になるのである。

表 9.15　数学苦手意識得点と授業満足度得点の相関係数

Variable		数学苦手意識	授業満足度
1. 数学苦手意識	ピアソンの r	—	
	p 値	—	
2. 授業満足度	ピアソンの r	-0.95	—
	p 値	1.82×10^{-5}	—

9.2.3　相関係数の有意性検定

　表 9.15 の相関係数の下には，有意確率が記されている。すでに述べた通り，相関係数は-1から+1の間のいずれかの値になる。相関係数が0に近いほど，2つの変数間の関係は弱くなっていき，0で完全に関係がなくなる。**表 9.15** の有意確率は，算出された相関係数が統計的に意味のある強さであるか，その有意性検定の結果を示している。

　相関係数の有意性の検定には，9.1節で取り上げた t 検定が利用されている。無相関である $r = 0$ とそのときに算出された相関係数（**表 9.15** の場合は $r = -0.95$）との間に，有意な差があるかを検定するのである。t 検定の式を応用した式を利用して算出された t 値と自由度 $df = n - 2$ から有意確率が導き出さ

れる。有意確率が 5 ％未満のとき，$r = 0$ とその相関係数の間に有意な差があるとみなされ，その相関は有意な正の相関または有意な負の相関であると結論づけられる。JASP の出力では，有意確率のみが示されており，t 値や自由度が記載されることはない。**表 9.15** の例では，有意確率は 1.82×10^{-5} であるから，数学苦手意識と授業満足度との間に 0.1 ％水準で有意な正の相関があるといえる。

　以上のように，相関係数を使用する場合は有意な相関であるかを確認することが必要である。しかし，有意性だけでなく，散布図や相関係数の値そのものにも目を向けたほうがよい。なぜなら，相関係数が有意な値になるかどうかはデータ数によるところが大きく，データ数が多いと相関係数の値が 0 に近い場合であっても，検定では有意な結果となることがあるからである。有意であったからといって，「x が高いほど y も高くなる」などと安易に断定するのではなく，相関係数そのものの大きさや散布図を描いた場合のデータの散らばり方をふまえて慎重に考察することが求められる。コーエン（1988）は，$r = 0.10$ を小さな効果，$r = 0.30$ を中程度の効果，$r = 0.50$ を大きな効果とする目安を示している。**表 9.15** の $r = -0.95$ という相関係数の値はかなり強い関係を示していると解釈できる。

　さらに，相関係数の解釈の際に注意しなければならない点は，2 変数に相関関係があるからといって必ずしも因果関係があるとは限らないことである。数学苦手意識と授業満足度の有意な負の相関を示しても，数学苦手意識が原因で授業満足度が低くなることを証明したことにはならない。原因と結果が逆である可能性も考えられるし，数学苦手意識と授業満足度に関わる第 3 の変数があるかもしれない。相関係数からいえるのは，片方の変数が変化すればもう片方の変数も変化するという関係，つまり 2 変数の間に共変関係があるということのみである。因果関係を証明するには，ある変数がある変数の原因となる論理的な必然性や時間的先行性についても検討しなければならない。

9.3　回帰分析

9.3.1　単回帰分析

　2つの変数の関係性を検討するもう一つの方法が**回帰分析**である。回帰分析では，**回帰直線**とよばれる以下に示すような直線の式（回帰式）を作ることで，2変数間の関係を表す。予測する側の変数（x）を**説明変数**，予測される側の変数（y）を基準変数や**目的変数**（JASPでは**従属変数**）とよぶ。yに＾（ハット）がついているのは，実際に測定された値ではなく，xから予測された推定値であるためである。

$$\hat{y} = a + b\,x$$

　上記の式の係数aとbに入る値を算出し，xとyの1次方程式を作る。このxとyの回帰式によって，xの値からyの推定値を導き出すことができる。aは1次方程式の切片であり，xの値が0であるときのyの推定値を表す。一方，bは1次方程式の傾きであり，xの値が1増加したときのyの変化量を表す。

　説明変数（x）を数学苦手意識，基準変数（y）を授業満足度とした場合を考えてみよう。JASPで回帰分析を行うとさまざまな値が出力される。**表9.16**にはH_0とH_1の2種類のモデルの結果が示されている。H_0は説明変数を設定しないモデルの結果であるため，H_1を確認する。まず，**決定係数**（R^2）を確認する。決定係数は，重回帰分析で投入した説明変数を含むモデルによって，基準変数がどの程度予測されるかという説明率を表す指標である。とり得る値の範囲は0〜1であり，値が大きいほど予測される割合が大きいことを示す。決定係数もまた，相関係数と同様に効果量として使用できる指標である。**表9.16**をみると決定係数は0.91で，かなり大きな値である。この決定係数の有意性は，分散分析によって検定される。**表9.17**をみると分散分析の有意確率の値は1.82×10^{-5}であり，0.1％水準で有意な説明率であることがわかる。

　係数aとbの値が示されているのは，**表9.18**の「非標準化」と表記された列である。モデルH_1の「（intercept）」の値が切片であるaの数値（99.70），「数学苦手意識」の値が数学苦手意識の係数であるbの数値（-2.51）である。

表 9.16　モデルの概要

モデル	R	R^2	調整済みR^2	RMSE
H_0	0.00	0.00	0.00	22.67
H_1	0.95	0.91	0.90	7.19

表 9.17　分散分析

モデル		平方和	df	平均平方	F	p
H_1	回帰	4213.03	1	4213.03	81.44	1.82×10^{-5}
	残差	413.87	8	51.73		
	合計	4626.90	9			

表 9.18　係数

モデル		非標準化	標準誤差	標準化	t	p
H_0	(Intercept)	63.10	7.17		8.80	1.03×10^{-5}
H_1	(Intercept)	99.70	4.65		21.44	2.36×10^{-8}
	数学苦手意識	-2.51	0.28	-0.95	-9.02	1.82×10^{-5}

したがって，回帰式は以下のようになる。

$$\hat{y} = 99.70 - 2.51\,x$$

b の値が -2.51 であるから，数学苦手意識が 1 点上昇すると授業満足度が 2.51 点低くなることを示している。x に何らかの値を代入すれば，そのときの y の推定値を算出できる。

図 9.4 の散布図上には回帰直線も示されている。JASP では散布図を作成すると回帰直線も含めた図が出力される。

9.3.2　重回帰分析

前項で紹介した説明変数（x）が 1 つの場合の回帰分析を**単回帰分析**という。説明変数はいつも 1 つだけとは限らず，研究によっては複数存在することもあるだろう。たとえば，授業満足度（y）に関連する要因は数学苦手意識（x_1）だけとは考えにくい。他にも，卒業後に上位の学校に進学する意図があるか

（進学意図：x_2），数学をどの程度必要だと思っているか（必要性認知：x_3）といった複数の変数によって授業満足度を予測する場合も考えられる。このような場合に行われるのが，複数の変数を説明変数として投入する**重回帰分析**である。重回帰分析では，各変数について係数 b に該当する数値を求め，どの説明変数が基準変数をより強く予測しているのかが検討される。

表 9.19 は，**表 9.14** に進学意図，必要性認知の 2 つの変数を書き加えたものである。JASP で，授業満足度を基準変数（y），数学苦手意識（x_1），進学意図（x_2），必要性認知（x_3）を説明変数とした重回帰分析を実施すると，**表 9.20**，**表 9.21**，**表 9.22** のような結果となる。

表 9.19　授業満足度得点と関連する 3 つの変数の得点

回答者 No.	数学苦手意識	進学意図	必要性認知	授業満足度
1	28	2	2	27
2	25	3	1	33
3	16	5	3	59
4	21	4	2	41
5	10	7	7	81
6	2	7	6	89
7	14	5	2	64
8	6	6	4	79
9	18	4	6	70
10	6	3	7	88

注）進学意図は得点が高いほど上位の学校に進学する
　　意思があることを，必要性認知は得点が高いほど
　　数学が今後の生活に必要だと思っていることを表
　　す。

表 9.20　モデルの概要

モデル	R	R^2	調整済みR^2	RMSE
H_0	0.00	0.00	0.00	22.67
H_1	0.98	0.97	0.95	4.81

表 9.21　分 散 分 析

モデル		平方和	df	平均平方	F	p
H_1	回帰	4487.91	3	1495.97	64.58	5.86×10^{-5}
	残差	138.99	6	23.17		
	合計	4626.90	9			

表 9.22　係　　数

モデル		非標準化	標準誤差	標準化	t	p
H_0	(Intercept)	63.10	7.17		8.80	1.03×10^{-5}
H_1	(Intercept)	73.78	12.72		5.80	0.00
	数学苦手意識	−1.79	0.35	−0.68	−5.09	0.00
	数学必要性認知	3.47	1.01	0.35	3.43	0.01
	進学意図	0.34	1.38	0.03	0.25	0.81

　単回帰分析の場合と同様に，**表 9.20** のモデル H_1 の決定係数を確認すると 0.97 である。**表 9.21** の有意確率の値は 5.86×10^{-5} であるから，0.1 ％水準で有意な説明率である。

　次に，それぞれの説明変数の影響の大きさを表す指標である**標準偏回帰係数**（β）を確認する。重回帰分析では，投入する説明変数の単位がすべて一致しているとは限らない。たとえば，**表 9.19** では，数学苦手意識は 30 点満点であるが，必要性認知は 7 段階評定である。単位の異なる複数の変数の予測力の大きさを統一した基準で比較できるように，重回帰分析では各変数の係数 b を標準化した標準偏回帰係数を算出する。**表 9.22** の「標準化」の列に記載された数値が標準偏回帰係数である。標準偏回帰係数の有意性は t 検定によって検定される。**表 9.22** では，数学苦手意識の標準偏回帰係数が −0.68 で t 値の有意確率が 0.00 であり，必要性認知の標準偏回帰係数が 0.35 で t 値の有意確率が 0.01 である。一方，進学意図の標準偏回帰係数に関する t 値の有意確率は 0.81 であり，5 ％を超えている。したがって，この例からは，授業満足度を有意に予測するのは数学苦手意識と必要性認知であることがわかる。数学苦手意識が低く必要性認知が高いほど，授業満足度が高くなる。また，数学苦手意識と必要性認知の標準偏回帰係数の絶対値を比較すると，数学苦手意識の予測力が大きい。進学意図は授業満足度を有意に予測しない。

重回帰分析を応用した手法として**パス解析**があげられる。パス解析では，変数をいくつかの水準に分割して，重回帰分析を実施する。この際，変数間に因果関係を仮定し，説明変数を原因，基準変数を結果とみなして分析を行う。先の例の授業満足度が，授業が終わった学期末の試験終了後に測定されたとする。そういった状況では，試験の成績（試験成績）も授業満足度を予測すると考えられる。また，数学苦手意識や進学意図，必要性認知などの変数は，試験成績を予測するだろう。**表9.23**は，**表9.19**に試験成績の結果を加えたものである。

表9.23 授業満足度得点と関連する4つの変数の得点

回答者 No.	数学苦手 意識	進学意図	必要性 認知	試験成績	授業 満足度
1	28	2	2	15	27
2	25	3	1	25	33
3	16	5	3	54	59
4	21	4	2	32	41
5	10	7	7	86	81
6	2	7	6	92	89
7	14	5	2	75	64
8	6	6	4	80	79
9	18	4	6	56	70
10	6	3	7	66	88

　パス解析では**パス図**とよばれるモデル図が作成される。この場合，パス解析のモデルは3水準になる（**図9.5**）。第1水準は，授業を受ける以前から個人がもっていると考えられる数学苦手意識，進学意図，必要性認知である。第2水準は，授業終了後に測定される試験成績である。第3水準は，試験終了後に測定される授業満足度である。

　このモデルを検証するためには，2回の重回帰分析を実施する。試験成績を基準変数，数学苦手意識，進学意図，必要性認知を説明変数とした分析と，授業満足度を基準変数，数学苦手意識，進学意図，必要性認知，試験成績を説明変数とした分析である。2回の重回帰分析の結果得られた決定係数の値と標準偏回帰係数の値が，パス図とよばれる**図9.5**のような図に記載される。

図9.5　数学の授業満足度への試験成績および個人要因の影響を示すパス図

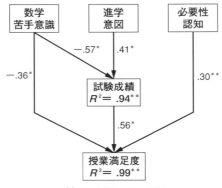

注）*p<.05，**p<.01

　パス図内の矢印はパスとよばれ，各説明変数が基準変数を予測することを表している。標準偏回帰係数が矢印に付記される。また，各基準変数に決定係数の値を付記する。**図9.5**の例では，数学苦手意識から試験成績に負のパス，進学意図から試験成績に正のパスがみられる。さらに，数学苦手意識から授業満足度に負のパス，必要性認知と試験成績から授業満足度に正のパスがみられる。したがって，数学苦手意識が高いほど試験成績が低く，進学意図が高いほど試験成績が高いことが明らかである。また，数学苦手意識が高いほど授業満足度が低くなり，必要性認知が高いほど授業満足感が高くなる。進学意図は，授業満足度を直接予測しないが，授業成績を介して間接的に予測することがよみとれる。

　本節の重回帰分析は，説明変数の投入手法として，すべての説明変数を一括して投入する**強制投入法**という手法を用いている。他にも，**ステップワイズ法**という，偏回帰係数の有意性によって説明変数を入れ替える手法もあり，こちらが利用されることも多い。とくにパス解析は，有意ではないパスを除去するために，ステップワイズ法を用いることが推奨される。

　なお近年，パス解析は，構造方程式モデリングとして行うことが主流となっている。構造方程式モデリングはJASPでも実施することが可能である（清水・山本，2021）。

10 卒業論文・レポートの書き方

八城　薫

　卒業論文や研究レポートの書き方に関する書籍は，これまでにも数多く出版されているので，本章ではとくに，心理測定尺度を使用した心理調査の場合の論文の書き方に焦点を絞って説明する。心理学の卒業論文や修士論文など，いくつかの研究で構成されるようなボリュームのある論文の構成について知りたい方は，松井（2022）の『三訂版　心理学論文の書き方——卒業論文や修士論文を書くために——』（河出書房新社）の1章2節に詳しく説明されているので，ぜひそちらを参考にしていただきたい。

10.1　論文・レポートの構成

　一般的な科学論文は，表題→要約→問題→方法→結果→考察→引用文献→付録という順序で構成される。ただし，大学の授業で課される研究レポートの場合には，要約や付録は付けなくてよい場合があるので，レポートの構成については担当教員の指示を確認する必要がある。提出原稿は，指示がない限りA4サイズの用紙，ワープロソフトで作成するのが基本である。**表 10.1** は，心理測定尺度を使用した心理調査を実施した際の一般的なレポートの構成である。

10.1.1　形式や体裁を整える

　まずは指定された原稿の体裁を整えることが大切であるが，とくに次の3点は必ず整える必要がある。

- 表紙をつける（**図 10.1**）。
- ページ番号を打つ（付録と本文のページ番号は分ける）。
- 章や節，項などの見出しをつける。

表 10.1　研究論文の構成（章立て）

学術雑誌等に掲載される 論文構成	卒業論文の構成	大学の授業での 研究レポート
表題	表題	表題
要約	要約	
	目次	
問題（目的・仮説含む）	問題（目的・仮説含む）	問題（目的・仮説含む）
方法	方法	方法
結果	結果	結果
考察	考察	考察
引用文献	引用文献	引用文献
	謝辞	
（付録　※雑誌による）	付録（GT 表）	付録（GT 表）

　図 10.1 は表紙の一例である。この例では表紙にはページ番号を振っていないが，表紙からページ番号を打つ場合もあるので，形式の確認が必要である。

図 10.1　レポートの表紙（例）

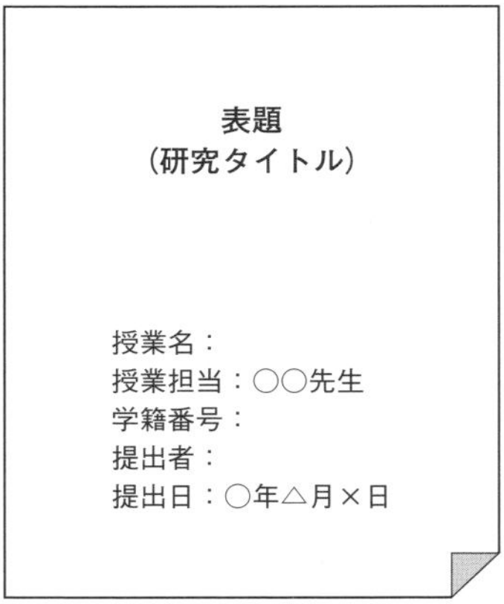

表題
（研究タイトル）

授業名：
授業担当：○○先生
学籍番号：
提出者：
提出日：○年△月×日

　章や節，項の見出しは，視覚的にもはっきりわかるように工夫する（**図10.2**）。そうすることで，読み手は論文の構造が理解しやすく，読みやすい論文にすることができる。

図 10.2 章や節の体裁（例）

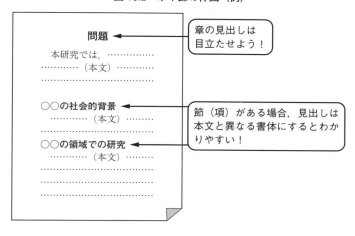

- 章見出しの前後の行は 1 行あけるとよい。
- 章見出しはセンタリングする。
- 文字の大きさを本文より大きくする。
- 書体を本文の書体と違うものにする（本文が明朝体なら，見出しはゴシック体にするなど）。

　節の見出しは，章ほど目立つようにする必要はないので，文字の大きさは変えず，本文と異なる書体を使用して区別するとよい。

10.1.2 全体的な文章作成上の注意

　論文・レポートで書く文章は，説明的文章であって，文学的な美しい表現や文体は求められていない。「途中の説明は入れなくても，暗黙の了解で，誰でもわかるだろう」という思い込みも厳禁である。多少「くどいかな」と思うくらいに事実を一つひとつ丁寧に，具体的に説明するという姿勢が必要である。以下に，論文・レポートを書く際に気をつけてほしい「文章作成の注意」と「段落構成の注意」をまとめたので，論文・レポートを書き始める前に一度確認してほしい。

1.　文章作成の注意

- 「である」調で書く。
- 口語的表現をしない。

（悪い例）「〜なのである」「だから」「それで」

- 主語や目的語を省略しない。
- 使用する用語は，一貫して同じものを用いる（その時々で言い方を変えない）。
- 一文が長くなりすぎないようにする。

2.　段落構成の注意

- 段落の冒頭は 1 字下げて始める。
- 1 つの段落に要点は 1 つにする。
- 上手に接続詞を用いて段落間の内容のつながりがわかるようにする。

10.2　本文（表題から引用文献まで）

10.2.1　表　　題

　表題とは，論文やレポートの研究タイトルのことであり，全体の内容をおおまかに示す「顔」である。みなさんも本や文献を探すときは，たいてい表題だけを見て「面白そう」とか「どんな中身なのかさっぱりわからないなぁ」などと，その本や論文の良し悪しを判断するだろう。論文やレポートも同じで，表題次第で，あなたの論文・レポートの印象や評価が大きく変わる。筆者も学生のレポートの採点をよく行うが，表紙の体裁と表題で，中身の出来具合をおおまかに予想することができる。なぜならば，表紙の体裁がきちんと整えられていることは，この課題に真剣に取り組んでいることの表れと考えられるからである。さらに重要なのは表題である。良い表題が付けられている論文やレポートは，作成者自身がその研究の中身をしっかり理解できていることの表れである。では，具体的に良い表題とはどのようなものだろうか。

　酒井（2006）によれば，良い表題とは，「わかりやすいこと」「論文の中身が想像できること」「興味を惹くこと」とある。つまり，読み手に「読んでみた

い」と思わせる表題が良い表題ということになるだろう。論文・レポート作成
初心者のみなさんにまず目指してほしいのは，「わかりやすいこと」と「論文
の中身が想像できること」である。

1.　表題の付け方

　表題には「取り組んだ問題」「着眼点」「研究対象」を入れるようにする。こ
こでは取り組んだ研究内容の性質で4つに分け，具体例をあげたので参考にし
てほしい。

(1)　独立変数と従属変数がある研究の場合

（例1）幼少期の余暇活動が刺激欲求に与える影響——世代間・性別比較——
　　　　　（独立変数）　　　（従属変数）

（例2）女子大生における「ふつう」志向性がグループワークに及ぼす影響
　　　　　　　　　　　　（独立変数）　　　（従属変数）

　対象者や手法をはっきりさせたほうがよい場合は「〜における」や「〜によ
る（用いた）」などを加える。独立変数（要因）がいくつか設定されている場
合は例1のように「——世代間・性別比較——」といった副題を加えるとよい。

(2)　変数間（尺度間）の関連を研究するもの
　　　　——研究対象となっている概念（変数）が2つから3つの場合

（例3）友人ネットワークサイズと社会的自尊心の関連
　　　　　　——日米大学生の比較——

（例4）自尊心と就職活動への態度および就活不安との関連

(3)　3つ以上の変数から要因を研究するもの

（例5）観光地選好に及ぼす個人差要因
　　　　　　——個人的原風景，刺激欲求，旅行動機からの検討——

（例6）小学生の学習意欲を高める要因の検討

(4)　その他，探索的な研究

（例7）大学生版余暇活動力測定尺度作成の試み

（例8）大学生の旅行土産購入理由の類型化

　現在では，インターネット上のデータベースから論文を検索して，多くの論
文タイトルを手軽に目にすることができる。論文タイトルに困ったら，データ

ベースを利用するのもよいだろう。手元に専門書がある場合は，巻末に必ず引用文献リストがあるので，そこにリストアップされている論文のタイトルなどもぜひ参考に眺めていただきたい。

2. 表題（タイトル）作成上の注意事項

表題（タイトル）を作成する際の基本的な注意事項 3 点を以下に整理した。

● 使わない表現：「〜に関する考察」「〜に関する一考察」。

● 副題を付ける際には「-」（ハイフン）や「—」（ダッシュ），「：」（コロン）を用いる。

● 余分な記号や句読点は入れない。

研究論文というものは，すべて考察が含まれるものなので，「〜に関する考察」や「〜に関する一考察」は，あえて書く必要のない情報である。この文字数分を用いて，より魅力的で論文の中身がよくわかる表題（タイトル）にしてほしい。

副題は，前ページの例 1 や例 3，例 5 に例を示したので，参考にしてほしい。

10.2.2　問題（序論；Introduction）

本項の見出しは「問題」としているが，英語では「Introduction（イントロダクション）」であり，「序論」という意味ももつので，「序論」という見出しにする場合もある。**問題（序論）**の章は，言葉の意味通り，その論文・レポートで何を問題にするのかを論じる章である。

公益社団法人日本心理学会で発行している「執筆・投稿の手びき（2022 年版）」によれば，「その論文で何を問題にするかを簡潔明確に書く」ところである。つまり「**何について**」「どういう**問題意識をもって**」「どんな**目的や仮説**で」「どんな**方法で**」という 4 つの要素が含まれており，それらを簡潔に，読み手に理解してもらえるように，わかりやすく論述するということである。以下に，もう少し具体的に例をあげながら説明していく。

1. 問題（序論）の構成

表 10.2 は，問題（序論）の一般的な構成と具体的記述例をまとめたものである。表中の「2. 扱う概念の説明や定義」から「4. 問題解明のための論述—

表 10.2 問題（序論）の構成と記述例

おおまかな流れ	具体的な記述例や書き方のヒント
1. 問題提起（導入） 自分の経験や問題意識，問題発見の手がかりになった文献や資料をもとに説明する。	（例1）周囲の状況に応じて行動を変化させやすい人がいる一方で，常に自分の価値基準にもとづいて一貫した行動をとりやすい人もいる。 （例2）われわれは初対面の人と出会ったとき，「やさしそう」とか，「活発そう」などと，その人物についての印象を抱く。 （例3）近年，若者の旅行離れが問題となっている。その一つには……の問題が挙げられる。
2. 扱う概念の説明や定義 材料になるもの ● 研究論文 ● その他の文献や資料	（例1）Snyder（1974）は，このような志向性の違いに注目し，セルフ・モニタリングという概念を提唱した。セルフ・モニタリングとは，……と定義される。 （例2）……このような対人認知の側面を「印象形成」とよぶ（Asch, S. E., 1946）。Asch（1946）によれば，……（先行研究の説明）。
3. 研究の意義 すでに明らかな点，未解決の点，問題点の整理	（例1）○○ついてはすでに明らかであるが，××については明らかでない。 （例2）△△を明らかにすることは，……の点で意義がある。
4. 問題解明のための論述 ―仮説や仮説モデル，要因予測の根拠 材料になるもの ● これまでの知見や理論 ● その他の文献や資料	(a) 変数間の関係を検証する場合 変数A⇔変数B 「⇔」の関係を裏づける根拠を論理的に説明する。 (b) 独立変数，従属変数がある研究の場合 変数A⇒変数B（変数Aが変数Bに影響を及ぼす） 「⇒」のような関係が考えられる根拠（手がかりとなる先行研究）を論理的に説明する。 (c) 因果モデルを検証する場合 変数A⇒変数B⇒変数C 「⇒」の因果関係を結論づける根拠（手がかりとなる先行研究）を論理的に説明する。1つの因果関係につき1段落を目安に，一つひとつ丁寧に説明していく。
5. 問題のまとめ	（例1）以上のことから，本研究では，○○が，××を介して，△△へつながると仮定する。 （例2）以上の知見を整理すると，△△の原因は○○によるものと予想される。
6. 本研究の目的	（例1）本研究では，○○に注目し，……を検討することを目的とする。 （例2）本研究では△△の要因について……から検討する。

仮説や仮説モデル，要因予測の根拠」の部分は，必ずしもこの順番が適切とは限らないので，どのような筋立て（あらすじ）にするか，しっかり練ってから書く必要がある。

2. 文章作成上の注意

●誰の意見や考えか（自分の考えなのか，先行研究で述べられている意見なのか）を明確に記述する。

●自分の意見や考えでないものには，必ず引用文献を加える。

　問題（序論）の章では，その研究の仮説や目的の前提となる，これまでの研究の紹介が多くなる。そこで，論文・レポートで紹介する考えや研究知見が誰の，どの研究によるものかを，読み手が明確に区別できるように記述していく必要がある。つまり，自分の考えでない場合には，「宇井（2009）によれば，……」や「八城（2010）は……と述べている」といった文章にし，文献を示しながら述べていくようにする。

10.2.3　方　　法

　方法では，問題（序論）で述べた問題と目的，仮説があれば仮説に沿ってどのような研究手法を用いて，どのように研究したのかを示す。ここで大切なことは，「再現可能性」と「簡潔さ」である。

●読み手が同じ方法で調査を再現できること。

●簡潔明瞭に書くこと。

●過去形で記述すること。

　表10.3は，心理調査の際に記載すべき内容である。

表10.3　方法の章の構成

1.　調査対象者（性別，年齢，社会的属性）
2.　調査期間
3.　調査方法
●実施方法（配付・回収形式）
●調査者
●実施場所
●実施時間
4.　調査内容（調査票の構成，質問項目の内容）

1. 調査対象者

　調査対象者は，性別，年齢，社会的属性の情報を示す必要がある。調査対象者がどのような社会的属性の人々かという情報は，結果の解釈をする際の手がかりにもなるため重要である。倫理的な問題にも配慮し，大学名は「首都圏にある大学に通う大学生」や「A 大学の大学生」など，固有名を記さないようする。

【調査対象者の記述例】

調査対象者

　調査対象者は，首都圏内の私立大学に通う大学生 246 名であった。昼休みおよび授業の休み時間等に筆者の依頼に応じて回答した。謝礼は提示していない。性別の内訳は男性 120 名，女性 126 名で，平均年齢は 19.0 歳（18〜23 歳，SD：1.00）であった。

---

2. 調　査　期　間

　調査期間も年月日までを正確に記す。いつ，どのくらいの期間で実施したかも，結果の解釈や追試を試みる際には重要な手がかりとなる。

【調査期間の記述例】

調　査　期　間

　調査実施期間は，2022 年 7 月 4 日（月）〜 7 月 29 日（金）であった。

---

3. 調　査　方　法

　調査方法は，「実施方法」「調査者」「実施場所」「実施時間」を記述する。

【調査方法の記述例】

調　査　方　法

　調査は Google フォームを用いて行われた。調査対象者には，調査協力の依頼内容および調査倫理に関する確認事項，調査用 Google フォームに

アクセスするための QR コードおよび URL，問合せ先などが記載された依頼文書を個別に配付して説明・依頼し，内容に同意した上で回答するよう依頼した。調査の依頼文書は付録1の通りである。回答は無記名で行われ，回答時間は10分程度であった。

4.　調査内容

　　調査内容は，記述例に示した通り，「調査票の構成」から「質問項目の内容」という順序で記述していく。

　　また，とくに心理測定尺度を使用した場合の注意は，次の通りである。

【使用した尺度を示す際の注意事項】

- 既存の尺度を使用する場合は，引用文献の表記を必ず加える。
- 何を測定する尺度なのか（あれば下位尺度も）の説明を丁寧にする。
- 下位尺度を見出しにして項目内容を1つの表にまとめる。

【調査内容の記述例】

調 査 内 容

　　本調査票の構成は**表 10.4** に示すように，設問1から設問4で構成されていた。

表 10.4　調査票の構成

1. 調査依頼と調査倫理に関わる確認事項，同意のチェック
2. 海外旅行経験に関する質問【設問1】
3. 大学生版余暇活動力測定尺度（八城，2014；5件法）【設問2】
4. 自意識尺度（菅原，1984；5件法）【設問3】
5. フェイスシート【設問4】

1.　調査依頼と調査倫理に関わる確認事項，同意のチェック

　　調査票のトップページには，依頼文と調査倫理に関わる確認事項，同意のチェック項目を設け，同意にチェックがない場合には次の設問に進めないように設定した。依頼文には本調査の目的および大まかな質問内容，回

答時間の目安，回答は自由意思であること，回答データの取扱いや管理，結果の公表に関する説明が含まれていた（付録1）。

2.　海外旅行経験に関する質問 [設問 1]

　調査対象者の海外旅行経験の程度を把握するための質問項目である。設問 1 (1) では，「あなたは大学在学中に海外旅行に行きましたか」という質問に対し，「1. 行った」「2. 行っていない」のいずれかで回答を求めた。この質問に対し，「1. 行った」と回答した調査対象者には，その回数と訪問国数の回答を求め，「2. 行っていない」と回答した調査対象者には，設問 1 (2)「あなたはこれまでに海外旅行に行ったことはありますか」という質問の回答に進むように設定した。設問 1 (2) に「1. 行ったことがある」と回答した調査対象者にはその回数と訪問国数の回答を求め，その後，設問 2 の大学生版余暇活動力測定尺度の回答に進むように設定した。「2. 行ったことがない」と回答した調査対象者には，設問 2 の大学生版余暇活動力測定尺度の回答に進むように設定した。

3.　大学生版余暇活動力測定尺度 [設問 2]

　大学生の充実した余暇活動を実行する能力を測定する尺度（八城，2014）15 項目を使用した（**表 10.5**）。本尺度は，「活動選択肢の豊富さ」「積極性」「決断力」「経済力」の 4 つの下位尺度から構成されている。「活動選択肢の豊富さ」とは，余暇を過ごす空間や活動内容のアイディアをもっている程度を測定する。「積極性」は，……（下位尺度の説明を加える）……（省略）……。回答は，「非常にあてはまる（5 点）」「ややあてはまる（4 点）」「どちらでもない（3 点）」「あまりあてはまならい（2 点）」「全くあてはまらない（1 点）」の 5 件法で回答を求めた。

4.　自意識尺度（5 件法）[設問 3]

　自意識尺度は菅原（1984）の 21 項目を使用したが，本論文の分析に用いていないため，以降の記述を省略する。

5.　フェイスシート [設問 4]

　年齢，性別，所属学部，学年，居住形態の回答を求めた。居住形態は，調査対象者の現在の居住形態について，「1. 家族と同居」「2. 兄弟と同

居」「3. 独り暮らし」「3. 学生寮」「4. その他」から選ぶよう求めた。「4. その他」の場合は，居住形態を自由記述で回答する欄を設けた。

表 10.5　大学生版余暇活動力測定尺度（八城，2014）の項目

活動選択肢の豊富さ
- 息抜きしたり，楽しめる場所が，身近にたくさんある
- 私の生活には，退屈させない様々なことがたくさんある
- 好きなときに遊べる場所が身近にある
- それぞれの娯楽活動にあった進め方や楽しみ方を知っている
- 自分が楽しくなれることを見出すことは容易である

積極性
- 他人に話しかけるのは容易なことだ
- 集団の中で気楽に話ができる
- 新しい環境の中でも，気にせず自分のやりたい活動をすることができる
- 自分の考えていることや感じていることを，ためらうことなく他人に話すことができる

決断力
- 複数の選択肢があるとき，その中から 1 つを選ぶことがなかなかできない方だ（逆）
- どんな問題であっても，たいてい 1 つ以上の答えを思いつくことができる
- いろいろな遊びや娯楽活動ができる環境にあるとき，何をするかあまり迷わない
- たいていの場合，いったん始めた活動は最後まで行う

経済力
- 好きな娯楽活動をするためのお金は確保している
- 趣味や娯楽などに使うお金を貯めている

注）（逆）は逆転項目。

10.2.4　結　　果

　心理測定尺度を使用した場合の基本的な**結果**の構成は，**表 10.6** の通りである。

表 10.6　心理測定尺度を使用した場合の結果の構成

1. 調査票の回収率，有効回答率
2. 尺度の構造確認と信頼性の検討
（1）因子分析結果（信頼性や妥当性を示す情報も含む）
（2）尺度得点の基礎統計量
3. 仮説や目的に沿った分析結果

そして，記述していくうえで大切なことは，

● 解釈を入れずに結果のみを淡々と記述していく

● 過去形で書く

である。

　次に，「1. 調査票の回収率，有効回答率」「2. 尺度の構造確認と信頼性の検討」の部分について詳しく説明する。「3. 仮説や目的に沿った分析結果」のまとめ方については，どのような分析を行ったかで異なるため，ここでは省略する。

1.　調査票の回収率，有効回答数および有効回答率の書き方

　まず，調査で得られたデータ数の情報を示す。

【調査票の有効票に関する記述例】

　本調査では，依頼文書を 200 名に配付（あるいは配信）し，180 票の回答が得られた（回収率 90 ％）。このうち，回答に不備のみられた 5 票を除いた結果，有効回答票は 175 票であった。したがって，有効回答率は 87.5 ％であった。

　回収率と，有効回答率の算出方法は，以下に示す通りである。

$$回収率(\%) = \frac{回答データ数}{配付・配信した依頼文書の全票数} \times 100$$

$$有効回答率(\%) = \frac{分析に使用できる回答データの票数}{配付・配信した依頼文書の全票数} \times 100$$

2.　尺度の構造確認と信頼性の検討の書き方

(1)　因子分析結果（信頼性係数も含む）

　尺度の構造を確認するのが因子分析である。「尺度の構造」とは，因子分析の段階では「因子構造」とよばれるものである。因子分析結果は，使用した尺度が既存の尺度であれば既存の尺度通りの因子構造をとるかどうか，新しい尺度であればどのような，いくつの因子構造をとるかを表すものである。したがって因子分析結果表をみれば，その尺度を構成する因子がいくつになり，それ

れの因子がどのような項目でまとまったのかがわかる。さらに因子分析結果には，各下位因子名の横に信頼性係数を加えて，尺度としての信頼性情報も示しておく（p.209の**表10.7**参照）。

　因子分析結果の記述の後には，尺度得点の算出方法を記述して完了である。ただし新しい尺度を作成する研究のように，因子分析自体が研究の目的になっている場合は，必ずしも尺度得点を算出する必要はない。しかし，その尺度の男女差や世代間比較などを行いたい場合は，尺度得点を算出することになるため，やはり尺度得点の算出方法を記述する必要がある。

　尺度の妥当性についても検討されている場合は，「2. 尺度の構造確認と信頼性の検討」の節を，「2. 尺度の構造確認と信頼性および妥当性の検討」として，尺度の信頼性とともに記述する。

　因子分析の結果に記載するべき内容は以下の通りである。

【因子分析結果の記述例】

記述例①：因子構造を確認する場合の因子分析

　Big Five尺度短縮版の尺度構造の再現性を確認するために，Big Five尺度短縮版の29項目のうち，回答に偏りのみられた2項目を除く27項目について，先行研究にならって因子分析（主因子法・プロマックス回転）を行った。

　因子負荷量の基準を |.400| として分析を行ったところ，先行研究と異なる因子に基準値以上の負荷量を示した項目が1項目，複数の因子に基準値以上の負荷量を示した項目が1項目みられたため，それら2項目を削除して再度分析を行った結果，最終的に**表10.7**のような結果が得られた。

　第Ⅰ因子は，「外向的」「社交的」といった項目の負荷量が高く「外向性」因子と解釈された。第Ⅱ因子は「成り行きまかせ（逆転項目）」「いい加減な（逆転項目）」といった項目の負荷量が高く，「誠実性」因子と解釈された。第Ⅲ因子は，「不安になりやすい」「心配性」といった項目の負荷量が高く，「情緒不安定性」因子と解釈された。第Ⅳ因子は，「頭の回転の速い」「多才の」といった項目の負荷量が高く，「開放性」因子と解釈され

た。第Ⅴ因子は，「温和な」「怒りっぽい（逆転項目）」といった項目の負荷量が高く，「調和性」因子と解釈された。以上の通り，Big Five 尺度短縮版は先行研究と同様の5因子構造が確認された。各下位尺度の信頼性を示すクロンバックの α 係数は，「外向性」因子が $\alpha = .800$，「誠実性」因子が $\alpha = .745$，「情緒不安定性」因子が $\alpha = .816$，「開放性」因子が $\alpha = .709$，「調和性」因子が $\alpha = .646$ であり，内的整合性はおおむね確認された。

表 10.7　Big Five 尺度短縮版の因子分析結果（主因子法・プロマックス回転, $N = 237$）

		M	SD	Ⅰ	Ⅱ	Ⅲ	Ⅳ	Ⅴ
第Ⅰ因子：外向性（$\alpha = .800$）								
q1×15	外向的	3.06	1.17	.777	−.089	−.106	.060	.046
q1×21	社交的	3.24	1.21	.710	−.151	.016	.166	−.122
q1×05	無口な（R）	2.55	1.18	−.697	.079	.090	.146	−.116
q1×10	陽気な	3.62	0.94	.592	.188	.018	−.015	−.092
第Ⅱ因子：誠実性（$\alpha = .745$）								
q1×16	成り行きまかせ（R）	3.75	1.08	.111	.751	−.178	−.141	−.144
q1×03	いい加減な（R）	3.89	1.01	.084	.649	.093	−.136	−.117
q1×23	軽率な（R）	2.92	0.99	−.110	.582	−.052	.218	−.018
q1×13	怠惰な（R）	3.45	1.02	−.246	.559	.100	.142	.076
q1×20	計画性のある	2.83	1.15	.006	−.536	.146	.333	.059
q1×08	ルーズな（R）	3.53	1.20	−.091	.516	.017	.041	.016
第Ⅲ因子：情緒不安定性（$\alpha = .816$）								
q1×06	不安になりやすい	3.87	1.13	.055	−.070	.838	−.220	−.020
q1×11	心配性	3.87	1.12	.016	−.141	.797	−.041	−.037
q1×18	弱気になる	3.62	1.09	−.081	.048	.687	−.074	−.081
q1×29	憂鬱な	3.07	1.15	−.270	.150	.562	.161	.045
第Ⅳ因子：開放性（$\alpha = .709$）								
q1×22	頭の回転の速い	2.60	1.12	−.081	−.136	−.105	.785	−.007
q1×07	多才の	2.24	0.99	−.009	−.040	−.070	.608	−.013
q1×12	進歩的	2.79	0.95	.130	.002	−.016	.569	−.127
q1×02	独創的な	3.03	1.06	−.017	.143	−.070	.463	.018
第Ⅴ因子：調和性（$\alpha = .646$）								
q1×04	温和な	3.64	0.96	.056	.239	.091	.042	−.630
q1×17	怒りっぽい（R）	2.97	1.21	.205	.199	.159	.162	.616
q1×14	短気（R）	3.17	1.26	.256	.337	.097	.059	.560
q1×09	寛大な	3.43	0.97	.174	.228	−.007	.220	−.550
q1×19	親切な	3.62	0.86	.262	−.032	.335	.092	−.420
	因子間相関		Ⅰ	.044	−.203	.464	−.221
			Ⅱ		.133	.095	.295
			Ⅲ			.052	.307
			Ⅳ				.019

注）項目内容に（R）のついている場合は逆転項目。

この結果に基づき，各下位因子に含まれる項目回答得点を因子の意味の方向に合わせて加算し，項目数で除した値を各下位因子の尺度得点とした。

記述例②：因子構造を探索する場合の因子分析

日本的タイプ A 行動評定尺度の尺度構造を確認するために，全 15 項目のうち回答に偏りのみられた 1 項目を除く 14 項目について先行研究にならって因子分析（主因子法・バリマックス回転）を実施した。

スクリー基準やガットマン基準，累積寄与率および解釈可能性から 4 因子が妥当と判断した。因子負荷量の基準値を $|.400|$ 以上とし，どの因子にも基準値を満たさない項目，複数の因子に基準値以上の負荷量を示した項目を削除して分析を繰り返した結果，最終的に**表 10.8** のような結果が得られた。

表 10.8　日本的タイプ A 行動評定尺度の因子分析結果
（主因子法・バリマックス回転，$N=237$）

		M	SD	I	II	III	IV	共通性
第 I 因子：敵意行動（$α = .811$）								
q2 × 05	つい声をあらげてしまうことがある	2.63	1.37	.795	−.042	.075	.009	.640
q2 × 12	言い争いをよくする	2.35	1.23	.754	.087	−.016	−.004	.577
q2 × 03	怒鳴られたら怒鳴り返す	2.66	1.35	.721	−.017	.015	−.044	.522
q2 × 15	イライラすると人や物にあたる	3.09	1.45	.626	.063	−.060	−.028	.401
第 II 因子：完璧主義（$α = .777$）								
q2 × 14	徹底的である	3.01	1.19	.094	.794	.044	.073	.646
q2 × 07	完璧にしないと気がすまない	3.27	1.33	.063	.709	.179	.146	.560
q2 × 02	責任感が強い	3.71	1.14	−.110	.571	.155	.130	.379
q2 × 04	几帳面である	3.22	1.24	.079	.564	.065	.281	.407
第 III 因子：_____（$α = .887$）								
q2 × 06	学校，ゼミ，サークル等のために自分を犠牲にする	3.24	1.43	−.030	.182	.949	.095	.944
q2 × 11	学校，ゼミ，サークル等のためには自分の生活を犠牲にすることがある	3.21	1.43	.029	.176	.794	.111	.674
第 IV 因子：_____（$α = .736$）								
q2 × 01	休日も学校の課題をすることがある	3.34	1.41	−.045	.206	.073	.750	.612
q2 × 08	学校の課題やレポートを家に持ち帰ってすることがある	4.34	1.29	−.030	.222	.115	.704	.559
	因子負荷量の 2 乗和			2.15	1.95	1.62	1.21	6.92
	因子の寄与率（%）			17.9	16.2	13.5	10.1	57.7

　第Ⅰ因子は，「つい声をあらげてしまうことがある」「言い争いをよくする」といった項目の負荷量が高く，先行研究とほぼ同様の項目で構成されていることから「敵意行動」因子と解釈された。第Ⅱ因子は「徹底的である」「完璧にしないと気がすまない」といった項目の負荷量が高く，先行研究とほぼ同様の項目で構成されており，「完璧主義」因子と解釈された。第Ⅲ因子は，「学校，ゼミ，サークル等のために自分を犠牲にする」「学校，ゼミ，サークル等のためには自分の生活を犠牲にすることがある」の2項目で構成されており，_____といった特徴がみられたため，「　　」因子と命名した。第Ⅳ因子は，「休日も学校の課題をすることがある」「学校の課題やレポートを家に持ち帰ってすることがある」の2項目で構成されており，_____といった特徴がみられたため，「　　　　」因子と命名した。

　各下位尺度の信頼性を示すα係数は，「敵意行動」因子が$\alpha = .811$，「完璧主義」因子が$\alpha = .777$，「　　　」因子が$\alpha = .887$，「　　　」因子が$\alpha = .736$であり，内的整合性はおおむね確認されたと考えられる。

　この結果に基づき，各下位因子に含まれる項目回答得点をそれぞれ加算し，項目数で除した値を各下位因子の尺度得点とした。

※**表10.8**および記述例②は新しく因子が見出された場合の因子の命名やその説明部分を空白にしてある。ご自身で考えてみてほしい。

　主成分分析も役割としては因子分析と同じだが，下位尺度をもたない心理測定尺度の内的一貫性の確認を行う場合は，主成分分析が用いられることも多い。

【主成分分析結果の記述例】

　共感性尺度15項目について主成分分析を実施し，1次元性の確認を行った。第1主成分に対する負荷量が$|.400|$以上を基準とし，基準値に満たない項目を除いた結果，**表10.9**のような結果が得られた。共感性尺度の信頼性を示すクロンバックのα係数を算出した結果，αは.83となり，内的整合性が確認された。この結果にもとづき，10項目の回答得点を，共感性が高いほど得点が高くなるように加算し，項目数で割った値を共感

性得点とした。

表 10.9　共感性尺度の主成分分析結果 ($N = 269$)

項目内容	平均値	標準偏差	負荷量
3-10. 困っている人たちがいても，あまり可哀想だという気持ちにはならない（逆）	2.19	0.87	−.711
3-07. 他人の話で感動したり泣いたりしている人を見るとしらける（逆）	2.15	1.11	−.699
3-06. 周りの人が悩んでいても，割合に平気でいられるほうである（逆）	2.82	1.17	−.688
3-04. 人より薄情なほうかもしれない（逆）	3.13	1.15	−.650
3-12. 周りの人たちが不幸でも，自分は平気でいられる（逆）	2.51	0.88	−.616
3-05. 人に同情しやすいたちである	3.52	1.04	.631
3-03. 愛の歌や詩に深く感動しやすい	3.32	1.25	.615
3-02. 人がうれしくて泣くのを見ると，ばかばかしい気持ちになる（逆）	1.86	1.08	−.612
3-13. 不公平な扱いをされている人たちを見ても，あまり可哀想とは思わない（逆）	2.00	0.90	−.555
3-06. 関係のない他人に同情しても，しかたないと思う（逆）	2.46	1.19	−.495
固有値			4.11
寄与率（%）			41.1

注）（逆）は逆転項目を示す。

　尺度を使用した調査研究の結果において，因子分析結果は，仮説検証や目的としている問題を明らかにするための根幹となる測定尺度の分析であり，情報をもらさず正確に記す必要がある。以下に，因子分析結果を示す際の注意事項をまとめたので，論文・レポート作成後のチェック項目としても活用してほしい。

【因子分析結果表を作成する際の注意事項（チェックリスト）】

☐　表はなるべく 1 ページ内に収まるように作成する。

☐　表のタイトルには，尺度名，因子の抽出法，因子軸の回転の方法を入れる。

☐　項目は，因子負荷量の大きいものから順番に示す。

☐　各因子に負荷の大きかった項目のまとまりが目立つようにする。

　　（例）四角で囲む，文字を太字にするなど。

☐　小数点以下の桁数を揃える。

☐　因子名と項目内容が区別しやすいように工夫する。

☐ α係数などの信頼性係数の情報を入れる。

☐ 各項目の平均値と標準偏差を示す。

(2) 尺度得点の基礎統計量

　因子分析により尺度の構造確認と信頼性の確認ができたら，各下位尺度の基礎統計量を示す。

【尺度得点の記述例】

　本研究で使用した尺度得点の基礎統計量を**表 10.10** に示す。

表 10.10　各尺度得点の基礎統計量

尺度名	n	項目数	M	SD
Big Five 尺度短縮版				
外向性得点	240	4	3.35	0.89
誠実性得点	241	6	2.55	0.71
情緒不安定性得点	242	4	3.61	0.90
開放性得点	240	4	2.66	0.75
調和性得点	241	5	3.31	0.69
日本的タイプ A 行動評定尺度				
敵意行動得点	241	4	2.68	1.08
完璧主義得点	237	4	3.31	0.95
＿＿＿＿得点	241	2	3.23	1.36
＿＿＿＿得点	240	2	3.84	1.20

10.2.5　考　察

　考察は，問題（序論）の章に続いて誰もが苦戦する章であろう。しかし，何をどのような順序で書いていけばよいのかがわかれば，多少は苦手意識も消えるかもしれない。

　考察の章は，結果の章を受けて，

● 目的や仮説が検証されたか

● 得られた結果はどういう意味をもつか

を結果に即して論じるところであり，

- 結果に記していない新たなデータは考察に出さない

- 考察までの章にない新たな文献は出さない

ということになる。つまり，問題（序論）から結果の章ですでに示されている内容を用いて論じていくのが考察の章である。したがって時制は

- 結果の章でわかった事実は過去形

- 結果の解釈は現在形

で記述していく。

　考察の章は，基本的に次のように構成される（**表 10.11**）。

表 10.11　考察の章の基本的な構成

1. 本研究の目的，調査方法，および結果の概略
2. 結論と理論的位置づけ
3. 本研究の問題点と今後の課題

1.　本研究の目的，調査方法，および結果の概略

　考察の導入文では，まず本研究の目的や仮説，調査方法，および結果の概略を簡潔に説明する。導入文は，その研究の問題を整理し，その後論じられる結果の解釈を理解するのに役立つため重要である。

【**考察の導入文記述例**】

　本研究では，……を明らかにすることを目的とし，……を対象にGoogle フォームを用いた Web 調査を実施した。その結果，……となり，……であることが明らかとなった。

（仮説を設定した場合に加えるべきことを記述する。）

　したがって，仮説は支持された（されなかった）。

　以下は，考察を記述する際の注意点である。

- 詳細な分析結果（統計量）などは示さない。

- 明らかになった事実のみを略述する。

● 仮説検証の研究の場合，仮説が「支持された」「支持されなかった」を記述する。

学生からの質問として，「一部支持されているが，不支持の結果もある場合はどうするのか」と聞かれることがよくある。その場合は，支持された部分と支持されなかった部分を丁寧に説明すればよい。

2. 結論と理論的位置づけ

結果の概略を説明したら，次にその結果から何が言えるのか（結論）と，その結論がこれまでの研究でわかっていることとどう結びつくのか，どう関連するのかを論じていく。それが理論的位置づけとなる。

【結論の記述例】

（例1）……であることが示唆された。

（例2）したがって，……であることが推測される。

（例3）……が影響しているのかもしれない。

【理論的位置づけの記述例】

（例1）この結果は，宇井（2010）の理論の……の部分を実証したものといえる。

（例2）この結果は，宮本（2009）の知見を……に展開したものといえよう。

（例3）この結果は，八城（2011）からも支持される。

結論の記述例は，結論を述べる際の言い回しを記載した。1つの調査研究結果のみで，絶対的な法則や普遍的結果が得られるということはまずない。したがって，結論を述べる際には，「示唆された」「推測される」などやんわりとした表現で結ぶべきである。

また，理論的位置づけ以外にも，その研究結果が社会的に貢献するような，社会的意義のある知見であることを論じることもできる。その場合は，その知見がどのように社会に活かしていけるかを，丁寧に述べればよい。

3. 本研究の問題点と今後の課題

　考察の最後は，本研究の問題点と今後の課題を述べる。このように述べると，考察の大部分を調査の不備や使用した尺度の問題などに割くレポート・論文が見受けられる。しかし，あまり多く研究の問題点をあげつらうと，「そんなに不備の多い調査なのだったら，もう一度研究をやり直すべきじゃないか？」ということになるし，自分で自分の作品に「読む価値なし」と引導を渡しているようなものである。本研究の問題点と今後の課題では，次に同じ領域の研究を進めようとしている人が，より発展的な研究を進められるための情報となることを述べてほしい。

【問題点と今後の課題を書く際の注意事項】

● 単なる反省文は書かない。

（例）「もっと時間をかけて準備をすべきだった」「教示が上手にできなかった」

● 筆者の夢や希望など書く必要はない。

（例）「次はしっかり準備したい」「もっとたくさんのデータを集めたい」

● 根拠のないアイディアや思いつきは NG。

（例）「今回は大学生のみを調査対象者としたので，他の属性の人々にも調査するとよいだろう」「今回は，データ数が 100 名程度だったので，もっとたくさんのデータを集めれば違う結果になったかもしれない」

10.2.6　引用文献

　本文中で引用した文献（論文，書籍または書籍の一部，報告書，新聞記事，インターネットの記事など）は，**引用文献**としてリストにする。引用文献の書き方は，各研究領域や学術雑誌ごとに規則が定められており，その規則に則って記載していく。ここでは日本心理学会の発行している学術雑誌「心理学研究」の作法に準拠し，基本的な部分のみを記しておく。

　引用文献は，その研究の土台となっている重要な情報である。またその情報をもとに研究領域への理解を深めていこうとする読み手にとっても貴重な手がかりとなる。したがって，間違いのない，正しい情報が統一された形式で記されている必要がある。

1.　著者名のアルファベット順にリストを作成する。

2.　引用文献の欄に必要な情報は，①著者名，②刊行年，③表題，④雑誌名
（出版社），⑤論文の場合は巻（号），⑥論文（本の場合は引用した章）の開始
ページと終了ページであり，①から⑥の順番に記載する。

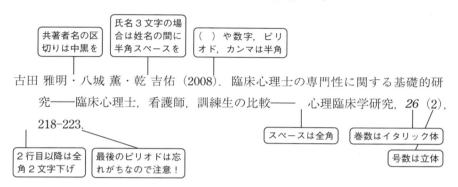

3.　欧文雑誌の場合は，雑誌名をイタリック体にする。

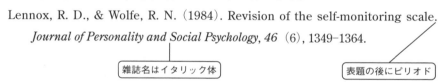

4.　同著者で同じ年に論文がある場合は，古い順に並べ刊行年の後ろにa, b,
c を付ける。

八城 薫・小口 孝司（2003a）．セルフ・モニタリングの両義性について――他
　　の心理学的個人差との関わりから――　昭和女子大学生活心理研究所紀要,
　　6，27-35.

八城 薫・小口 孝司（2003b）．グリーン・ツーリズムへの参加を規定する社会
　　心理学的要因　観光研究, *14*（2），27-36.

八城 薫・小口 孝司（2003c）．観光地選好に及ぼす個人的原風景と心理学的個
　　人差　観光研究, *15*（1），27-33.

5.　刊行された冊子体がある場合には，冊子体を引用文献とする。
　　近年では，多くの学術雑誌が電子化され，オンライン上からダウンロードす

ることが可能となっているため，オンライン資料と勘違いして記載する学生がいる。雑誌として発刊されているものは冊子情報を引用文献として記載する。

　オンライン上のみでしか閲覧できない資料の場合は，DOIの有無で記載方法が分かれる。DOI（Digital Object Identifier）とは，電子化された学術雑誌（ジャーナル）または出版物に付与されるデジタルオブジェクト識別子のことである。

　DOIがある場合は，①〜⑥の後にDOIを記載する。

有賀 美恵子（2013）．高校生における登校回避感情の関連要因　日本看護科学会誌，*33*（1），12-24．https://doi.org/10.5630/jans.33.1_12

Roelofs, A.（2014）. Modeling of phonological encoding in spoken word production: From Germanic languages to Mandarin Chinese and Japanese. *Japanese Psychological Research*. Advance online publication. https://doi.org/10.1111/jpr.12050

　DOIがない場合は，①〜③の後にRetrieved from URLと（アクセス年月日）を記載する。

American Psychological Association（2014）. Quick Links: APA Style. American Psychological Association. Retrieved from http://www.apa.org/learn/index.aspx（December 3, 2014）

公益社団法人日本心理学会（2018）．論文を投稿される方　公益社団法人日本心理学会　Retrieved from https://psych.or.jp/publication/paper/（2018年10月29日）

10.3 後付け（謝辞・付録）

10.3.1 謝　辞

　調査研究は，調査協力者の方々がいてこそ成立するものであり，間違いなく多くの人の協力を得ている。また，研究を進めて論文・レポートを書き終えるまでには，指導教員の先生をはじめ，ゼミの先輩・同輩・後輩など多くの人々の支えがあることだろう。とくに卒業論文をはじめとする学位論文の場合は，

紙面の制限はないので，協力してくださった方は一人残らず，お世話になった具体的内容などを含めて，細やかに**謝辞**を述べる。

【謝辞を述べるべき対象】

1. 調査に協力してくれた方（団体名，組織名の場合は公表の許可が必要）
2. 研究するうえで助言や技術を提供してくださった方
3. 結果の解釈に関して議論に協力してくださった方
4. 研究費を出してくださった組織
5. 原稿を読んでコメント（添削）してくださった方

　以下に，論文や抄録等に記載する際の，謝辞の述べ方の一例を紹介する。

【謝辞の記述例】

●本論文の執筆にあたり，○○大学の△△先生にご指導を賜りました。ここに記して心より感謝申し上げます。

●本研究の分析にあたり，○○氏に協力を得ました。記して感謝いたします。

●本調査にあたり，△△の方々にご協力を賜りました。ここに記して感謝申し上げます。

10.3.2　付　　録

　調査法による研究の場合，回答の単純集計を記載した GT 表（Grand Total），細かな統計結果などを**付録**として載せる。単純集計表の作成については，第7章を参照されたい。

　付録は，本文とはしっかり区別する。付録には，付録リストを記載した表紙（**図 10.3**）を付け，本文とは異なるページ番号（i, ii, iii……と小文字のローマ数字を用いるのがよい）を振る。

図 10.3　付録リストの作成（例）

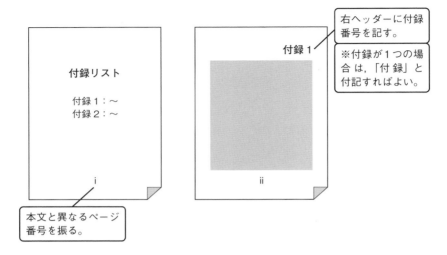

コラム 10.1　研究発表スライド・ポスターの作成

　研究発表には，大きくポスターによる発表と口頭発表の 2 種類がある。最近では，パソコンのプレゼンテーションソフトを使用して発表スライドを作成し，スライドを示しながらの発表が主流となっている。ここでは，口頭発表の場合とポスター発表に分けて，簡単に作成のポイントを示しておく。

1.　口頭発表の場合

　口頭発表は，限られた時間内に発表を収めなければならないという性質上，時間配分を考慮しながら，伝えるべき要点をおさえ，わかりやすい説明を心がける必要がある。そのようなプレゼンテーションの助けとなるのがスライドを使用した発表である。

(1)　スライドの枚数は何枚くらいがよいか？

　1 枚のスライドの説明にどのくらいの時間をかけるかは，スライドの内容によって異なるが，1 枚につき 1 〜 2 分と考えるとよいだろう。たとえば，発表時間が 10 分以内であれば表題（タイトル）を含めて 7 〜 8 枚程度という具合である（**図 10.4**）。

図 10.4　発表スライドの構成

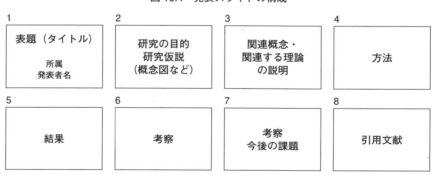

　ただし，質疑応答で説明を求められそうな内容については，この枚数内に含

める必要はないので，発表時間内に収まらない内容は，補足スライドとして残しておくとよい。

(2) スライドの背景デザインはシンプルに

プレゼンテーションソフトには，さまざまなスライドデザインが入っており，自分の研究テーマや好みに合ったスライドを選ぶことができる。しかし，研究発表では，あまりカラフルなものや派手なデザインは好まれない。背景は白を基調としたシンプルなスライドを選ぶとよい。

(3) スライド 1 枚の情報量は？

発表は，つねに「自分の発表について何も知らない聴き手がいる」ということを意識して作成する必要がある。したがって，短い発表時間内に多くの情報を詰め込もうとするのではなく，要点のみに絞り，わかりやすい言葉（用語の統一も含めて）と図解を用いたプレゼンを準備してほしい。また，発表する部屋の大きさを考慮して文字の大きさや図表を作成すべきである。そこで，以下の 3 つのポイントでの作成を心がけるとよいだろう。

- 文字の大きさは 28 p（ポイント）以上に
- 長い文章はなるべく使用せず，箇条書きや図表にする
- 1 枚のスライドに伝えたい要点は 3 つ程度に

(4) アニメーションを使いすぎない

話していく順番に文字や図表を出したり，重要な部分を話しながらマーキングしていくことができるアニメーションは，効果的で聴き手の理解を促進するのに役立つテクニックである。最近のプレゼンテーションソフトはさまざまなアニメーションの工夫ができるので，アニメーションを設定しだすと楽しくなり，ついつい多用してしまいがちである。しかし，あまりアニメーションを使いすぎると，落ち着きのない，ポイントのつかみにくい発表になってしまう恐れがあるので注意が必要である。

2. ポスター発表の場合

ポスター掲示による発表も基本的には口頭発表と同じく，要点を絞り，図表などを用いて，わかりやすくまとめることが求められる。しかし，ポスターの

場合は口頭発表とは違い，一定時間掲示されるために，発表者が在籍していない際にも見ることができる。また聴き手に対して個別に説明や議論ができるため，口頭発表よりも掘り下げた議論にもなりやすい。以上のことから，口頭発表のスライドよりも少し情報量を増やしたほうがよいかもしれない。

(1) 2 m 離れても読みとれるように

ポスターを作成する際は，2 m 程度離れても見ることができるように作成する必要がある。これは，ポスター発表する際の注意事項としても指示される場合があるが，たとえそのような指示がなくても，ギリギリまで近づかないと読みとれないような文字の大きさは避けるべきである。とくに表題（タイトル）は，さらに遠くからでも目に入るように，大きく目立つようにする。

(2) ポスターのスタイルは大きく 2 種類ある

心理学の領域において，ポスター発表で 1 つの研究にあてがわれるスペースは，たいてい幅 90 cm ×高さ 180 cm のパネルである。ポスターは，プレゼンテーションソフトで作成した図 10.4 のようなスライドを A3 に拡大して並べて掲示する方法と，A0 サイズ 1 枚のポスターを作る場合の 2 種類がある。A0 のサイズを印刷できる大型のプリンターが大学にある場合（大学の情報処理センターなどで印刷を依頼できる場合があるので調べてみよう。ただし有料の場合もある）は，1 枚の大きなポスターにすると，まとまりもよく見栄えもよい。

(3) 結果を一番見やすい位置に

スライド数枚を並べるスタイルでも，1 枚のポスターでも，表題（タイトル）から問題・目的，方法，結果……という構成で並べていくと，一番重要な結果の図表などが下のほうになってしまい，腰をかがめながら結果を見なければならず，見にくいことが多い。図 10.5 のポスター構成の目安に示した通り，結果は見やすい位置に示す工夫が必要である。

(4) 細かな情報は配付資料で

心理測定尺度を使用した研究の場合は，使用した尺度項目内容や因子分析結果，尺度の基本統計量を教えてほしいという要望が出やすい。またそれ以外にもポスターに載せきれなかった情報などがあるかもしれない。そのような場合

図 10.5　ポスター構成の目安

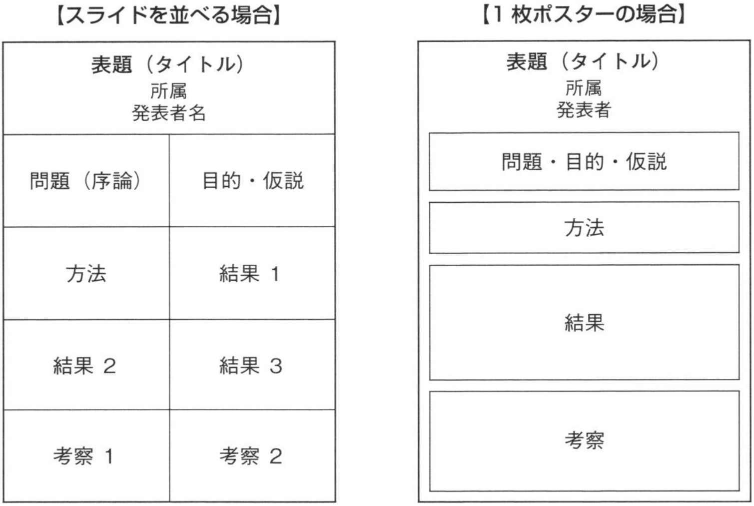

【スライドを並べる場合】　　　　　　　　【1 枚ポスターの場合】

表題（タイトル） 所属 発表者名	
問題（序論）	目的・仮説
方法	結果 1
結果 2	結果 3
考察 1	考察 2

表題（タイトル） 所属 発表者
問題・目的・仮説
方法
結果
考察

によく行われている工夫が，配付資料である。発表者が在籍していない時間に
ポスターを見に来た方への配慮として，配付資料を「ご自由にお取りくださ
い」といった形でポスターと一緒に掲示するのも，学会発表ではよく見受けら
れる工夫である。

コラム 10.2　剽窃（盗用）の問題

　学生が作成した論文・レポート課題が提出された際には，「しっかり添削しなければ」という姿勢で読んでいるが，数十人のレポートを読んでいると「アレッ？　さっきまったく同じ文章を誰かのレポートで見たな」とか「アレッ？　ここだけ妙に文章がしっかり書けているな」ということがある。

　近頃は，インターネットの検索サイトでキーワードを打ち込めば，専門的な情報でも，あっという間に多くの情報が入手できる。実習授業のテーマとまったく同じ調査や実験の研究レポートがヒットして，「あ，授業で出た課題と同じだ！」と安易な気持ちでその文章を自分のレポートに「コピペ」して出してしまう学生が見受けられる。また友人の文章をそのまま「コピペ」して提出する学生もいる（第14章参照）。このように，
他人の文章を一部分でもコピペして自分のレポートとするのは剽窃（盗用）行為である！

　最終試験としてレポート課題が出された場合は，試験でいえばカンニングであり，不正行為として**単位の取消に値する行為**である。筆者も発見した時点で学生本人に確認し，盗用であることがわかった時点で，その授業の単位を不可とした経験がある。

　ここで問題となるのが，「引用」と「盗用」の違いである。「引用」と「盗用」の違いは，他人の研究や文章の一部を自分のレポートに引用した際に，**その出典を明らかにしているか，つまり引用文献情報を記しているか**，である。つまり，自分の論文・レポートの中で，自分以外が書いた文章をレポートに引用したいときは，**誰の意見や考え，アイディアかがわかるように記述しなければならない**。

　引用の仕方については，松井（2022）の『三訂版　心理学論文の書き方──卒業論文や修士論文を書くために──』の p.53 以降「2-6　引用に関する注意点」に詳しくまとめられているので必ず確認してほしい。また引用の形式（直接引用，間接引用，2次資料引用）については，フィンドレイ（1993；細江・細越訳，1996）の p.38 以降「3章　本文中の引用（盗用の避け方）」でとても丁寧な解説がなされているので，ぜひご一読いただきたい。

コラム 10.3　論文作成テクニック

　論文・レポートを書くときは「当然最初（問題）から順番に書くもの」と思っていないだろうか？　松井（2022）では，「方法から書き始める」とあるが，確かに書く内容に迷わないもの，他の章との照合や調整が必要ないものから書き始めると，サクサクと書き進めることができるだろう。

　ここでは，筆者が先輩たちに教わった教訓や学生指導の経験から得た，論文を効率よく書き進めるためのテクニックについて紹介する。

【テクニック 1：引用文献に必要な情報は，1 つのファイルにコピペして保存】

　引用文献リストは，後から作ろうとすると，必ずといってよいほど，どの文献から引用したのかわからなくなる。したがって，雑多に文献検索，文献集めをしている段階から，引用文献に載せるべき情報はすべて残すようにしておく。パソコンに専用のフォルダを作り，一括管理しておくとよいだろう。スマートフォンやタブレット端末のカメラ機能や読み取り（スキャン）機能を用いた記録・保管も有効である。

【テクニック 2：調査実施期間に，データ入力ファイルの作成と方法の章の作成】

　調査票が完成して調査実施期間が始まると，安心して気が抜けてしまうのか，ぼーっと過ごす学生が多いようである。もちろん一生懸命調査票を作成して，ようやく漕ぎ着けたとなれば，気持ち的にはひと段落も必要である。データの回収を待つ間は，アイドリングの意味でも，回収後すぐにデータを入力して分析が始められるという意味でもデータ入力ファイルの作成をしておくのがよいだろう。余力があれば，方法の章をまとめ，分析計画を練っておこう。

【テクニック 3：頭が働かないときは，表紙，引用文献，GT 表の付録版への編集作業を】

　ちょっとした時間のあるとき，頭が働かず考えがまとまらないけれど何かし

ていないと落ち着かないとき，どうもやる気が出ないというときには，好きな曲を聴いたり，歌ったりしながら，編集作業を行えばよい。編集作業は簡単なようだが，意外と時間のかかる作業である。決まった形式がある分，誤情報，入力ミスも多くなりがちなので，提出前ギリギリに行うことのないように注意しよう。

【テクニック4：分析結果が出たら，すぐに結果の図表を作成】

　図表を掲載できる状態に編集するのは，なかなか時間がかかる。なぜなら，結果を形式に則って，読み手にわかりやすく，論点が明確になるようにする工夫が必要だからである。分析が終わったら，まずはじめに掲載できる状態まで図表を完成させるとよい。そうすることで，結果の整理ができるだけでなく，新たな考え方や発見が導かれることもある。

コラム 10.4 「論文書きの歌 2006」

　調査結果が出てひと安心。さぁ，いよいよ論文・レポートにまとめるとなると，「まず何をどうやって書いていけばよいのだろう」とか，「どうすればA評価がもらえるのだろう」というように，ついゴールを見失いがちである。

　そんなときには，以下のフレーズを「アルプス一万尺」のメロディで歌ってはどうだろう（酒井（2006）より一部引用）。

> ♪表題の章
> 「タイトル短く　中身を要約　書き手のねらいをわからせよう　ホー！」
> ♪問題（序論）の章
> 「イントロ大切　なーにをやるのか　どうしてやるのか明確に　ホー！」
> ♪方法の章
> 「マテメソきちっと　情報もらさず　読み手が再現できなくちゃ　ホー！」
> ♪結果の章
> 「いよいよリザルト　中身をしぼって　解釈まじえず淡々と　ホー！」
> 「複雑怪奇な　図表はいけない　情報減らしてすっきりと　ホー！」
> ♪考察の章
> 「山場は考察　あたまを冷やして　どこまで言えるか見極めよう　ホー！」
> ♪引用文献
> 「関連研究　きちっと調べて　引用するときゃ正確に　ホー！」
> ♪文献集め
> 「文献集めと文献管理は　日頃の努力が大切だ　ホー！」
> ♪謝　　辞
> 「お世話になったら　お礼を言わなきゃ　一人も残らず謝辞しよう　ホー！」

　この歌は「論文書きの歌 2006」というもので，ここでは一般的な論文・レポートに重要と思われる部分の歌詞のみ抜粋した。論文・レポートを書いていくうえでもっとも大事なエッセンスがシンプルに歌になっている。行き詰まったら歌いながらがんばってみよう！　酒井（2006）には，このフルバージョンが紹介されており，卒業論文，修士論文，学術論文を書く人のための指針となる歌詞がまだまだあるので，原著をぜひご覧いただきたい。

第 IV 部

応　用

 11 自由回答法とその後の分析方法
——テキストマイニング

立脇洋介

これまでの章で見てきたように，心理学の研究では，目に見えない「心」を測定し，数値化するために，質問項目にさまざまな工夫を行う。選択式の質問は，「よくあてはまる＝5点」「まったくあてはまらない＝1点」のように，数値化しやすく，多くの調査票で使われている。しかし，選択式の質問の場合，調査対象者は提示された質問項目や回答選択肢の範囲で回答する。そのため，調査対象者の「心」を正確に測定しにくいという問題がある。

このような問題に対処する一つの方法が，質問に対して自由に回答を求める**自由回答法**を活用することである。自由回答データは，生年月日や年齢など数字の場合もあるが，ほとんどは文章や単語などの文字である。そのため自由回答法は，心理測定尺度などの選択式の質問と，質問の仕方や分析方法など異なる点が多い。本章では，心理調査における自由回答法とその後の分析方法を解説する。

11.1 自由回答法によるデータ収集

本節では，まず自由回答法の特徴について説明した後，質問作りからデータ入力までの流れと注意点を説明する。

11.1.1 自由回答法の特徴

選択式の質問と比べて，自由回答法にはいくつかの長所と短所がある。これらの特徴を理解することで，自由回答法を効果的に利用することが可能になる。

長所としては，以下の2つがあげられる。第1に，調査対象者が自由に回答できる。選択肢の中から回答する選択式の質問と異なり，自由回答法では調査

対象者のそのままの考えを収集しやすい。第2に，少ない質問で多くの情報を得ることができる。対象の年齢や回答時間などのために質問数に制約のある場合，多くの選択式の質問の代わりに，自由回答法で全体的な考えを尋ねることができる。

　その一方で，以下のような短所も見られる。まず，文字による自由回答データは，そのままでは度数分布の算出などの統計解析も難しいため，分析をするための準備が選択式の質問よりも多い。さらに，回答者の負担が大きいため，短い回答や無回答が多くなってしまう。

11.1.2　調査票の作成

　自由回答法による質問は，大きく「非定型」「定型」の2つの形式に分けることができる。非定型質問では，回答形式をとくに指定せず，調査対象者に自由に回答してもらう。一方，定型質問では，何らかの形で回答形式を指定する。代表的なものとしては，「私は……」など一部が未完成の文章を提示してその部分を埋める文章完成法や，「形容詞」などの品詞を指定する質問がある。

　自由回答法でも質問を作る際には，心理測定尺度を作成する際のワーディングと同様の注意事項に気をつけなければいけない（第5章を参照）。選択式の質問の場合，質問が少し分かりにくくても，項目や選択肢を手がかりに回答することができる。しかし自由回答法で質問が分かりにくいと，調査者の想定とまったく違う回答をする人や回答をしない人がでてきてしまう。そのため，調査対象者に質問の意図が伝わるよう，具体的にしっかりと説明した質問文が必要になる。**図 11.1** に自由回答法による質問の例を示す。なおこれ以降のデータ入力や分析では，質問例1に対する回答を使いながら説明をしていく。

　質問の順番についても注意が必要である。自由回答法による質問を負担に感じ，回答拒否をした人は，それ以後も回答をしなくなりやすい。また，自由回答法による質問に時間をかけてしまった調査対象者は，それ以降の質問にほとんど回答できないことになってしまう。以上の理由から，基本的に自由回答法による質問は，なるべく調査票の後半に設置したほうがよい。

図 11.1　**自由回答法による質問の例**

質問例 1 （非定型質問）
恋人を好きだと感じるのはどのような時ですか。あなたの考えを以下の空欄に自由
にお書きください。

質問例 2 （定型質問）
あなたは「心理学」に対してどのようなイメージをお持ちですか。
心理学に対するイメージを表す形容詞をいくつでもいいのでお答えください。

_____　　_____　　_____　　_____

_____　　_____　　_____　　_____

11.1.3　データ入力とその後の分析

　選択式のデータと同様，自由回答データもエクセルなどの表計算ソフトに入力していく。1 つの質問に対する回答は，回答が複数ある場合でも 1 つのセルに入力する。その後の分析によっては，回答ごとに異なるセルに入力する必要があるので，番号を振ったり，「・」を使ったりするなどして，複数の回答があることをわかるよう入力する（**図 11.2**）。

　また，自由回答データは，誤字脱字があることも少なくない。しかし，最初は誤字脱字も含めて，回答をそのまま入力し，その後の分析の段階で訂正した別のファイルを作成する。

　自由回答データを入力した後には分析を行う。自由回答データの分析として，2 つの方法がある。第 1 に，調査者が文章の内容を読み，その内容にもとづいて回答を分析する方法である。代表的なものとしては，KJ 法（川喜田，1967）を援用した方法があげられる。第 2 に，文章に含まれる単語を抽出し，単語の有無を質的変数として分析する方法である。最近では，テキストマイニングと

図 11.2　自由回答データの入力

　よばれる方法が多くの研究で用いられるようになってきた。次節以降では，2
つの方法の手続きと特徴を説明する。

11.2　意味内容にもとづく分析——KJ 法

　調査者が自由回答データを読み，意味内容にもとづいて分析する方法として，
心理学の研究では KJ 法を援用した方法が多く用いられている。もともと KJ
法は，集団でブレインストーミングを行った結果を整理し，全体像を理解しや
すくするために作られた方法である。そのため，本来なら数人で話し合いをし
ながら行われることが望ましい。しかし，心理調査において自由回答データを
分析する場合，調査者 1 人で KJ 法を行った後，他の人が分類を確認し，一致
率を算出するという方法で実施されることもある。KJ 法とその後の分析の流
れを**図 11.3** に示す。

11.2.1　KJ 法の手続き

　以下では，心理調査において自由回答データを KJ 法によって分類していく

図11.3　KJ法とその後の分析の流れ

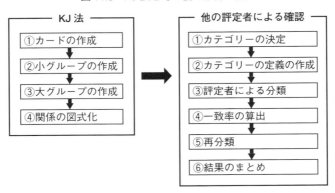

手続きを簡単に紹介する。なお KJ 法の詳細な手続きについては，川喜田（1967，1970）を参照してほしい。

1. カードの作成

　自由回答データを名刺ほどの大きさのカードに記入する。表計算ソフトなどを利用すれば，名刺サイズのカードを簡単に作ることができる。回答を識別できるよう，カードには回答番号も記入する。カードは必ず回答1件ごとに1枚作成し，2件以上の回答を1枚のカードには記入しない。

2. 小グループの作成

　意味内容が似ている回答同士でグループを作っていく。まずは，非常に似ている回答を集めた小さなグループを作るようにする。意味内容が離れているものを無理やり同じグループにしないようにする。グループが一通りできたら，グループ名をつけてカードに記入し，グループの一番上に置く。

3. 大グループの作成

　大きな紙を用意し，その上に小グループのカードのまとまりを並べていく。意味内容が似ている小グループは，近くに配置して大グループを作成する。大グループに含まれるカードを大きな四角で囲み，大グループの名前をつける。

4. 関係の図解化

　グループ間で以下のような関係が見られたら，近くに配置してどのような関係かを記入する。ただし，「項目を作成するための予備調査」など回答を分類

することが目的の場合には，この手続きが省略されることもある。

【関係の記入例】

対立関係：小グループ同士が対立関係の場合，両側矢印（⇔）で結ぶ。

因果関係：小グループ同士が因果関係の場合，原因のグループから結果のグルー
　　　　　プに矢印（⇒）を引く。

11.2.2　他の評定者による確認

　KJ法による分類が，客観的なものであるかを評価するために，複数の評定者による確認を行う。心理学の研究では，心理学を専門とする大学生，大学院生，研究者が評定者をすることが多い。ただし，心理学の専門家では十分に分からない現象の場合，その分野に詳しい人が評定者をしたほうがよい（例：小学生を対象とする研究で小学校の教員が評定者になる）。具体的な手続きを以下に示す。

1.　カテゴリーの決定

　研究者がKJ法の結果を基に採用するカテゴリーを決める。回答が非常に少ないグループや質問の意図と異なるグループについては，除外したり，「その他」としてまとめたりする。また大グループの内容が広すぎて，さまざまな回答が含まれている場合は，小グループをカテゴリーとして採用する。

2.　カテゴリーの定義の作成

　調査者が各カテゴリーの定義を作成する。評定者はこの定義を基に分類を行うため，カテゴリーの違いを明確にし，分かりやすく定義する必要がある。

3.　評定者による分類

　KJ法に参加していない1〜3人程度の評定者が分類を行う。評定者は，カテゴリーの定義を基に，すべての回答をいずれかのカテゴリーに分類する。この際，評定の独立性を保つため，評定者同士が話し合いをしてはいけない。

4.　一致率の算出

　評定者間の一致率を算出する。一致率とは，2人の評定者の回答を比較し，全回答のうち評定者間で一致した回答の割合である。評定者が3人の場合，3つの一致率の平均も算出する。

5. 再 分 類

　評定者間で分類が異なっていた回答に関しては，カテゴリーを再分類する必要がある。再分類は，評定者が話し合って決めたり，研究者の分類を優先したりして決定される。

6. 結果のまとめ

　表 11.1 は，質問例 1（図 11.1）の回答を KJ 法によってまとめた最終的な結果である。表には，作成したカテゴリーの名前，そのカテゴリーに含まれる回答件数，代表的な回答を記載する。また論文中では，定義にもとづいて各カテゴリーを詳細に説明し，評定者間の一致率も記載する。

表 11.1　KJ 法による自由回答データのまとめ

カテゴリー	件数	代表的な回答
一緒にいない時	17	一人でいてさびしい時
一緒にいる時	13	一緒にいる時
会話	12	冗談を言いあっている時
相手の自分への配慮	11	落ち込んでいる時に励ましてくれる時
相手が笑う	10	その人が笑っている時
いつも	8	四六時中
相手の能力	8	相手の良い所を感じた時
その他	12	相談を受けた時 用がないのにメールをくれる時

11.3　含まれる単語にもとづく分析（テキストマイニング）

　コンピュータによって自由回答データを効率よく分析する方法として，テキストマイニングがあげられる。**テキストマイニング**とは，文章形式のデータを単語や文節などに分割した後，単語の有無や頻度を基に統計解析を行い，有益な情報を取り出す技術である。実際の流れとしては，コンピュータによって文章に含まれる単語を抽出する「形態素解析」という手続きの後，回答における各単語の有無を質的変数とみなして「統計解析」を行う（**図 11.4**）。

図11.4　テキストマイニングの流れ

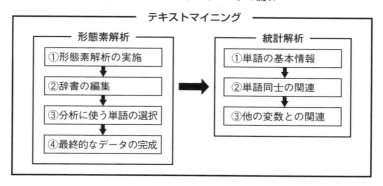

11.3.1　形態素解析

1.　形態素解析とは

　文章に含まれる単語を抽出するためには，分かち書きと形態素解析という2つの作業が必要になる。**分かち書き**とは，単語や文節などの間をスペースで区切って記述することである。**形態素解析**とは，単語よりも細かい形態素（意味のある最小の単位）のレベルで分かち書きし，品詞を特定する作業である。たとえば「私は大学生です」という文章を形態素解析した結果は下記のようになる。

私　　　は　　　大学生　です
名詞　　助詞　　名詞　　助動詞

　欧米の言語と異なり，日本語は，形態素解析が非常に難しい言語である。英語では，"I love you."のように，文章が分かち書きされた状態で表記される。しかし，日本語の場合，文章が分かち書きされておらず，「東大阪大」を「東大（トウダイ）／阪大（ハンダイ）」と区切ることも「東大阪大（ヒガシオオサカダイ）」と区切ることもできてしまう。ただし，「東京大学大阪大学」「東大阪大学」と省略をせず表記すれば間違いは生じない。このように日本語は，「形態素の境があいまいである」「言葉の省略が多い」「かな文字と読み方が多様な漢字とが混じっている」という特徴のため，永らく形態素解析が困難であった。しかし，コンピュータ技術の発展により，容易かつ正確に形態素解析が

できるようになった。

2.　形態素解析の実施

　現在，テキストマイニングや形態素解析を行えるさまざまなソフトがあるが，それらを解説すると本章では収まりきらないため，ここでは形態素解析の手続きの概要を説明するにとどめる。なお，これらのソフト及びその解説書は，**コラム 11.1** で紹介しているので，参考にしてほしい。

　形態素解析は，**図 11.2** で示したデータを形態素解析用のソフトに読み込み，「分析」や「変数の作成」などボタンを押すと実行される。さまざまな結果が出力されるが，とくに重要なものについて説明する。**図 11.5** は，全回答に含まれる単語の一覧である。各単語の品詞とその単語が含まれていた回答の件数が算出される。**図 11.6** は，調査対象者別に各単語が含まれていたかをまとめたものである。回答の中に単語が含まれていた場合には「1」，含まれていなかった場合には「0」で表記される。元々入力した回答（**図 11.2**）と形態素解析の結果（**図 11.6**）を見比べると，「話をしている時」と回答した 8 番の調査対象者は，「時」「する」「話」の 3 つの単語のみが「1」となっている。形態素解析の後の統計解析は，**図 11.6** を基に行う。

　ただし単語の一覧（**図 11.5**）を見ると，「話」「話す」といった類似した単語が別の単語とされているなど，修正が必要な状態である。これ以降の手続きでは，単語の修正や整理を行い，**図 11.6** の完成版を作成していく。

3.　辞書の編集

　形態素解析用のソフトは，文法ルールや辞書にもとづいて形態素の判定を行う。ソフトに元々搭載されている辞書は，一般的な単語が中心であり，専門用語や新しい言葉などが含まれると誤った結果になりやすい。そのため，実際の分析では，単語を判定している辞書を編集し，結果を正確にしていくことになる。具体的には，下記のような単語を辞書に登録する。

【同じ単語として登録】

- 誤字脱字（単語を登録しないで**図 11.2** のデータを修正してもよい）
- ひらがなと漢字などの表記が違うだけの単語
- 一部が省略してある単語（例：「東大」 → 「東京大学」）

図 11.5　全回答における各単語の出現件数

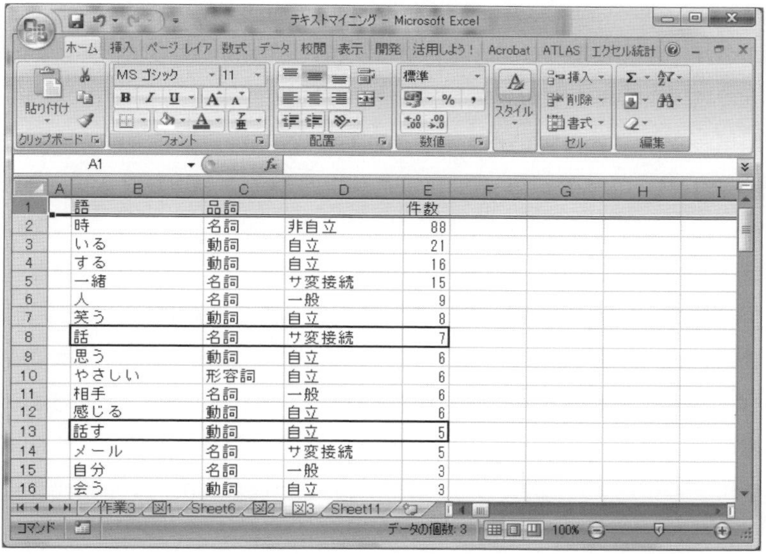

	A	B	C	D	E
1		語	品詞		件数
2		時	名詞	非自立	88
3		いる	動詞	自立	21
4		する	動詞	自立	16
5		一緒	名詞	サ変接続	15
6		人	名詞	一般	9
7		笑う	動詞	自立	8
8		話	名詞	サ変接続	7
9		思う	動詞	自立	6
10		やさしい	形容詞	自立	6
11		相手	名詞	一般	6
12		感じる	動詞	自立	6
13		話す	動詞	自立	5
14		メール	名詞	サ変接続	5
15		自分	名詞	一般	3
16		会う	動詞	自立	3

図 11.6　調査対象者別にみた各単語の出現状況

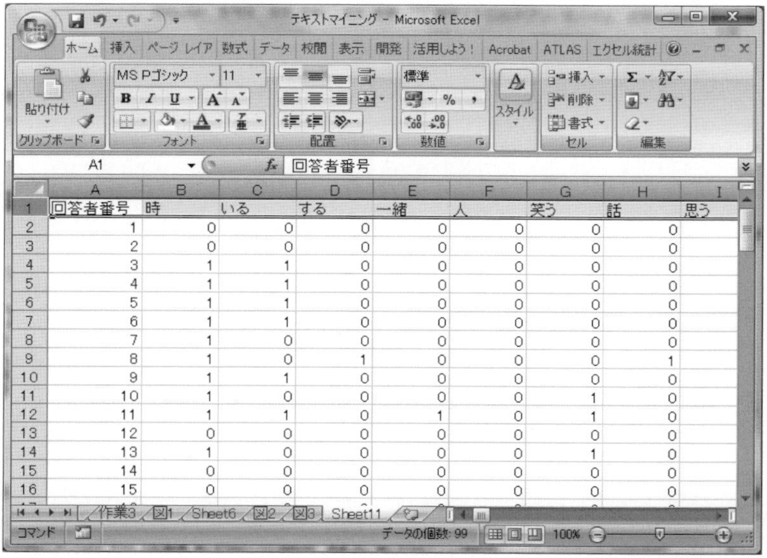

	A	B	C	D	E	F	G	H	I
1	回答者番号	時	いる	する	一緒	人	笑う	話	思う
2	1	0	0	0	0	0	0	0	
3	2	0	0	0	0	0	0	0	
4	3	1	1	0	0	0	0	0	
5	4	1	1	0	0	0	0	0	
6	5	1	1	0	0	0	0	0	
7	6	1	1	0	0	0	0	0	
8	7	1	0	0	0	0	0	0	
9	8	1	0	1	0	0	0	1	
10	9	1	1	0	0	0	0	0	
11	10	1	0	0	0	0	1	0	
12	11	1	1	0	1	0	1	0	
13	12	0	0	0	0	0	0	0	
14	13	1	0	0	0	0	1	0	
15	14	0	0	0	0	0	0	0	
16	15	0	0	0	0	0	0	0	

- 意味が近い単語

【キーワードとして登録】

- 複合名詞など分かれてほしくない単語（例：「恋愛」「感情」→「恋愛感情」）
- 最近有名になった人や新発売の商品
- 専門用語や大学などの特定の集団でだけ使われている単語

【除外する単語として登録】

- 回答内容と直接関係ない単語（例：「私」「時」）

　辞書の編集をする際には，単語の一覧（**図 11.5**）だけでなく，最初に入力した回答（**図 11.2**）も確認する。また精度を高めるためには，辞書の編集と形態素解析を繰返し行う必要がある。回答や記述分量が多い調査では，非常に時間がかかる作業である。しかし，この作業をしっかりとしておかなければ，その後の分析結果は不十分なものになる。つまり，辞書の編集は，テキストマイニングでもっとも時間がかかるものの，研究の成否を決定する重要な作業といえる。

4.　分析に使用する単語の選択

　辞書の編集が終了したら，以下の 2 つの基準で実際に分析に使用する単語を選択する。

　第 1 は，その単語を含む回答の件数である。本節の例では，全部で 98 種類 306 件の単語が抽出されているが，**図 11.7** に示したように，1 件の回答にしか含まれていない単語が 7 割にのぼる。少数の回答にしか含まれていない単語は，その調査対象者の特徴を表しているものの，統計解析には使いにくい。また，これらの単語をすべて含めた場合，その後の分析が膨大な量になる。そのため，「○件以上の回答」という基準を設定し，単語を選択する必要がある。

　第 2 は，品詞の種類である。心理学の研究では，助詞や助動詞を分析で使用することはほとんどない。また，文脈によって意味が異なる動詞を除外した研究や形容詞のみを分析した研究も見られる。どのソフトでも，出力する単語（**図 11.5**）の品詞は選択することができる。また，質問例 2（**図 11.1**）のように，調査票を作成する段階で「形容詞で回答」など品詞を指定していても構わない。

図 11.7　単語の出現件数の割合

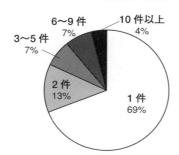

11.3.2　統 計 解 析

　統計解析は，調査対象者別の単語の出現状況（**図 11.6**）を基に行う。形態素解析のみを行うソフトの場合や使い慣れた統計ソフトがある場合は，この結果を統計ソフトに読み込んでから分析する。変数は「1」「0」で表記される**質的変数**である。量的変数である心理測定尺度とは，利用できる統計解析も異なる。以下では，テキストマイニングで使われる主要な統計解析を紹介する。

1.　単語の基本情報に関する分析

　心理測定尺度の平均値の代わりに，**図 11.5** で示した**度数分布**や全回答のうちその単語が含まれる回答の割合を算出する。この分析によって，どの単語が多くの回答に含まれていたのかを確認する。

2.　単語同士の関連に関する分析

　2つの単語の関連に関心があり，ある単語が含まれる回答に別の単語も含まれているかを分析したい場合には，**クロス表**を作成する。関連の有無を検定する際には，**χ^2 検定**を使用する。

　心理測定尺度の因子分析のように，3つ以上の単語の構造を調べたい場合，質的変数の多変量解析を行う。**数量化III類**（**対応分析，コレスポンデンス分析**）や**クラスター分析**などが多くの研究で使われている。

3.　他の変数との関連に関する分析

　性別や年齢などの調査対象者の属性や，自由回答法と同時に実施した心理測定尺度との関連を検討することも可能である。関連を見たい変数が性別などの

質的変数の場合は，クロス表を作成し，χ^2検定を行う。関連を見たい変数が心理測定尺度などの量的変数の場合は，単語の有無で調査対象者を2つの群に分け，心理測定尺度の平均値を算出し，t検定を行う。

11.3.3　KJ法とテキストマイニングの比較

　本章では，自由回答データの分析として，KJ法とテキストマイニングを紹介した。最後に2つの方法を比較し，それぞれの特徴について説明する。

　表11.2に，本章で実際に行った2つの分析結果をまとめた。KJ法の「会話」「自分への配慮」「相手が笑う」は，テキストマイニングの「話」「やさしい」「笑う」とそれぞれ対応しており，共通した結果が得られている。しかし，KJ法で上位を占めた「一緒にいない時」「一緒にいる時」という2つのカテゴリーは，助動詞「なし」を分析から除外しているため，テキストマイニングでは区別できていない。またKJ法だけで見られる「相手の能力」は，「自分より深い」「クレバー」「人をまとめる」などの回答を意味にもとづいてまとめたカテゴリーである。テキストマイニングでは，いずれの単語も回答件数が少ないため，除外されている。このように，テキストマイニングは，全体で意味を持つ文章にはあまり向いていない。

表11.2　KJ法とテキストマイニングの結果の比較

	KJ法	テキストマイニング
共通するカテゴリー	一緒にいない時	いる
	一緒にいる時	一緒
	会話	話
	相手の自分への配慮	やさしい
	相手が笑う	笑う
独自のカテゴリー	いつも	思う
	相手の能力	相手
		感じる
		人
		する

　しかし，テキストマイニングにはそれを補って余りある2つの長所がある。第1に，研究者の主観にほとんど依存しない点である。たとえばKJ法の「相手の能力」というカテゴリーは，研究者が別の人であるならば作られていない可能性がある。自由回答データの分析結果は，客観性がたびたび問題とされる。どの研究者が行っても結果を再現できるという点では，テキストマイニングがKJ法よりも優れている。第2に，大規模なデータでも分析できる点である。文章の内容を読んで判断するKJ法では，データが500件を超えると実施が困難になる。テキストマイニングは，むしろ大規模データの分析に向いている。たとえば，ホームページやブログなどインターネット上の数万を超える文章も，テキストマイニングを利用することで分析が可能になる。

　このようにKJ法とテキストマイニングには，それぞれの良さがある。実際に研究をする際には，それぞれの方法の特徴と研究の目的を合わせて考えて，適切な方法を選択することが必要となる。

コラム 11.1　無料で使えるテキストマイニング用ソフト

　現在提供されているテキストマイニング用のソフトには，「企業向けの有料ソフト」「個人向け有料ソフト」「無料ソフト」がある。企業向けの有料ソフトは，顧客データの分析を想定しており，形態素解析，統計解析だけでなく，レポートの作成までできる。ただし，金額は月に 10 万円程度と高価である。個人向け有料ソフトは，形態素解析と統計解析ができるものと，形態素解析しかできないが，その会社が提供する統計ソフトと連携しているものがある。金額は，企業向けソフトより安いものの，数十万円程度であり，学生が購入するのは難しい。そこで，以下では無料で入手できる 2 つのテキストマイニング用ソフトを紹介する。

1.　KH Coder

提供元：https://khcoder.net

製作者：樋口耕一氏（立命館大学）

解説書：樋口 耕一・中村 康則・周 景龍（2022）．動かして学ぶ！ はじめてのテキストマイニング——フリー・ソフトウェアを用いた自由記述の計量テキスト分析—— ナカニシヤ出版

特徴：この中ではもっとも早い時期に発表され，バージョンアップで細かな点も改善されてきた。フリー版とサポートのある製品版がある。これまでに 5,000 以上の研究で使用されている。統計ソフト R が入っているパソコンでは，形態素解析だけでなく，KH Coder 上で統計解析もできる。

2.　RMeCab

提供元：http://rmecab.jp/wiki/index.php?RMeCab

製作者：石田基広氏（徳島大学）

解説書：石田 基広（2017）．R によるテキストマイニング入門　第 2 版　森北出版

特徴：いずれも無料である MeCab（形態素解析ソフト）と R（統計ソフト）

とを組み合わせ，R上でテキストマイニングが実行できる。Rの利用者にとって使いやすいソフトである。

　石田・金（2012）では，各ソフトの製作者が使い方の概要を説明しているので，どちらのソフトを利用しようか迷った場合には読んでみることをお勧めする。さらにこの本では，心理学だけでなくさまざまな分野のテキストマイニングの研究事例も紹介されている。

　またテキストマイニングは，使ったソフトによって多少結果が異なるため，方法や引用文献で，用いたソフトを記載することが必要である。さらに，これらのソフトは製作者の厚意により無料で使うことができる。使用する場合，使用条件をしっかりと守ることが必要である。

12 質問 "紙" 調査について

日比野　桂

12.1　質問 "紙" の作成方法

　ウェブ調査が隆盛になったとしても質問 "紙" を用いて調査を実施することがあるであろう。質問 "紙" を用いた調査を行う場合，質問紙の作成にも時間を必要とする。ウェブ調査と同様，質問紙調査への回答は研究者のいる場所で行われるとは限らないため，調査対象者が調査内容を間違いなく理解し，回答できるような質問紙を作成しなければならない。質問紙は実験に比べて作成も実施も簡単にできると思われているかもしれないが，データを収集するためには作成の段階から気をつけなければならないことが数多く存在する。本節では，質問紙作成の基礎について説明していく。

12.1.1　レイアウト

　質問紙は見やすく，わかりやすいことがもっとも重要である。その上で重要となってくるのが，質問紙の**レイアウト**と設問の順序である。ウェブ調査であればレイアウトの調整は必要ないが，質問紙調査ではレイアウトが重要となってくる。作成途中もしくは作成後にレイアウトを変更すると全体のバランスが崩れ，すべて作成しなおすことになりかねない。そのため，質問紙のレイアウトは作成の前にある程度確定しておいたほうがよい。

　レイアウトは，測定に用いる尺度などによりある程度決まってしまう部分もあるが，空白部分や文字の大きさなどは自由に決めることができる。空白部分が多く1ページの質問数が少ないと質問紙全体のページ数が増えてしまうが，1ページにたくさんの質問を詰め込むと見にくくなったり，回答し忘れたりすることがある。どちらも調査対象者は負担を感じるであろう。全体のページ数

も考慮しつつ，レイアウトを考える必要がある。

　当然，文字の大きさや書体にも注意しなければならない。小さい文字は調査対象者の負担になるが，かといって大きければよいというものでもない。また，文字の書体によっては太字（ボールド体）にしていても，印刷してみると標準との違いがわからないものもある。わかりやすくするために，1つの質問紙の中で文字の大きさや書体を多彩にすると，逆にわかりにくくなることがある。どのようなことでも極端にならないよう注意し，質問紙全体のバランスとわかりやすさを考慮する必要がある。

　また質問紙の場合，印刷と綴り方も検討する必要がある。質問紙をどのサイズの用紙で作成するか，印刷を片面にするか両面にするか，複数ページの質問紙をどこで綴じるかなどもレイアウトに影響する。たとえば，A4用紙に両面印刷し左綴じした質問紙の場合，ページをめくった際に裏側となる部分の質問に気づかれないということも起こり得る。そうならないようするためには，質問紙にページ数を入れたり，教示文の前に質問番号をつけたりするなどの工夫が必要となってくる。質問番号をつけることには回答もれを防ぐ意味もあるが，入力や分析の際などのわかりやすさを高めるという意味もある。質問が箇条書きに並ぶよりも，通し番号がついているほうが，研究者・調査対象者の両者にとって有意義であると思われる。このような工夫は質問紙独自ともいえ，調査対象者のことを考慮し変更できるのは質問紙の良い点ともいえるだろう。

　また，回想法を用いて過去の複数のエピソードについて回答を求める場合などは，それぞれのエピソードに関する質問が同じページ内にあるほうが答えやすいこともある。ウェブ調査と同様に見やすさなどを考慮しなければ測定がうまくいかないことも起こり得るので，気をつけなければならない。

　なお，複数項目からなる尺度などを用いる場合，偶数項目・奇数項目で背景色を変えたり，4もしくは5項目ごとに線を引いたり，行間をあけたりするほうがよい。そうすることで見やすくなり，二重回答や回答もれのようなミスを防ぐことができ，データ入力の際にもどこを入力しているのかわかりやすくなる（**図 12.1**）。

図 12.1 見やすいレイアウト例（尺度の項目は架空のものである）

1. あなたが普段感じる感情として，以下のそれぞれの感情はどれくらいあてはまりますか。「非常にあてはあまる」～「まったくあてはまらない」のうちで，最もあてはまると思うところの数字に○印をつけてください。

	まったくあてはまらない	ほとんどあてはまらない	どちらともいえない	少しあてはまる	非常にあてはまる
1. うきうきする	1	2	3	4	5
2. 苦しい	1	2	3	4	5
3. おそろしい	1	2	3	4	5
4. つまらない	1	2	3	4	5
5. 愛しい	1	2	3	4	5
6. 優越感	1	2	3	4	5
7. そわそわする	1	2	3	4	5
8. うらやましい	1	2	3	4	5
9. 優しい	1	2	3	4	5
10. 憎い	1	2	3	4	5
11. 幸せ	1	2	3	4	5
12. 不満	1	2	3	4	5
13. 切ない	1	2	3	4	5
14. 劣等感	1	2	3	4	5
15. 怯える	1	2	3	4	5
16. 喜ばしい	1	2	3	4	5
17. 罪悪感	1	2	3	4	5
18. 煩わしい	1	2	3	4	5
19. わくわくする	1	2	3	4	5
20. もどかしい	1	2	3	4	5
21. 後悔する	1	2	3	4	5
22. 楽しい	1	2	3	4	5
23. 怠ける	1	2	3	4	5
24. 虚しい	1	2	3	4	5
25. 哀れむ	1	2	3	4	5

12.1.2 設問順序

　設問順序が回答に大きな影響を与えることは，ウェブ調査のみならず質問紙調査でも同様である。調査への回答は後半になるほど動機づけや集中力が落ちて正確さが減少する。とくに質問紙調査の場合，回答を質問紙に記述する必要があるため，ウェブ調査よりも負担が大きくなりかねない（調査対象者のサティスファイスについては**コラム 12.3** 参照）。そのため，重要な設問は前半で尋ねるほうが望ましいが，回答のしやすさを考えると調査の最初は当たりさわりのない質問から始めるほうがよい。重要であっても回答しにくい内容や複雑・困難な質問を先にすると，研究への協力率が減少したり，回答のミスが増加したりするためである。たとえば，浮気に関する研究をするために，過去の浮気について回答を求めたとしよう。研究者は調査対象者の負担も考え，最初から過去の浮気状況についての設問を配置するだろう。しかし，調査対象者の立場に立って考えてほしい。いきなり，自分の浮気について回答することに戸惑いを感じないだろうか。とくに質問紙への回答に慣れていない場合は，その傾向が顕著である。浮気について研究する際にも，まずは現在の恋愛状況や浮気に対する考え方などから回答を求めることが重要である。最初に年齢などを尋ねる質問紙が多いのは，このような理由である。

　また，当然ながら関連する質問項目は続けて配置するほうがよい。たとえば，現在の友人関係，現在の恋愛，過去の恋愛に関する質問をするとしよう。この場合に「現在の恋愛→現在の友人関係→過去の恋愛」や「過去の恋愛→現在の友人関係→現在の恋愛」などの順番で配置すると，恋愛に関する質問の間に友人に関する質問が入ってしまい，回答しにくい。関連する質問項目を続けるように「過去の恋愛→現在の恋愛→現在の友人関係」の順で配置すると回答しやすいのがわかるだろう。

　回想法や場面想定法を用いた質問紙を作成する際には，調査対象者の心理的な流れにも気をつけて設問の順序を考えなければならない（**図 12.2**）。通常，質問項目は過去・現在・未来といった時間の流れや，事実から動機といった心理的な流れを意識して配置される。たとえば，アルバイト先での不満の解消方法について検討するために，不満内容，不満を感じ始めたきっかけ，不満の解

図 12.2　調査対象者の心理的な流れに沿った設問順序

| 不満内容 | → | 喚起対象 | → | きっかけ | → | 不満の強さ | → | 解消方法 | → | 解消効果 |

解消方法やその効果の測定が目的であっても，まずは不満内容から測定する。解消方法を質問した後，不満内容を尋ねられても回答しにくいであろう。まずは不満内容を尋ね，どのような場面なのかを明確にさせてから，関連する質問をするのがよい。

消方法，解消方法の効果などを検討するとしよう。その場合，解消方法の測定が目的であっても，まずは不満の内容についての設問をするべきである。不満の解消方法を尋ねた後で不満内容や不満を感じたきっかけを尋ねることは可能だが，回答しやすいとはいえない。

　また，心理的な流れは実際の時間経過に従うとは限らない。先ほどの例でいえば，最初に不満を感じ始めたきっかけがあるわけだが，きっかけを先に尋ねるより，不満内容について尋ねた後にきっかけを尋ねるほうが，思い出しやすいのである。不満内容を先に尋ねることで，想定した場面や記憶にある過去の場面がより明確となる。先に解消法を尋ねると，調査対象者の中でどの場面であったかが漠然としたまま回答されてしまう可能性がある。

　さらに，ある状況での感情と行動を測定する場合などは設問順序の影響で測定する内容が変わってしまうことがある。先に感情を尋ねた場合，行動はその感情喚起の結果であるが，逆に，先に行動を尋ねた場合，感情はその行動の結果もふまえて喚起したものを回答するであろう。このように同じ設問であっても，設問の順序で意味合いが異なってしまうということが起こる。設問は研究者が重要と考える順序ではなく，あくまで調査対象者の立場に立って考える必要がある。そうしなければ，自らが意図したものを正確に測定できない調査となる可能性がある。

　このように，調査の個々の項目は回答内容が相互に影響を与え合うことがある。たとえば，前の設問の回答が後の設問の回答に影響を与えることがあり，これを**キャリーオーバー効果**という。具体的な例をあげると，環境問題を尋ねた後で，自動車（バス）と自転車のどちらの通勤・通学を増やすべきかを尋ね

た場合，自転車を増やすべきという回答が増加するといったことである。環境
問題を尋ねられると環境への意識が高まる。そのため，環境破壊につながらな
い自転車が選択されやすくなるのである。このようなキャリーオーバー効果が
データに与える影響を最小限にする方法としては，それぞれの設問の独立性が
保たれるよう，設問の位置を離すことが考えられる。もしくは，設問の順序が
異なる質問紙も作成し，複数の質問紙を用いて調査することでカウンターバラ
ンスをとる方法も有効となる（**図 12.3**）。

図 12.3　カウンターバランスの例

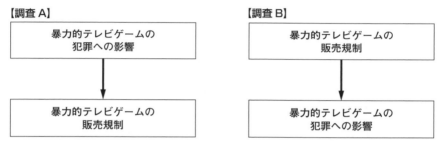

調査Aでは，犯罪に影響すると思うほど販売規制の承認が高まる。調査 B では，販売規制を
承認しているほど，犯罪への影響を高く評価する。両方の質問紙を作成・配付することでそ
れぞれの効果を打ち消し合う。場面想定法で2場面提示する際などもカウンターバランスを
とることで回答への慣れの影響を排除することができる。

12.1.3　ワーディング（言い回し）

　先に示したように，質問紙の作成の際には，調査対象者に調査内容が正確に
伝わる必要がある。そのため，質問紙上の文章や用いる表現にも注意が必要と
なる。不特定多数に配付する質問紙だからこそ，わかりやすいのはもちろん，
間違った解釈がなされないように気をつけなければならない。たとえば，家族
の関係性に関する質問紙を作成したとしよう。一見，問題がないように思うか
もしれないが，そもそも研究の対象としている「家族」とはどのような対象で
あろうか。同居・別居，何親等以内，配偶者の親族はもちろん，ペットを家族
とみなす人がいる現在では，その扱いも明記しておかなければ研究の対象では
ない家族が含まれかねない。また，たとえば学生に在籍している大学の構内で

好きな場所を尋ねる場合に「あなたは大学のどこが好きですか？」などと尋ねてしまうことがある。この場合，空間的なことだけではなく，校風や施設の充実度，教員の態度などの特徴を回答されることが考えられる。直接言語的なやりとりができる場合は，相手の誤解に気づいた時点で再度質問ができるが，紙媒体の質問紙ではそうはいかない。一義的な解釈となるよう，研究者の意図が正確に伝わるように何度も表現を推敲する必要があろう。

　上記の例のような曖昧な用語以外にも，一般的に通用していない用語（省略語，流行語，方言など）や専門用語の使用は避けるべきである。調査対象者が知らない単語を調べて回答することは期待しないほうがよいし，そもそも調査対象者が知らない単語を用いている質問紙は決して良いものとはいえない。研究者にとってどれだけ馴染みがある言葉であっても，通用しない言葉では意味がないのである。また，わかりやすさを考えるならば，長い設問文も避けるべきであろう。設問文が長くなればなるほど，わかりにくく誤解が生じやすくなる。さらに，設問文が長いと必然的に質問紙全体の量も増えることになる。このように，質問紙作成において「明確さ」と「簡潔さ」はレイアウトだけではなく，さまざまな意味で重要な要素である。

　ふだんはあまり意識しないかもしれないが，文章を正確に理解してもらうには構文が大事である。たとえば，「あなたはなぜ今の大学で心理学を勉強しているのですか？」という質問を考えてみよう。この文章では「なぜ」がどこにかかっているかがわかりにくい。つまり「心理学を勉強するために今の大学を選んだのはなぜか？」（「なぜ」が今の大学にかかる）と「今の大学で勉強するものとして心理学を選んだのはなぜか？」（「なぜ」が心理学にかかる）の二通りに解釈できる。いくつも解釈できる文章では正確な情報が伝わらないし，求めていない回答（今の大学で心理学を選んだ理由が知りたいのに，心理学を勉強するために今の大学を選んだ理由を回答されてしまう）により，分析に必要なデータ数がなかなか集まらないという事態になりかねない。日本語そのものが曖昧さを内包しており，また日本文化には明言を避ける傾向があるため，質問紙を作成する際には，構文のようなふだん意識しない部分も意識し，表現や言い回しを考える必要がある。正確なデータを収集するためには，設問文を正

確な文章で作成することが必須であろう。

12.1.4　フェイスシート（調査協力の依頼）

　従来，質問紙のフェイスシートといえば，性別や年齢などの個人情報，デモグラフィック（人口統計的）変数に関する質問項目のことであった。これらは，データ分析において基礎となるデータであり，質問紙の冒頭，すなわち表紙に置かれることが多かったため，**フェイスシート**とよばれていた。しかし現在では，これらの質問項目を調査の最後に設置することも多くみられる。一方，質問紙の表紙には，研究の目的，回答方法やデータ処理の方法などを載せるのが一般的になっている。これは，調査実施前に調査協力への意思の確認が非常に重要なためである。様式が決まっているわけではないが，表題（タイトル），研究の背景や目的，回答方法，データ処理方法，個人情報の取り扱い，研究結果の開示，研究者の氏名および連絡先などは載せるべきであろう。

　表題（タイトル）は抽象的であっても具体的であってもよい。当然，具体的であれば調査の内容を明確に伝えられるが，研究目的などにより表現を考えるべきである。たとえば，援助行動に関する調査であった場合，表題に「援助行動」と明記することで社会的望ましさが影響し，より援助を行ったという方向にデータが歪む可能性がある。また，「性」などの個人情報が深く関わる場合も抽象的なほうがよいであろう。個人情報の保護にどれほど気をつけたとしても，個人情報がすべて明らかになってしまうといった不必要な誤解をされたり，協力拒否をされたりしかねない。この場合，実際の質問箇所で個々に詳しく教示する必要があるだろう。なお，調査において多様な質問を行う場合は，それを包括するような表題をつける必要がある。

　研究協力を得るにあたり，その研究の目的や意義などは重要な要素となる。協力する側としても，目的が明確で協力価値がある研究に協力したいと思うのは当然であろう。そのため，フェイスシート（表紙）に研究の目的を明記することは協力を得ることにつながる（**図 12.4**）。また，質問紙のページ数や回答時間，質問紙全体の回答方法なども先に示しておくのがよい。回答時間は協力する際に必要な情報でもあり，調査全体の内容を理解してもらうためにも先に

図 12.4 フェイスシートの例

ご協力のお願い（研究概要説明書）

研究実施者：○○大学○○学部 建久太郎
E-mail：×××＠×××.com

●研究題目
怒りの対象との話し合いが怒りの鎮静に与える影響

●調査の背景と目的
近年，衝動的に怒りを表してしまうことが社会的に問題視されており，生じてしまった怒りをどのようにコントロールするかを検討することが重要といえます。この調査では，怒りを感じた相手と話し合うことが怒りに与える影響を調べることを目的としています。ご協力いただくことにより，怒りを感じた相手との話し合いの影響について有益な情報を提供できればと考えています。

●調査の内容
この調査は，今までに他の誰かに怒りを感じた際に，相手と話し合いを行った経験についてお尋ねするものです。過去の経験を 1 つ思い出して，その時に感じたことや行動についてお答えいただきます。
質問紙は A4 用紙 3 枚で回答にかかる時間は 15 分程度です。

●回答時の注意点および個人情報の取り扱い
この調査への回答は強制ではありません。回答するかどうかは皆さんが自由に決めることができます。回答したくない場合は，回答の途中であっても回答を拒否することができますし，回答したくない質問には回答しなくても構いません。回答しないことで不利益が生じることはございません。
回答は，研究目的のみに使用し，それ以外の目的には一切使用いたしません。回答はすべて数値化し統計的に処理するため，皆さんの情報がそのまま利用されること，プライバシーが明らかになることは絶対にありません。研究結果を公表する際もプライバシーを配慮し個人が特定される情報が公表されないよう，回答全体をまとめた結果のみ公表します。また，回答は研究期間終了後に適切に廃棄します。

●研究結果の開示について
この調査の結果を知りたい方は，最後に連絡先の記入欄がありますので，メールアドレスをお書きください。調査結果はファイルを添付する形にてお伝えする予定です。携帯電話のメールアドレスはご遠慮ください。

調査の目的・内容についてご理解ご確認いただき，研究協力に同意してくださる方のみ，別紙の同意書に日付を記入・署名して研究実施者にご提出ください。同意書を提出された方は調査用紙への回答をお願いいたします。

この研究は，○○大学研究倫理審査委員会の承認を得たうえで（承認番号：××××-××），研究協力者の皆様に不利益がないよう万全の注意を払って行われます。
本研究の内容に関してご意見・ご質問などがございましたら，お気軽に研究実施者にお尋ねください。

回答方法を示しておくのが効果的である。複数の尺度や異なる内容を質問する場合には，そのことも書いておくと回答時の混乱を防ぐことになるであろう。

また，データ処理方法，個人情報の取り扱い，研究結果の開示方法も明確に示しておく必要がある。調査を実施するにあたり，回答（データ）の扱いや個人情報の保護はもっとも重要なことであり，調査対象者に不安を感じさせないためにも丁寧な記述を心がけるべきであろう。また，研究者の氏名および連絡先を示すのは，最低限の礼儀であり，調査対象者が調査に対する質問や感想などを研究者に伝えるためにも必要である。とくに，質問紙の配付から回収までに数日を要する場合，回答方法への質問を受けるためにも連絡先は明記するほうがよい。なお，研究者自身の個人情報を保護するため，携帯電話などの個人的な連絡先を記載するのは避け，所属先で配付される連絡先などを利用するべきであろう。

12.2 質問紙の配付と回収

質問紙を作成したら，研究計画に従って研究を実施することとなる。つまり，作成した質問紙を配付し回収する必要がある。しかし，ウェブの調査とは異なり，質問紙調査では対面での依頼・配付となるため，配付の対象，配付方法や協力の依頼方法など注意すべきことが数多くある。また，回収の際にも気をつけるべきことがある。本節では，質問紙調査の実施にあたり注意すべき点などを説明していく。

12.2.1 質問紙の配付の依頼方法

対面での質問紙の配付と回収について鎌原他（1998）は，研究者が調査対象者に直接行う「直接型」，第三者に依頼する「間接型」という2種類に分類している。研究者が自らの個人的資源（金銭・人脈・時間など）だけで必要なデータ数を集めることができれば，「間接型」を行う必要はない。しかしながら，大学生・大学院生が質問紙を配付・回収する場合，個人的資源だけでは限界があるし，研究対象が小・中学生や高校生である場合や幼児の保護者を対象とし

た調査の場合などは，自ら配付するより担任教員に配付を依頼することが多いであろう。そこで，ここでは質問紙配付の依頼方法について説明していく。

　まず，研究者は研究対象と必要なデータ数を考え，誰に依頼するかを決めなければならず，当然，複数名に質問紙の配付を依頼することもある。依頼相手には，なるべく偏りのない対象に配付が可能な相手を選ぶべきであるが，質問紙の配付に協力的すぎて，調査対象者に回答を強要しかねない相手には依頼しないほうがよい。研究協力はあくまで同意の上で行われるものであり，義務ではない。研究者が自ら配付できない場合は，調査対象者に対する配慮にはとくに注意を払う必要がある。

　通常，質問紙の配付を依頼する場合，依頼状，研究計画書，質問紙，ブリーフィングの資料を相手に示し，研究について説明する必要がある。目的も実施内容も説明できていない状態で質問紙の配付を依頼することは，相手に失礼である。つまり，ある程度実施の準備ができてから依頼に行くことが重要である。もちろん，礼儀として相手の都合を確認し，説明に行く日時を決めなければならない。当然，授業の進捗状況や他の調査との兼ね合い，日程の問題などさまざまな事情により，質問紙の配付の協力を断られることもあるだろう。協力が得られることを前提とせず，誠意をもって依頼することが重要である。また，研究内容や結果が相手にとっても有益であることも配付に協力してもらえる理由となるであろう。つまり，依頼時には協力することの意味，研究の価値などを十分に理解してもらえるように丁寧な説明が必須となる。なお，小・中学校などでの配付の場合，学校を代表する校長先生に依頼しても，その後，職員会議を経ないと質問紙の配付を依頼できるか判明しないこともある。調査が実施できるまで時間がかかることを前提に，早めに行動することが重要となろう。

　協力が得られた場合，配付可能な数と日程などを確認し，質問紙を渡す日取りと回収する日取りを決める必要がある。また，もし質問紙について調査対象者から質問があった場合，配付と回収に何か問題などが生じた場合の対応についても確認しておくとよいだろう。

12.2.2　質問紙の配付と回収（ブリーフィング，倫理的配慮）

　質問紙を作成し，研究に必要な部数を揃えて配付対象を決めたら，実際に質問紙を配付し，回答を求める段階となる。本項では，配付・回収の際の注意点について説明する。質問紙調査実施の際の流れを**表 12.1** に示す。配付と回収が別の機会になることもあるが，基本的な流れは同じである。

表 12.1　質問紙調査実施の際の流れ

1.　挨拶・自己紹介（あわせて，協力の依頼に来た旨と説明（実施）にかかる時間を伝える）
2.　質問紙の配付
3.　ブリーフィング（研究の目的，回答方法の説明，回答に関する注意点，個人情報の取り扱い，回収方法などを説明する）
4.　協力への同意の確認
5.　調査対象者に質問紙への回答を求める
6.　質問紙の回収
7.　お礼とデブリーフィング

　依頼の方法がウェブであっても対面であっても，配付の対象が個人であっても集団であっても，ブリーフィング内容に変わりはない。**ブリーフィング**とは，端的にいえば調査実施の前の説明のことである。まずは，研究目的と研究内容を伝え，その上で回答方法を説明する。次に，回答されたデータ処理の方法，個人情報の取り扱いについて説明し，回収方法，フィードバック方法を述べる。最後に，質問などがないか確認する必要がある。このように書くと，フェイスシートと同じと感じるかもしれない。実際，フェイスシートをそのまま音読し，ブリーフィングの代わりとすることもありえる。確かに重要な情報はフェイスシートに示されているが，フェイスシートは必要最低限の内容を示しているにすぎない。むしろ，フェイスシートを利用して，情報が正確に伝わるように足りない部分を補ってブリーフィングすべきであろう。その際，事前にブリーフィングの流れと内容を検討し，しっかりと説明できるようにしておく。準備不足でまとまりがないブリーフィングでは情報が伝わらず，調査の実施や回答に支障をきたす恐れもある。なお，調査協力に慣れている対象に対し，ブリーフィングの前に質問紙を配付すると，ブリーフィング（説明）を聞かずに回答を

始める場合がある。このような場合，回答もれや回答ミスが起こりやすく，トラブルにもなりかねないので，対面での質問紙配付のタイミングには注意が必要である。

　研究者として，対面にて質問紙を配付する際にはしっかりと心構えをしておくとよい。配付の際の服装やブリーフィングの態度などにより印象が決まり，それが研究協力への同意や質問紙への回答に影響を与えることもある。服装は公式な場を意識してフォーマルな服装がよいが，権威による強制とならないよう注意が必要である。また，ブリーフィングにおいて，要領を得ない説明をする，小声で話す，早口で話すなどはもちろん，事前に準備した原稿ばかり見ていて，調査対象者のほうを一切見ないといったような態度では，協力が得られないこともあり得る。グループ研究においては，役割分担がなされておらず，互いに押し付け合ったり，研究者のみで通じるようなことを話したりすることも悪影響を及ぼすであろう。当然，調査対象者が質問紙に回答している際に，関係のない話をすることは良い印象を与えない。あくまで，調査対象者の善意により協力が得られることを忘れず，真摯な姿勢で臨まなければならない。すべてウェブにて説明する際にも考慮すべきことではあるが，実際に対面する場合にはより強い影響があるといえよう。

　調査実施の際に，とくに注意すべきことが個人情報の保護を含めた倫理的な問題への対応である。先に述べたブリーフィングも，その対応の一部といえる。実施の前に十分な説明を行い，同意を得た上で実施することは大前提である。また，たとえば援助行動に関する研究など，事前に研究内容を正確に伝えることができずに，抽象的な目的や「仮の」目的などの説明をする場合であっても，実施後に研究の本当の目的とその目的を伏せて研究を実施した理由について丁寧に説明する必要がある。調査実施後でも，誤解がないよう繰返し説明し，相手の理解を得ることが重要である。

　回答においても，協力を断ることに不利益が生じてはならない。質問紙全体への回答はもちろん，個別の設問についても同様である。同意が必要なことからもわかるが，回答は強制ではない。最初から回答しない，途中で回答をやめる，特定の項目のみ回答しないことは許容されることである。さらに，単なる

許容ではなく，何の不利益もないようにする必要がある。未回答が多い場合は，なぜ未回答が多くなったのかを検討する必要がある。質問項目の量，教示文のわかりやすさ，質問内容の回答のしやすさはもちろん，質問紙調査の場合はレイアウトを含めて問題点を明らかにし，未回答を防ぐためにできることは対応を検討するのがよいであろう。

　回収した質問紙の管理も重要なことである。質問紙は調査対象者の個人情報のかたまりといってよい。管理の際には情報の漏洩^{ろうえい}や紛失が生じないよう，細心の注意が必要である。金庫などの施錠できる場所に保管し，他者に見られることがないよう厳重に管理するのがよい。また，データ入力の際など保管場所から出す場合にも，他者に見られないように配慮する必要がある。さらに，研究上の必要性がなくなり次第，速やかに廃棄すべきであろう。研究協力についての同意書についても，同じように厳重な管理が必要である。なお，質問紙そのものの管理も重要であるが，質問紙調査を実施することで得られた情報が，調査対象者の関係者や所属集団にもれることがないように注意する必要もある。

　また，調査結果をフィードバックすることも倫理的な問題への対応である。質問紙の回収をもって調査終了ではない。研究目的や内容を理解し，回答した調査対象者にその協力の結果を示すことは当然といえよう。ただし，結果には興味がない調査対象者もいる。結果を通知するには，調査対象者の匿名性を保ったまま再度連絡をとることが必要な場合もあるし，フィードバックそのものも強制的に行わないように心がけなければならない。分析に必要なデータ数が集まるのに時間がかかることもあるが，時間経過により調査対象者が調査の内容を忘れてしまう可能性もある。フィードバックは，なるべく早いほうがよいであろう。

　最後に，質問紙の回収の際には，協力に対するお礼を忘れずに伝えることを心掛けるべきである。実施できればよいという考え方では，そのときはよくとも次の研究に少なからぬ影響が出るであろう。また，回収においては，回収数と回収率を意識しなければならない。回収数とは実数のことであり，回収率とは割合のことである。回収率を算出するには，当然配付数を把握しておかなければならず，集団に対して質問紙を配付する場合には配付数がわからなくなら

ないように注意が必要である。データ分析のことなどを考えれば回収数は多い
ほうがよいが，単純に配付数を増やせばよいわけではなく，回収数が多くても，
回収率が低ければ結果の信頼性が低下する。その結果は，母集団全体を反映し
ているのではなく，一部のサンプルのみの結果を反映したものと考えられるだ
ろう。このように，回収率は，配付と回収方法に大きな影響を受ける。郵送調
査などは回収率が低くなりがちであるし，配付と回収が別の機会であれば，や
はり回収率は低くなりがちである。一般に回収率がどのくらいあればよいかは
明確にはできないが，それぞれの方法で回収率を高めるための努力は必要であ
ろう。

コラム 12.1　適切な質問紙の量とは

　質問紙を作成していると必ずといってよいほど「質問紙全体でどのくらいの量（項目数・ページ数）が妥当なのか」という悩みを抱くであろう。しかし，この悩みに対する明確な答えは存在していない。考えてみてほしい。すべて自由回答法で5つ回答する場合と，評定尺度法で5項目に回答する場合では調査対象者の負担はまったく異なる。質問紙を作成する際には，当然ながら適切な量を意識する必要があるけれども，単純に量を答えられるものではない。

　質問紙の量に影響する要因としては，大きく3つの要因がある。まず1つ目として，最初の例にもあげた回答方法の違いによる調査対象者の負担を考えなければならない。回答方法により調査対象者の負担は変わり，適切とされる質問紙の量も変化する。自由回答法は調査対象者の負担が高くなりがちであり，逆に2件法は回答がやや容易といえよう。質問紙の量に影響する2つ目は信頼性と妥当性の問題である。何かしらの尺度を作成して調査を行う場合，項目数が多いほうが信頼性は高くなる。一方，妥当性については，項目数が多いと包括的な測定ができるが，関連の薄い項目も含まれてしまう。逆に項目数が少ないと測定したいものが測定できているとはいいにくい。信頼性と妥当性の両方を考えるならば，ある程度の項目数（各下位尺度に5〜7項目ぐらい）を確保することが必要となる。最後は調査対象者の属性である。調査対象者が子どもや高齢者の場合，当然ながら項目数は少なくする必要がある。質問紙調査に慣れている場合はともかく，慣れない作業を長時間することは回答の質を低下させることにつながりかねない。

　また，設問が多くなれば，回答の際の集中力も低下するため，回答がいい加減になってしまう可能性も考慮しなければならない。質問紙への回答時間が10〜20分程度（どんなにゆっくり回答しても30分程度）を適切な量の目安として考えてほしい。まずは，質問紙を作成したら確認も含めて自ら回答し，回答にかかる時間を確認すべきである。自ら回答する場合は質問紙の内容を把握していることもふまえて回答時間を検討しなければならない。

コラム 12.2　大学の授業時間を利用した質問紙の配付

　大学・大学院生が調査を実施する場合，よく用いられる方法が授業時間での調査の実施である。実施する授業を選ぶ際には，その授業の履修人数以外にも授業の履修者の性別や学部が偏っていないか，授業内容が研究実施に影響しないかなどを確認する必要がある。複数の授業で実施する場合は，履修者が被っている可能性についても併せて検討しておく。なお，教員の授業への態度なども質問紙の実施や回収率に影響することがあるので注意しよう。

　授業担当教員に調査実施を依頼する手続きは，基本的に他者に質問紙の配付を依頼する場合と変わりない。依頼状，研究計画書，作成した質問紙，ブリーフィングの資料を示して研究内容を説明し，許可を得るのである。指導教員に依頼する場合は，この手続きは除いてもよいかもしれない。他者に配付を依頼する場合と異なる点は，実際のブリーフィングや配付・回収を研究実施者が行うことである。そのため，配付・回収の許可が得られた場合，調査を実施する日時と履修人数を確認するとともに，授業のどのタイミングでの配付なのか，いつどこで待っていればよいのかも確認する必要がある。配付と回収が別の日になるときは，回収の日程とタイミングなども併せて打ち合わせておく。配付と回収でタイミングが違うこともあるので，思い込みで行動しないようしっかりと確認すべきであろう。

　突然，教員を訪ね，次の授業の際にその場で実施・回収までさせてほしいと依頼する学生がいるが，いかなる場合であっても授業での配付は教員の厚意であり，義務でも当然の行為でもない。そもそも授業時間は調査を実施するための時間ではなく，授業の進行状況との兼ね合いもある。依頼する教員とどれだけ親しくとも，相手に甘えるのではなく，上記をしっかりと理解した上で依頼するべきであろう。また，実施の許可が得られたとき，実際に質問紙を配付したとき，回収したときには相手にお礼を伝えることを忘れてはならない。実施に夢中になるあまり，礼節を欠くことはあってはならないことである。なお，大学によっては指導教員以外への依頼を認めていないこともあるので確認が必要であろう。

コラム 12.3　協力する調査対象者の反応
──要求特性とサティスファイス（努力の最小限化）

　人間は無意識のうちに他者の意図をくみ，それに対応して行動することがある。たとえば，窓際に座っているときに他の人が上着を羽織るのを見たら，窓を閉めようとするだろう。実は調査の回答の際にも同様のことが起こる可能性があり，それを要求特性とよぶ。**要求特性**とは，研究の目的を予測し，その通りに反応しようとすることである。研究方法に関わらず，心理学の研究に参加する多くの回答者は研究者が求めている反応（仮説）を無意識に推測し，その推測からもっとも適切な反応をしようとする。実際は自然な反応がもっとも重要にもかかわらず，研究に協力的な回答者ほど自然な回答ではなく，研究にとって望ましい回答をする「良い回答者」になろうとしてしまうのである。このような推測に従った回答では，研究結果の妥当性が疑問視されてしまうため，研究者は要求特性への対策をとる必要がある。

　どのように研究者が求めている反応を推測しているのかに関しては，たとえば，質問紙を配付する際の研究者の説明，フェイスシートに書かれたタイトルや研究の目的，また，個々の質問の説明文など，さまざまな手がかりがあげられる。研究者も無意識に手がかりを示してしまうこともあり，要求特性への対策は重要となる。たとえば，独立変数と従属変数を（異なる研究として）別の質問紙にて回答を求めることにより，調査対象者の正確な推測を避ける方法がある。他にも，研究の目的とは関わりのない質問項目（ダミー）を調査に追加することも考えられる。ただし，どちらも回答の負担につながるため常に実施できる方法ではない。そもそも要求特性の影響を完全に取り除くことは難しい。質問紙が完成したら，数人に回答をお願いし，要求特性について尋ねてみるのがよいであろう。その上で，要求特性の影響がでないように質問紙の修正を行うことが重要である。

　要求特性とは逆に，研究にとって望ましくない回答の一つに**サティスファイス**（努力の最小限化）とよばれる行動がある（p.119 も参照）。サティスファ

イスとは「調査対象者が調査の際に応分の注意資源を割かない行動」(Krosnick, 1991) であり，とくにウェブ調査にて問題視されている行動である。たとえば，調査協力に対して何かしらの報酬がある場合，調査対象者は報酬を得るために「回答内容は問わず，すべての項目に回答すること」を優先することがある。このような場合，教示文や項目を読まずにすべての回答において当たり障りのない選択肢（たとえば，どちらでもない）を選ぶということが起こり得る。サティスファイスを検出する方法の一つとして，たとえば三浦・小林 (2015) では，評定尺度法の項目に「この質問は一番左（右）の選択肢を選んでください」という項目を 2 つ加え，項目の指示とは異なる回答をした場合にサティスファイスが生じていると判断する方法を用いている。他にも項目を提示した上で，設問文にて何も選択しないように求めてサティスファイスを調べる方法もある（三浦・小林，2015）。三浦・小林 (2016) が大学生を対象にさまざまな検出方法を用いてサティスファイス傾向を調べた結果，サティスファイスの出現率は総じて低く，各検出方法の予測力は高くないことが示されている。このように，大学生を対象としたウェブ調査ではサティスファイスの検出について躍起になる必要はないといえる。

　このようなサティスファイスはウェブ調査のみならず，質問紙を用いた調査でも十分に起こり得ると考えられる。どのようにサティスファイスを検出し，対応すべきかは今後も検討していく課題である。しかし一方で，要求特性同様，サティスファイスの影響を完全に取り除くことは難しいといえよう。回答時の選択ミスがサティスファイスと見なされることもありえる。収集するデータに一定数サティスファイスが含まれる可能性も考慮し，よりよい調査が実施できるように心がけていくことが必要なのである。

13 質的研究と心理調査

野村信威

13.1　質的研究とは

　本章では，近年注目を集めている**質的研究**のうち（質問紙）調査法において取り組むことが可能な質的研究の方法を紹介するとともに，調査法を通していかに質的研究に取り組むかという問題について検討する。

　質的研究は心理学だけでなく，社会学や人類学，医学，看護学，教育学などにまたがる学際的研究領域であり，それぞれに独自の起源や経緯をもっている。質的研究（または質的心理学ともよぶ）は心理学においても急速な発展を遂げてきた。2012 年にアメリカ心理学会から出版された『心理学方法論 APA ハンドブック（*Handbook of research methods of psychology*)』(Cooper et al., 2012) では，代表的な質的研究法の紹介に 13 もの章が費やされている。このことは多くの心理学者が質的研究と量的研究のいずれかの手法のみを用いてきたこれまでの状況に対して，自らが関心を向けるリサーチ・クエスチョンに従って量的研究か質的研究かに関わらずより適切な研究方法を選択することが期待される段階に心理学があることを示している。

　しかしながら調査法を用いて「良い質的研究」に取り組むことは容易ではない。なぜならこれまでの章でも紹介しているように，調査法による研究のほとんどは量的研究にあてはまり，データの多くは数値化されて統計処理が行われる一方で，質的研究は数値化することが困難な言語的データや心理現象を詳細に検討する場合にその強みを発揮する研究方法であるためである。調査法において質的研究に取り組むことはもちろん可能ではあるが，研究デザインを工夫しなければ質的研究がもつ方法論上のメリットが損なわれてしまう可能性も少なくない。もしもあなたが本格的に質的研究に取り組みたいと考えるなら，調

査法よりもインタビューやフィールドワークなどの方法を利用することを検討すべきである。

13.1.1　質的研究とは何か

「質的研究とは何か」ということを簡潔に説明するのは難しい。質的研究にはさまざまな起源があり，その理論的背景も研究領域もさまざまに異なることがその理由の一つである。質的研究の主な方法論だけでも，インタビュー，エスノグラフィー，エスノメソドロジー，オープンコーディング，グラウンデッド・セオリー・アプローチ（GTA），ビジュアル・ナラティブ，フィールドワーク，ライフストーリー，会話分析，ナラティブ分析，ディスコース分析，PAC 分析，解釈的現象学，解釈記述アプローチ，TEA（複線径路等至性アプローチ）など多岐にわたる（サトウ他，2019）。日本では川喜田（1967）による KJ 法も質的研究の手法として広く用いられている（KJ 法については第 11 章も参照のこと）。

やまだ（2004, p.8）は質的研究について「具体的な事例を重視し，それを文化・社会・時間的文脈の中でとらえようとし，人びと自身の行為や語りを，その人びとが生きているフィールドの中で理解しようとする学問分野である」と述べている。より単純な定義として，質的研究とは「**量的研究ではないもの**」（無藤，2004, p.2）ととらえることもできる。これは一見安易な定義のように思えるが，量的研究との対比を通して質的研究を理解することは実用的で役に立つ考えである。

やまだ（2004, p.11）によれば，さまざまな理論的背景をもつ質的研究にはいくつかの基本的特徴が認められる。それらは，客観主義の基盤となる（われわれが「客観性」とよぶものが観察者の視点と独立して存在するとみなす）「**素朴実在論**」や，現象の背後にある文脈を考慮せずに仮定された普遍性（グランドセオリー）に疑いの眼を向け，観察者（研究者）と観察対象との相互作用や人々が生きる世界の多様性や変化のプロセス，**意味やナラティブ**を重視することなどにまとめられる。

質的研究では人々が生きる世界の多様性やさまざまな要因によって変化する

現実に関心を向ける。そして人間の普遍的な行動や特徴を説明するグランドセオリー（誇大理論）ではなく，具体的な特定のフィールドや領域に密着した**ローカルな理論**を明らかにしようとする。研究結果について過度の一般化を行うことは控えられ，結果はある共通した特徴をもつ人々にあてはまる制約つきの「現実（リアリティ）」として解釈される。

13.1.2 質的研究と量的研究との違い

やまだ（2007，p.63）は質的研究と量的研究の違いについて，それぞれの立場による研究モデルを比較して説明している（**図 13.1** 参照）。従来の心理学モ

図 13.1 量的研究と質的研究における研究モデル
（やまだ，2007 より一部変更）

【量的研究における従来の心理学モデル】

【質的研究におけるナラティブモデル】

デルはヒトの内側にある心理現象やその因果関係を探求することを目的とし，外部から客観的に観察し測定する科学的研究を重視した結果，次第に観察可能な行動が重視されるようになった。

　しかし質的研究で重視されるナラティブモデルでは，研究対象となる心理現象は人と人の間で語られた言葉であり，研究者と対象者との関係性や相互作用も結果に影響し得るとみなされる。そのため単純な因果関係を明らかにするという考え方はこのモデルには適さない。質的研究は単なる分析の手法にとどまらず，観察された事実や現実とは何かといった**認識論**と切り離すことができないものである（やまだ，2004，p.9）。

　量的研究における分析は多くの場合，統計解析ソフトを用いてデータを統計的な分析にかけることである一方で，質的研究における分析とは「**データのもつ意味を解釈すること**」を意味する。解釈という作業は単にデータそのものを読むことではなく，データの裏にある「意味の蜘蛛の巣」（Geertz, 1973）のようなものを見つけることとされる。また解釈という行為はただ 1 つの正解を導き出す試みとは異なり，研究者の視点やリサーチクエスチョンによって解釈の結果はさまざまに異なる可能性もある。質的研究では，自らの解釈にリアリティ感がともなうようにそのプロセスや内容を説明可能な形で記述することがもとめられる（木下，2007，p.17）。

　量的研究がもつ大きなメリットは，事前に立てた仮説を統計的検定により検証し，明確な結論を下すことが可能な点にある。これらは**仮説検証型研究**とよばれる（仮説検証型研究については第 3 章も参照されたい）。しかし，われわれが研究を通して検討したいことは仮説の検証ばかりではない。時には事前に結果を予想することが難しいテーマについて，まずは（仮説を立てるための根拠となる）研究対象とする人々の意見や考えをおおまかに把握したい場合や，それらを観察や記述して理解したい場合もあるだろう。そうした取組みは単に仮説検証のための予備調査として位置づけられる場合もあるが，それらは質的研究における主な目的である仮説生成のための取組みだといえる。これらは**仮説生成型研究**とよばれる。

13.2 質的分析とテキストマイニング

　しばしば誤解されることだが，自由記述形式の回答などの言語的データを取り扱うだけでは必ずしも質的研究とはいえない。研究で取り扱われるデータが数値化された量的データか，数値に置き換えられない言語的・質的データかということと，分析方法における量的／質的分析とは異なるものであり，これらは区別することが望ましい。

13.2.1　テキストマイニング

　量的／質的データと量的／質的分析方法の組合せからいくつかの研究のタイプが考えられる（Flick, 2011；矢守，2015）。質的データに対して質的分析を行うアプローチはオーソドックスな質的研究に位置づけられるのに対し，言語的データを数値に置き換えて量的分析を行うアプローチもある。**内容分析**（Krippendorff, 1989；有馬，2021），**計量テキスト分析**（樋口，2014），**テキストマイニング**（喜田，2008）などがこのタイプにあてはまり，ほとんどは研究者自身が手作業で分析を行うのではなくソフトウェアにより分析が行われる。これらは広義のテキストマイニングとして総称される場合もある（テキストマイニングについては第11章を参照のこと）。

　テキストマイニングでは，専用のソフトウェアを用いて特定の単語がテキストの中で使用される頻度や場面，状況などを探索し，分析の信頼性を高めることで言語的データに対する客観的な検証が行われる。これらの分析では言語的データを質的に解釈することを否定するのではなく「計量的分析と質的分析とは循環的な関係にあるもの」（樋口，2017，p.335）ととらえられている。

　テキストマイニングは言語的データを数量化して仮説検証のために量的な分析を行うことが可能なだけでなく，質的研究が得意とする仮説生成のために用いることも可能であり，質的研究に「数量化」と「視覚化」を取り込んだ手法だといえる（若林，2019）。

　その一方，テキストマイニングでは回答の「**行間を読むこと**」はできず，皮肉のような言外の意味を解析するのが不得意であるという問題も指摘されてい

る（いとう，2011，p.39.）。テキストのなかで特定の単語の使用頻度や他の言葉との関連を明らかにすることができても，結果が示している意味までソフトウェア自体が明らかにできるわけではなく，そうした解釈は研究者自身で行わなければならない。しかし言い換えれば，テキストマイニングがテキストのもつ意味を捨象してしまうことがあっても，研究者が結果から考えられることを質的な解釈に役立てることで，有効な質的研究の手法として利用することができる（若林，2019，p.65）。

13.2.2　分析から主観性を排除すべきか

　いずれも言語的データを分析する手法である質的分析とテキストマイニングとの違いは，そのまま量的研究と質的研究が重視する点の違いでもある。

　量的研究において研究結果の質を担保する基準の一つである「客観性」という概念には「個人の主観的な影響を受けず，観察者が異なっても同じ結果が得られること」という含意がある。そして量的研究では結果に悪い影響をおよぼしかねない主観性を排除して検討することが重要だと考えられてきた。

　その一方で，質的研究（の多くの領域）で求められる「深い解釈」やテキストの「意味を読み取る」という行為には，研究者自身が主観的に関わることが必然的にともなう。たとえば修正版グラウンデッド・セオリー・アプローチ（M-GTA）では，解釈の作業では「データから読み取った意味に対して何よりも自分がリアリティを感じられるかどうか」（木下，2007，p.36）が重要な意味をもつとされている。質的研究全体にも同じことがいえるなら，質的研究の分析の確かさは研究者が自らの解釈にリアリティを感じられるかが重要だといえる。

　もちろんこのことは質的研究者が主観性を重視する一方で客観性を軽視し，主観的な思い込みで研究を行っていることを意味しない。質的研究においても充分な客観性をそなえた結論を導き出すことは不可能ではない。ただし分析において主観性を排除すべきかという問題は，質的研究と量的研究を組み合わせて行おうと考える研究者にとっては未だにもっとも悩ましい問題の一つだといえるだろう。

13.3 質的研究と量的研究を組み合わせる

質的研究と量的研究には研究目的や方法論を含めてさまざまな相違があるものの，それらを対立したアプローチではなく相補的なアプローチだととらえ（たとえば Jick, 1983），研究の目的や対象に応じて使い分けることが推奨されている。中でもはじめに仮説生成を目的とするインタビューや観察を探索的に行い，その結果をもとに仮説を立て，次に仮説検証のための量的検討を行う方法は広く用いられている。

フリックは質的研究と量的研究とを組み合わせる方法について詳細に論じ，両者を組み合わせた 4 つの代表的な研究デザインを紹介している（**図 13.2** 参照；Flick, 2007 小田他訳 2011，p.32）。第 1 のタイプでは質的研究と量的研究とが併用される。第 2 のタイプでは継続的なフィールドの観察や調査が行われるのと並行して何回かの量的調査が行われ，その結果がその後のフィールド調

図 13.2　質的研究と量的研究とを統合する研究デザイン

1. 量

　　質　　　　　（両方の種類のデータを継続的に収集）

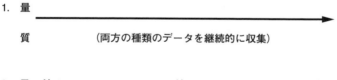

2. 量　波 1　　　　　　　　波 2　　　　　　　波 3

　　質

　　　　　　（継続的なフィールド観察・調査）

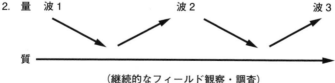

3. 質　　　　　　　　　　　量　　　　　　　　　　　質
　（探索）　　　　　　　　（調査）　　　　　　　（結果の深化と評価）

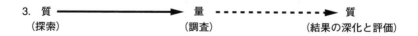

4. 量　　　　　　　　　　　質　　　　　　　　　　　量
　（調査）　　　　　　　（フィールド調査）　　　　（実験）

査に反映される。そして第 3 のタイプでははじめに探索的に質的研究が行われ，その結果にもとづいて量的研究が行われる。これとは反対に第 4 のタイプでは先に行われた量的研究では充分に検討できなかったことを補うために続けて質的研究が行われる（第 3 および第 4 のタイプのその後の段階についての説明はここでは割愛した）。

　近年では質的研究と量的研究を組み合わせた研究は**混合研究法**（mixed methods research）とよばれて強い関心を集めている（たとえば Creswell & Plano Clark, 2010）。

13.3.1　トライアンギュレーション

　このように複数の異なる研究方法を組み合わせることは**トライアンギュレーション**とよばれ，質的および量的研究のそれぞれがもつ弱点を補うために効果的な研究アプローチだとされる（Flick, 2007 小田他訳 2011，p.33）。トライアンギュレーションは単独のアプローチよりも幅広い知見を得るために役立つだけでなく，質的および量的研究の結果の妥当性を相互に検証するためにも有効な方法である。

　質的および量的な検討を並行的に用いた場合の結果には以下の 3 つのパターンが考えられる。第 1 のパターンでは，質的および量的な検討の結果はお互いを補強しあいほぼ同じ結論が導かれる。第 2 のパターンでは対象の異なる側面が検討されそれぞれの結果は一致せずとも互いに相補的な関係にある。最後のパターンではそれぞれの方法から矛盾した結論が導かれる。研究対象についてより包括的に理解することを目的にトライアンギュレーションが行われた場合には，研究者にとっては上記のいずれも有益な結果だといえる。質的および量的検討の結果に矛盾や齟齬が認められる場合には，研究者はそれらについていかに理論的説明が可能かという問題に取り組まなければならない。

13.3.2　質的分析と量的分析を併用した研究

　近年は日本でも量的および質的検討を効果的に組み合わせた研究が報告されるようになり，その数は今後も増加傾向にある。本項では KJ 法を用いた調査

法による研究に限定し，量的および質的研究を組み合わせた代表的な研究例を
紹介する（**表 13.1** 参照）。これまでに報告されている研究の多くは前述したフ
リックの第 1 のタイプにあたる質的および量的分析を併用した研究か，第 3 の
タイプにあたる質的分析につづけて量的分析を行う研究に大まかに分けられた。

表 13.1　KJ 法による質的研究と量的研究を組み合わせた研究例

	目的	自由記述の質問	分析方法
玉木・兼田 （2006）	廃棄物処理案件における地域住民の公正感の形成要因を検討する	手続きに対する公正感の判断基準について	KJ 法の結果を用いてクロス集計と独立性の検定を実施した
勝谷他 （2011）	大学生における「うつ」のしろうと理論について検討する	文章完成法により「うつ」を主語とする文章の記述をもとめた	テキストマイニングと KJ 法を併用した
池田・三沢 （2012）	失敗に対する価値観を測る尺度を作成して信頼性と妥当性を検討する	「私にとって失敗とは……」に続く文章の記述をもとめた	予備調査にあたる KJ 法の結果をもとに尺度項目の原案を作成した
野村 （2017）	日常場面で体験される怒りの感情の程度と夢の内容との関連を検討する	もっとも最近見た夢の内容について回答をもとめた	KJ 法の結果を用いて 1 要因分散分析，クロス集計と独立性の検定を実施した
今井他 （2018）	新人看護師が職場を去りたいと思った理由について検討する	現在の職場を去りたいと思った理由について回答をもとめた	質的帰納分析[*]とテキストマイニングを併用して妥当性を検討した
山田 （2021）	知的障害者の家族への心理教育プログラムについての意見を検討する	プログラムから新たな視点を学んだと思う理由など	KJ 法と計量テキスト分析を併用した
向井・湯山 （2022）	刑罰の正当化根拠を測る尺度を作成して信頼性と妥当性を検討する	刑法学の書籍から刑罰の正当化根拠に関する記述を抽出した	予備調査にあたる KJ 法の結果をもとに尺度項目を作成した

[*] 今井他（2018）における質的帰納分析は KJ 法や内容分析，グラウンデッド・セオリーの総
称を指しており，分析手続きの多くは KJ 法と重複する部分が大きいと判断された。

　そのうち質的および量的分析を併用した研究は，KJ 法とテキストマイニン
グやその他の量的分析を併用して行い，その分析結果を比較する方法である
（勝谷他，2011；今井他，2018；山田，2021）。この方法はそれぞれの分析結果
を比較することで結果の妥当性を検討するトライアンギュレーションとしての

意義もある。

　たとえば今井・高瀬・佐藤（2018）の研究では，新人看護師が職場を去りたいと思った理由を検討するため 39 人の看護師に自由記述で回答をもとめる調査を行った。回答はテキストマイニングと（グラウンデッド・セオリー・アプローチにおけるデータの切片化やコーディングの手続きを KJ 法に加えた）質的帰納分析を併用して分析しその有用性が検討された。テキストマイニングでは離職要因として【人命にかかわる責任の重さ】などが認められ，質的帰納分析でもそれと対応した【業務責任に対する自己の能力不足】というカテゴリーが認められた。ただしテキストマイニングでは自己の能力不足を示す概念は抽出されず，それぞれの分析結果に違いが生じることも明らかとなった。

13.3.3　質的分析につづけて量的分析を行う研究

　これに対して質的分析につづけて量的分析を行う研究は，さらに 2 つの下位グループに分けられる。一つは尺度の作成を目的とする研究の予備調査として KJ 法に取り組み，予備的な尺度項目を作成するアプローチである（池田・三沢，2012；向井・湯山，2022）。このアプローチではその後に心理測定尺度としての体裁を整え充分なデータ数を確保して因子分析などが行われ，尺度の構造や信頼性などが検討される（心理測定尺度作成の手続きについては第 5 章 5.2 節参照）。予備的な質問項目の収集を KJ 法を用いて行うことは質的分析の利点を活かしたアプローチではあるが，（研究者本人の考えに関わらず）こうした場合に KJ 法による分析が研究全体の中で果たす役割は決して大きいとはいえない。また KJ 法と量的分析との組合せが役立つ研究は尺度項目の収集に限らない。

　もう一つは，尺度作成とは異なる目的から KJ 法による分類にもとづいて量的分析を行うアプローチである（玉木・兼田，2006；野村，2017）。たとえば KJ 法により自由記述形式の回答からグループ分けを行い，その結果と比較したい何らかの属性（たとえば性別や年代，任意の質問に対する賛成／反対などの回答）ごとに各グループのデータ数をクロス集計表にまとめ，独立性の検定（χ^2 検定）などから属性の違いによるグループの割合の違いを検討すること

ができる。

　玉木・兼田（2006）の研究では，自由記述欄で得られた公正さの判断基準について KJ 法で分類したところ，研究参加者が公正さを判断する基準として「手続きの構造」（権力の偏りの有無，狭義の環境やルール）と「当事者の態度」（交渉の成立，公正さを確保する努力，意見を述べる機会など）という 2 つの視点が考えられた。公正さを判断する基準と判断された公正さの程度との関連についてクロス集計および独立性の検定により検討した結果からは 1% 水準で有意な差が認められ，「手続きの構造」にもとづいて公正さを評価した回答者は「当事者の態度」にもとづいて評価した者よりも公正さを低めに評価していた。

　また野村（2017）の研究では，フロイトの夢の願望充足説（Freud, 1900 高橋訳 1969）にもとづいて「日常的に怒りを抑制する人は夢でより怒りを感じたり，怒りと関連する内容の夢をよく見る」という仮説を立ててこれを検討した。大学生を対象に調査を行い，日常場面で経験する怒り感情の程度を検討するとともに自由記述により最近見た夢の内容を報告するようもとめた。191 人の回答について KJ 法による分類を行った結果，友人の夢，非日常的な夢，日常的な夢，追われる夢，遅刻の夢など 17 カテゴリーに分類された（**表 13.2** 参照）。これらの夢のカテゴリーを独立変数とし，怒り感情（日本版 STAXI：鈴木・春木，1994）の下位尺度得点を従属変数とする 1 要因分散分析を行ったところ，報告された夢のカテゴリーによる日常的な怒り感情の程度に違いは認められなかった（調査対象の大学生では怒りと関連するテーマの夢を報告することはほとんどなかった）。その一方，夢の中で焦りの感情を経験した者は日常的に怒りの感情を制御する傾向が高く，夢で経験される感情と日常場面での怒りの感情には弱い関連があると考えられた。

表 13.2　KJ 法による夢の分類結果の抜粋*(野村, 2017)

カテゴリ	カード数	大カテゴリ	サブカテゴリ	実際の自由記述例
友人の夢	31	日常的	友人と遊ぶ（14），友人との日（11），ケンカ／悪口（6）	学科の友達がなぜか独り暮らしをしていて，カゼをひいてしまったので私がバイトを休んでその友達の家に行き看病してあげる夢。
非日常的な夢	24	非日常的	非現実的（13），落ちる（5），気持ち悪い（4），飛ぶ（2）	自分の弟が双子になっていて見分けがつかなくなってしまい，間違えて違う方の名前を呼んでしまい，不機嫌になった弟をケーキを買ってあげてなぐさめるという夢。
日常的な夢	20	日常的	ありふれた日常（12），知らない人（8）	実際に見つかっていない靴下が夢の中で見つかる夢（片方）。正夢にはなっていないです。見つかった場所は家で，友達といました。
追われる夢	16	非日常的	人に（7），何かに（9）	全身真っ黒な影みたいな人にチェーンソーを持って家の近くを追いかけまわされる夢。だいたい夜みたいに周りは暗い。
遅刻の夢	15	日常的	遅刻（7），授業に（3），部活に（3），バイトに（2）	電車に乗り遅れて 3 限に遅刻しそうになっている。駅の構造が複雑でホームに辿りつけない。
死ぬ夢	13	非日常的	殺されかかる（5），死ぬ（3），殺す（2），生き返る（3）	自分が殺されそうになる夢。夢の前半では面識がない人たちだったが，後半ではいつの間にかそれが両親になっていた。口封じに殺される，という直前で眼が覚めた。
アイドルの夢	13			Y という俳優とドラマで共演していた。自分と Y が上司と部下という設定で自分は演技していた。
バイトの夢	12	日常的	バイト（9），バイトでミスをする（3）	辞めたバイト先の店長と大学の昼休みにやっているような講義の中で一緒にパンをこね続ける夢。私は相手のことが苦手なのに明るく話し続けてとても辛かった。
恋人の夢	10	日常的		初恋の人に告白しようとして地震が起きた夢。
部活動の夢	10	日常的		部活の試合中に 7 回ファールして退場した夢。
授業の夢	5	日常的		スペイン語の教科書を忘れて先生にあきれられる夢。

* 認められた 17 カテゴリのうち回答数が 5 以上ある 11 のカテゴリを抜粋して示した。

13.4 おわりに

　質的研究は古くて新しい研究方法であり，今なお発展途上の段階にある研究アプローチだといえる。しかしながら量的研究の方法論に精通する者ほどその研究方法の不確かさや曖昧さにとまどい，自身の研究に取り入れることを躊躇してしまうことも少なくない。

　さらには本章で紹介した質的研究と量的研究を組み合わせるアプローチについては，研究の背景にある認識論の相違などから質的および量的研究の両立は不可能であるとする議論があることにも留意しなければならない（Flick, 2007 小田他訳 2011，p.30）。苦心して質的アプローチを取り入れた労作ともいうべき研究の成果が，量的研究と質的研究のいずれの立場からも充分な評価を得られないという残念な結果に終わる可能性があることも否定できない。

　しかしながら，質的および量的研究いずれの要素も合わせ持つ混合研究法が近年大きな関心を集めていることを例にあげるまでもなく，さまざまな心的事象に対して質的な検討を行うことの重要性は今後ますます高く評価されるだろう。対象を量的指標に置き換えることなくありのままの形で検討できるというメリットは多くの研究者を惹きつけ，今後は質的研究が量的研究と同じように多くの研究者にとって欠くことのできない研究アプローチとなることに疑いの余地はない。

　量的研究と質的研究をどのように結びつけるかという問題は今後の心理学における大きな課題であり，本章の限られた紙幅で論じようという筆者の試みは不充分なままだといえる。しかしながら，一人でも多くの若い心理学者にとって本書が質的研究に取り組むきっかけとなれば幸いである。

コラム 13.1　質的研究と量的研究における認識論のちがい

　量的研究と質的研究にはそもそも世界をどのように理解するかという認識論の相違があるといわれているが，これは一体どういうことだろうか。以下の話題を例として考えてみよう。

　スペインに住むセシリア・ヒメネスというアマチュア画家の女性が修復した『この人を見よ』という作品をご存知だろうか。2012 年に話題になったこのニュースは，19 世紀にスペイン北東部のボルハにある教会の壁に描かれたイエス・キリストの肖像画を彼女が教会の充分な承諾なしに「善意で」修復し，それが以前の絵画とは似ても似つかないものだったことから話題になった。彼女の修復画はマスコミから「毛むくじゃらの猿」などと揶揄されたが，その話題性から人気になって世界中から多くの観光客を集めた。絵画の作者の子孫はもとの状態に絵画を戻すようもとめており，彼女が「修復した」絵画を復元すべきかについては結論が出ていないものの，教会や地元にとっては大きな経済効果をもたらしている。

　ところであなたがこの絵画の修復問題についてもっとも正しい解決策を考えるとしたら，どのような方法を思いつくだろうか。たとえばこの教会の関係者や地域の人々に投票をもとめて多いほうの意見に従ってもよいし，修復画と本来の絵画それぞれの経済的価値を見積もって価値が高いほうの状態を選ぶという方法も一定の賛同を得られるかもしれない（なお報道によればもともとの絵画の経済的価値は高くないとされる）。

　ただし現実にはそのような方法で簡単に問題が解決するとは限らない。すべての価値を経済的価値に置き換えることができないように，「正しさ」や「価値」といった抽象的な概念にはどのような前提に立ってその問題を考えるかによってさまざまな答えが導き出される。しかし複数考えられる答えのうちいずれがもっとも正しいかという問題に結論を出すことは容易でない。

　認識論とは「われわれはどうすればこの世界について知ることができるのか」という問いだと言い換えることができる。「この世界は人間と独立して存

在し，われわれは客観的に世界のありのままの姿を理解することができる」という考えは実際には一つの認識論的立場でしかなく（サトウ，2013，p.100），反対に「人は世界の本質的な姿については主観的にしか理解できない」という立場もあるだろう。

　質的研究が前提とする認識論では，さまざまな心的事象に量的なモノサシ（指標）をあてはめて単純化してとらえることは必ずしも適切でないと考え，考えられるさまざまな見方や前提を含めて検討しその事象がもつさまざまな特徴を包含して理解しようとする。しかしながら，さまざまなものの見方を許容すればそのいずれが正しくいずれが誤っているかということに「白黒をつける」ことは難しくなる。極端にいえば，前提とする立場や考えが異なればそれだけ異なる結論が導かれる可能性さえある。こうした認識論のちがいにはいずれもメリットやデメリットがあることから，研究者は自らの研究目的に照らし合わせてより適切な方法を選ぶことが望ましい。

図 13.3　『この人を見よ』のオリジナル（エリアス・ガルシア・マルティネス作）

14 心理調査と研究倫理

宮本聡介

14.1 研究倫理とは何か

14.1.1 はじめに

　人を対象とした研究といえば，医学や生命科学など，理系の学問を思い浮かべる人が多いかもしれない。確かに医学は人を対象とした研究かもしれないが，むしろ，人間が持っているさまざまな器官に研究の関心は細分化されている。心理学も人を対象とした研究である。そして，心理学の何よりの特徴は，研究主体（＝人）と研究対象（＝人）が同一である数少ない学問の一つだということである。

　研究主体である心理学の研究者は，学問を発展させるために，研究対象となる人から研究データを集めなくてはならない。データを集めるためには実験・調査などへの協力を依頼し承諾を得て，実験・調査に参加しさまざまなやりとりをすることが求められる。こうしたやりとりのほとんどは，研究者から研究に協力してくれる者（以下「研究協力者」）への一方向的なものであり，研究協力者が率先して研究者に協力を申し出ることは希有である。研究協力を依頼するとき，研究者が研究協力者に対して協力を強制することがあってはならない。研究協力者が「すすんで研究に協力したい」気持ちになり，協力後には「協力してよかった」「調査から学ぶことがあった」と思ってもらえることが望ましい（鈴木，2011）。研究協力者が不利益を被ったり，不快な気持ちになるようなことがあってはならない。

　本章では，心理調査法を用いた研究における研究倫理の問題に焦点を当て，その詳細を述べる。14.1 節の前半は，「研究」「研究者」の意味するところについて解説する。後半では「研究倫理」とは何かということについて解説する。

14.2 節では，心理調査を実施する上で具体的に考えなくてはならない研究倫理のうち，大学生が理解しておく必要がある基本的な倫理に触れる。14.3 節では学術雑誌への投稿が視野に入ってくる大学院生以上の研究者を意識し，さらに踏み込んだ研究倫理について解説する。

14.1.2 研究とは何か

研究倫理という言葉には「研究」と「倫理」という語が含まれている。どちらの言葉も，大学生であれば一度は目にしているはずである。しかし，それぞれの言葉が具体的に何を意味しているのかと問われると，返答に窮する者もいるのではないだろうか。研究倫理に則った行動をとる必要があるのは研究者である。ところで，「研究者」とは誰のことを指すのだろうか。ここでは研究倫理について考える前に，「研究とは何か」「研究者とは誰か」について簡単に解説しておく。

研究という言葉の意味を辞書で調べると，「よく調べ考えて真理をきわめること」（『広辞苑　第5版』）とある。わからないことがあったときに，それをよく調べ，考えて，真理となる答えを導き出すことが「研究」ということになる。しかし，これだけではまだ漠然としている。よく調べ，真理を究めるプロセスがあればそれはすべて研究ということになるだろうか。美味しいラーメンを作るためにあらゆることを調べ，究極のラーメンを作り上げることも，今までわかっていなかったことを明らかにしていくという意味では一つの研究ということになる。

しかし，本章で取り上げようとしている研究は，こうした個人的な趣味の世界の中での諸活動とは一線を画す。本章で取り上げる「**研究**」とは，いわゆる学術研究のことである。ラーメンの場合，長年の研究の結果，奥義がわかっても，それを秘密にしておきたいと思うのではないだろうか。一方，学術研究は公開すること，つまり公共性が担保されることでその価値が認められる。新しいことが発見されたら，それを論文などで公表して研究成果を世に知らしめ，時にはその研究成果の評価を受けることになる。体系的に整理することで，研究への理解を深め，さらに発展させることができる。大学が研究という活動の

体系的な整理と発展に寄与する一つの場所であることはいうまでもない。

14.1.3　誰が研究者か

　上述のような学術研究を行っている者が，「**研究者**」ということになる。では，学術研究を行っている者とは誰を指すのだろうか。『平成 19 年版科学技術白書』の中では，日本の研究者を「大学（短期大学を除く）の課程を修了した者（またはこれと同等以上の専門的知識を有する者）で，特定の研究テーマを持って「研究」を行っている者」としている。大学関連組織の中では，大学教員，博士（後期）課程大学院生が研究者に数えられている。一方，アメリカでは，研究支援業務で報酬を得ている修士課程大学院生の一部も研究者に数えられている（文部科学省，2006）。研究者のとらえ方には文化差があるようだが，少なくとも日本の大学の学部生や修士課程の大学院生は研究者とみなされていないようである。

　では，学部生や修士課程の大学院生は〝研究活動〟はしていないのだろうか？　卒業論文には，文献研究から調査や実験などの実証研究まで，研究とよぶにふさわしい活動がふんだんにある。実習で課されるレポートにも，文献研究，実証研究，データ分析などの研究活動が盛り込まれている。大学で用意されている教授プログラムの中には，将来研究者になる人材を育成することを意識して作られているものも少なくない。学部生が行っているのは研究の〝トレーニング〟であり，プロフェッショナルとしての研究者とは一線を引いておく必要があるだろう。しかし，将来研究者になるためのトレーニングを受けているという意味で，大学生も研究活動をしているとみなしてよいだろう。修士課程の大学院生については，学部を卒業し，修士論文などの研究テーマをもって研究を行っている。ほとんどの大学が修士論文に卒業論文以上の研究レベルを求めているはずであり，修士課程の大学院生は，卒論を執筆している学部生よりも専門的な研究活動を行っているはずである。

　大学生や修士課程の大学院生は研究者でないとはいえ，一定のレベルの研究活動を行っていることは上述の通りである。まだ正式に研究者の仲間入りをしているわけではないから研究倫理を意識する必要はないのかというと，答えは

「ノー」である。文部科学省が出している「研究活動における不正行為への対応等に関するガイドライン」には，「（前略）大学においては，研究者のみならず，学生の研究者倫理に関する規範意識を徹底していくため，各大学の教育研究上の目的及び専攻分野の特性に応じて，学生に対する研究倫理教育の実施を推進していくことが求められる。」（文部科学省，2014）と表されている。つまり，学部生においても研究倫理を学ぶことが明確に求められているのである。

14.1.4　研究倫理とは何か

　本章では「研究倫理」について論じているが，そもそも倫理とは何だろう。倫理には「人として守るべき道。道徳，モラル」（『大辞林　第2版』），「人倫のみち。実際道徳の規範となる原理。道徳」（『広辞苑　第5版』）などの意味が記されている。そして，その根底には「善く生きる」ためにどう考え行動したらよいかということが包含されている（安藤・安藤，2005）。倫理は善い行いのための一種の行動規範といってよい。したがって，研究者であろうとなかろうと，私たちは人生を善く生きていくための倫理観を身につけることが望ましい。ほとんどの人が，他人に迷惑をかけない，不快な思いをさせないことを念頭において日常を過ごしていると思う。こうした日常的な倫理観があれば，次節以降で解説する研究倫理の大部分は自然に遂行できるだろう。つまり，常識的な倫理観があれば，「研究者」が直面する倫理的な問題に自ずと答えが出せるはずである。

　ただし，その日常的な倫理観にも，思わぬところに誤解や歪みがあるかもしれない。倫理は一種の価値観である。人によって善し悪しの基準が違っている。研究協力者に実験・調査を依頼し実施するという研究場面に求められる倫理を学ぶことで，研究を離れた日常場面で，人と接するときに求められる倫理を改めて確認することができるだろう。卒業研究などでの実験・調査を通して人との交流を経験することで，そこに求められる倫理的な問題に触れ，自らの倫理観を養ってほしい。

　杉森他（2004）は，研究倫理を「様々なレベルで研究にかかわる人々が，互いに気持ちよく暮らせるために創発したルール」と定義している。繰返しにな

るが，倫理には「人として守るべき道。道徳，モラル」（『大辞林　第2版』），「人倫のみち。実際道徳の規範となる原理。道徳」（『広辞苑　第5版』）などの意味がある。そしてその根底には「善く生きる」ためにどう考え行動したらよいかということが包含されている（安藤・安藤，2005）。先の杉森他（2004）の定義にある気持ちよく暮らすためのルールも，安藤・安藤（2005）の善く生きるためにどう考え行動したらよいかということも，倫理に対してほぼ同じことを求めていると考えられる。本書ではこれらの定義を参考にし，**研究倫理**を「良い（善い）研究をする上でどう考え行動すべきかに関する指針」と定義づけておくことにする。

　研究倫理を無視した研究を進めていくと，人間がもつ独善的な欲求の暴走が起こることがある。善く生きるために人として守るべき道を無視すると，自己利益が優先される。研究における自己利益とは，研究成果の獲得である。世に認められる研究成果を出すために，本来ならば行われるべきではない非人道的な行為が行われる可能性が高くなる場合がある。非人道的な行為に走らないようにするために研究倫理がある。

　法と倫理がどう違うかについて簡単にふれておこう。法律も倫理も社会の中で正しい規範に従おうとするための社会ルールである。ただし，法律には拘束力がある。法律に反するとその法律を有する社会（国家）によって罰せられる。法律は自らが守るものというよりも，その法律に従う性質のものである。一方，倫理には拘束力はない。倫理を守らなかったからといって罰せられるわけではない。倫理に従うかどうかは当事者次第ということになる。この点で法律は他律的，倫理は自律的である。

　倫理は法律のような強制力はもたない。だからといって，倫理に従う必要がないかというとそうではない。社会心理学の古い実験に，「**アイヒマン実験**」という大変有名な実験がある（Milgram, 1974）。この実験では，体罰と学習効果の関係を明らかにすることが目的であると実験参加者は説明される。そして，生徒役のサクラが問題に間違える毎に，先生役の実験参加者は罰として電気ショックを与えるよう実験者から求められる。最終的に65％の実験参加者がもっとも危険とされた450 V（ボルト）の電流を流した（Blass, 1999）。この実験

は，実験者による命令が，個人を殺人にまで至らしめる心理過程を示している。実際には電流は流れておらず，生徒役のサクラは苦しんだふりをしていたのだが，電気ショックを与え続けた実験参加者が，不安と恐怖に襲われていたことは間違いない。これは，社会心理学における実験倫理を見直す契機となった研究としても知られている（サトウ，2004）。

　もし，今このような実験を大学や企業が行ったらどうなるだろうか。人に物理的な危害を加えているわけではないので，法律に照らす必要のある処罰にはなりにくいかもしれない。しかし，むやみに実験参加者を不安に陥れたという点で，倫理的な問題に抵触することは確実である。研究者としては，まず，このような倫理の道に逸れた実験を行わないよう自制する必要がある。研究業績に目がくらみ，実際にこのような実験を実施したとすると，実験を計画した研究者はもちろん，その実験を野放しにしていた研究者の所属組織も広く世間から非難されることになるだろう。場合によると，研究者は所属組織から解雇され，職を失うかもしれない。こうなると法的に罰せられるのと同じくらい，あるいはそれよりも厳しい制裁となりかねない。倫理的なルールは法律よりも罰が緩いからと甘くみると，大きなしっぺ返しが待っている。

14.1.5　心理学における研究倫理の 2 つの柱

　公益社団法人日本心理学会では，心理学の専門的職業人が心理学の専門職としての行為やその結果が倫理的判断を必要とした場合に，当該学会の定める「倫理綱領および行動規範」と「倫理規程」に従うこととしている。前者の「倫理綱領および行動規範」として，日本心理学会では「責任の自覚と自己の研鑽（さん）」「法令の遵守と権利・福祉の尊重」「説明と同意」「守秘義務」「公表に伴う責任」の 5 点を定めている。

　本章では心理学のように人を対象とした研究における研究倫理には，2 つの大きな柱があると考える。それは，①「善い研究者」であるために必要とされる倫理と②研究協力者の権利と福祉を守るための倫理である。これは，倫理問題が生じる背景として鯨岡（1997）が指摘する 2 つの研究倫理の側面と一致する。具体的には，自分が自分自身に誠実であるという自己規律の側面と，自身

の研究が他者に不利益をもたらさないという他者への配慮性の側面である。前者は善い研究者であるために必要とされる倫理，後者は研究協力者の権利と福祉を守るための倫理と一致する。日本心理学会の「倫理綱領および行動規範」にある 5 つの倫理項目のうち「責任の自覚と自己の研鑽」「公表に伴う責任」は善い研究者であるために必要とされる倫理に，「法令の遵守と権利・福祉の尊重」「説明と同意」「守秘義務」は研究協力者の権利・福祉を守るための倫理に大別できるだろう。

①善い研究者であるために必要とされる倫理

　善い研究者であるために必要とされる倫理とは，文字通り，研究者が善い研究者を実践することである。多種多様な問題を含んでいるが，大部分は研究遂行にあたっての責任，公表に伴う責任など，いわゆる研究者としての自覚と責任の問題としてくくることができる。この中には，研究アイディアを盗用しない，データを改ざんしないなど，研究者としてのモラルの問題も含まれている。研究倫理を専門に扱う研究者の中には，研究者自身のモラルに関する問題を研究倫理と分ける場合がある（田代，2011）。一方，近年発行されている心理学関連の研究倫理の解説書のほとんどは，研究者自身のモラルに関わる問題も研究倫理の中に含めていることから，本書もそれにならって解説する。

　善い研究者であるために必要とされる倫理は，善き人としての倫理を研究場面に置き換えたにすぎない。大部分は常識的に善し悪しを判断できるはずである。したがって，善き人を目指す一人の人間としての常識判断のトレーニングを積むことで，善い研究者であるために必要とされる倫理も自ずと磨かれていくはずである。

②研究協力者の権利・福祉を守るための倫理

　研究協力者の権利・福祉を守るための倫理とは，研究協力者の権利・福祉を保障，尊重し，研究協力者が不利益を被らないように最大限の配慮をすることである。権利・福祉のための倫理に求められる重要な要素がインフォームドコンセントとプライバシーの保護である。

　インフォームドコンセントとは，十分な説明にもとづいた研究協力者の自発的な同意のことである。鈴木（2005）はインフォームドコンセント成立のため

の要件として，①調査者が調査対象者に調査に関する十分な情報を提供し説明責任を果たす，②調査者と調査対象者の関係は対等である，の 2 つをあげている。研究者は研究協力者に実験や調査への協力を依頼する際，研究の目的や調査・実験の内容を正しく伝え，研究協力者が安心して研究に参加できる環境を作り上げる努力をしなくてはならない。さまざまな事情により調査・実験の途中で研究協力者が協力を放棄することがある。研究者は研究協力者が協力を放棄することを妨げてはいけないし，途中放棄が可能であることを説明の中に加えておく必要がある。

　プライバシーとは「私生活を他人に知られたり干渉されたりしない権利」のことである。したがって**プライバシーの保護**とは，上述の権利を保護することである。心理学の実験・調査の中には，家族の問題を扱った研究，恋愛行動の研究など，プライバシーに触れる情報を研究協力者から入手することがある。自分自身の価値観や信念，趣味，嗜好などもプライバシーの対象となる。これらの情報を求める場合には，必ず調査協力者から回答への同意を得る必要がある。

　個人情報とは個人を識別できる情報そのものを指している。氏名，学籍番号などは個人情報である。住所，電話番号，性別，年齢，生年月日なども個人情報となる。調査・実験に協力した研究協力者の回答データは，プライバシーの保護が必要な個人情報である。したがって，個人情報の収集には慎重を期すべきである。必要がない限り，個人情報を質問項目として含めることはしないほうがよい。どうしても個人情報を収集する必要がある場合には，必ず研究協力者の同意を得るべきである。また，収集したデータは厳重に保管し（データの保護），第三者の目に触れることがあってはならない。

14.1.6　誤字脱字を改めるところから始まる研究倫理

　本書を手にする読者の大部分が，大学の学部生であろうことを想定して，あえてこのテーマに触れておくことにする。学部では心理実習・実験実習などでたくさんのレポートが課されるのではないかと思う。なぜ実習の授業でレポートが課されるのか考えたことはあるだろうか。レポートは受講学生の理解度を

評価する良い材料である。と同時に研究倫理の視点から見ると，実習などで経験する各種の調査や実験は，まだトレーニングの段階であるとはいえ，研究活動の一つである。研究結果を正確に公表することは，研究者にとっての義務であり，研究倫理につながるものである。実習に課されるレポート課題は，将来，研究活動に携わり，調査や実験の結果を論文や報告書として公表するための練習と考えることができる。論文や報告書には正確さが求められる。トレーニングの段階といえども，レポートにも正確さが求められるのはこのような理由からである。たくさんの誤字脱字があるレポートに厳しい評価が下されるのは当然のことである。

　心理調査の調査票にも同様のことがいえる。誤字脱字が散見される調査票は，調査の準備段階でどこか手抜きをしている印象を回答者に与えるかもしれない。回答者は誤字脱字の多い調査票と真剣に向き合うことを避けるかもしれない。その結果，回答の質が落ちる可能性も出てくる。心理調査の場合，調査票というツールを通して研究者と回答者が対話をしていると想定してもよいだろう。誤字脱字の多い調査票は，回答者を不愉快にさせる可能性があることを念頭に入れておくべきである。

14.1.7　問題になるコピペ，問題にならないコピペ

　コピーアンドペースト（以下**コピペ**）とは"他人の著作物をコピーし，自分が制作中の作品に貼り付ける（ペースト）行為"である。パソコンやタブレットの普及とともに，この行為がお手軽にできるようになったことから，安易なコピペが世に広まった。

　とあるテーマでレポート課題を出し，その授業レポートの採点をしていたところ，同じ文面が，複数の提出者のレポートの中に繰返し現れてくることがある。流暢な文面であり，学生たちが自ら作成した文章にしては完成度が高すぎる印象だった。そこで，その文面の一部を使ってネット検索してみたところ，見事に一つのサイトにたどり着いたのだ。おそらく学生たちは，レポート作成の際，課題のタイトルに含まれている文言を頼りにインターネット検索を繰り返し，辿り着いたサイトの解説文をコピペしていたのであろう。

レポートの中身にコピペがあったとしても，そのコピペが問題になる場合と問題にならない場合がある。何が違うのだろうか。答えは明快である。コピペ元の出所をきちんと明記しているかいないかである。著作物の出所を正確に明記して引用した場合は，そのコピペは問題にはならない。しかし，あたかも自分が著したもののようにして，引用元を明記せずに公表（レポートであれば提出）した場合，これは**盗用**（**剽窃**）ということになり，問題のあるコピペとなる。

　誤字脱字，コピペなどは，研究活動に固有の問題ではなく，授業レポートなどを作成する際には必ず問題となる行為である。研究倫理というよりも，より一般的な倫理の問題として理解しておくのがよいだろう。以下では心理調査に話題を絞り，その中で取り上げるべき研究倫理について解説する。

14.2　心理調査の研究倫理——基礎編

　心理調査を実施する上で，研究者が倫理的に配慮しなくてはならないポイントがいくつかある。日本心理学会が公表している倫理規程の中では，調査研究に必要とされる配慮として①調査計画と内容の倫理性，②倫理委員会等の承認，③調査対象者のプライバシーへの配慮と不利益の回避，④調査対象者の選択と調査の依頼，⑤質問紙調査におけるインフォームド・コンセント，⑥調査責任者・調査実施者の明記，⑦調査データの管理，⑧調査結果の報告，⑨調査対象者の個人情報の保護，の９つを取り上げている（日本心理学会，2009）。詳細は，日本心理学会の HP で公開されているので，ぜひ一度目を通してほしい。

　本節では，大学生が調査を実施することを想定し，心理調査の実施にあたって配慮が必要となるポイントを心理調査に求められる倫理（基礎編）として解説する。大学院生や研究者が投稿論文などを意識して研究を実施する場合に必要とされる研究倫理（応用編）については，14.3 節で解説する。

14.2.1　調査票の作成段階での配慮

　調査票に掲載する質問項目数の上限について質問されることがよくある。しかし，これを具体的な数値で示すことは難しい。なぜなら，研究目的によって使用する質問項目数には違いがあるからである。10項目程度の調査票なら，回答する側は快く引き受けてくれるかもしれないが，1回の調査に必要な質問項目数が10にとどまることはほとんどあり得ない。かといって，300項目からなる調査票に答えてほしいと依頼されたら，大部分の人は即座に断るだろう。研究者側からすると，可能な限り多くの質問を用意し，一度の調査で効率的にデータを収集したいと考えるだろう。しかし，これでは研究者の自己利益を優先させ，回答者の権利・福祉への配慮を怠っている。調査票に掲載する質問項目の多寡は，調査回答者にかかる負担を左右するもっとも大きな要因の一つである。調査の立案・計画の段階から，回答者への負担の重さについて十分に配慮する必要がる。筆者は卒論研究などの指導の際，出来上がった調査票を回答者の目線で回答してみるよう，学生たちに指導している。自分が作成した調査票を回答者目線で見直し，途中で回答が嫌になるようならその調査票は再考が必要である。自分で確認して問題がないと感じたところで，今度は自分以外の第三者に調査票への回答を依頼し感想を求める。ここでもさまざまな意見が示されるはずである。一つひとつの意見に丁寧に耳を傾け，回答者にやさしい調査票へと改善していくことが良い研究につながる秘訣である。

　リッカート式の回答選択肢の場合，何件法にするのがよいのかという質問を耳にすることがよくある。尺度の目盛りが多くなるほど感度は高くなるが，そのぶん回答に要する時間が長くなることが知られている。むやみに回答選択肢を多くすると回答者への負担が高まることを理解しておく必要がある。一方，既存の心理測定尺度を使用する際には，回答選択肢の数を利用者独自の判断で勝手に変えてはいけない。既存の心理測定尺度の多くは，決められた手法でデータを収集し，その信頼性・妥当性が検証されている。これは，尺度作成者の努力の結果がそこに現れていることを意味している。不用意に既存の心理測定尺度の使い方を変更することは，原著者への配慮に欠ける行為である。また，安易に回答選択肢の数を変えてしまうと，結果に影響する恐れもある。既存の

心理測定尺度については，決められたデータ収集方法を踏襲することが望ましい。

14.2.2 既存の心理測定尺度を使用する際の配慮

　既存の心理測定尺度の使用法について，もう少し詳しく解説する。心理調査を実施する際，既存の心理測定尺度を利用する者は多い。卒業研究などで心理調査を実施する際に，『心理測定尺度集』から自分の研究に利用可能な心理測定尺度を探し出し，それを心理調査に使用するケースが多くなっている。既存の心理測定尺度を利用する際，その尺度が市販の尺度かそうでないかということをはじめに確認してほしい。もし，自分が使用したい心理測定尺度が市販の尺度である場合，無断使用は厳禁である。どうしても当該尺度を使用したい場合には，販売元に問い合わせ，必要部数を購入する。市販の尺度でない場合でも，企業などが独自に実施した調査などに含まれている尺度を使用する場合には，調査実施に先立ち，必ず尺度の著作権者に使用許諾をとる必要がある。

　『心理測定尺度集』に掲載されている心理測定尺度の大半は，学術雑誌に公表されているものである。学術雑誌に公表されている心理測定尺度は，尺度の利用に営利的な目的がなければ，調査前の段階で著作権者に使用許諾をとる必要はない。ただし，心理測定尺度を利用する場合に，事前に使用許諾を得るよう求めている著作権者もいる。使用許諾を求めるようウェブサイトなどで告知している場合があるので，調査実施前に確認することをお勧めする。

　既存の心理測定尺度の場合，決められた項目を使用して信頼性や妥当性が検証されている。定められた項目すべてを用いることで"1つの尺度"として扱われるべきものである。したがって，何を測定する尺度なのか，その使用目的が明言されている尺度については，安易にその中から数項目を選んで使用するということはしてはいけない。尺度の中から数項目だけ使用する，複数の既存尺度の中から自分の研究目的にあった数項目をピックアップして使用するなどの場合には，公表の際に，何という心理測定尺度のどの項目を使用したのかを正確に記し，なぜそのような選択をしたのか，明確に説明する必要がある。当然のことだが，あたかも自分が作成した尺度のように報告することがあっては

ならない。卒業論文は書店から売り出すわけではないから「公表」ではないと考えている人もいるかもしれない。しかし，多くの大学では卒業論文が学部の図書館，指導教員の研究室などに保管され，後輩たちがそれを目にする可能性がある。他者の目に触れる印刷物なのだから，公共性があるといえよう。自分が執筆した卒業論文は，他者が目を通す可能性があるということを十分に意識しておいてほしい。

　研究成果をまとめたら，著作権者に結果を報告するのもよいだろう。卒業論文本体を送付してもよいし，要約でもよい。結果を著作権者にフィードバックすることで，著作権者自身の研究の一助になることもある。研究倫理とは若干異なるが，メール・手紙などで使用許諾のお願いをする，結果の報告をする際の文面にはくれぐれも気をつけてほしい。ほとんどの場合，著作権者は尺度の使用者（学部生・院生）よりも年配である。年配者に手紙やメールを出すことに慣れていない人は，正しい手紙・メールの書き方を学ぶところから準備を始めてほしい。

14.2.3　回答者に心理的負荷をかけない質問内容

　見ず知らずの相手から，突然，「あなたは恋人がいますか」と尋ねられたら，大多数の人は「あなたにどうしてそんなことを答えなくてはいけないのですか？」と不快な気持ちになるだろう。同じ問いを調査票上で行うことを想像してほしい。この場合も，問う者（研究者），問われる者（調査対象者），質問内容（「あなたは恋人がいますか」）は同じである。心理調査の場合，回答者が大人数になるぶん，研究者，調査対象者双方の顔をあまりはっきり意識せずに調査が実施される。相手の顔が見えないぶん，問う側はつい踏み込んだ質問をしてしまいがちである。回答者を不快な気持ちにさせる質問項目を設けることはあってはならないし，そのような項目が含まれている心理調査は決して良い研究にはつながらない。「あなたは自殺したいと考えたことがありますか」「あなたはいじめを経験したことがありますか」のように，回答者がネガティブな感情を抱く恐れのある質問項目は，本当にこれらの質問項目が必要か，回答者に負担をかけない別の問いかけ方がないかといったことを十分に検討する必要が

ある。

14.2.4　回答者の個人情報の保護（回答データの匿名化）

　心理調査の回答データから個人情報を削除し，特定個人を識別できないようにすることを**匿名化**という。個人情報とそれ以外の回答データを分離して匿名化する際に，個人情報と回答データに同一の通し番号を振って保管する場合がある。この場合，個人情報と回答データとが通し番号で紐付けされていることになるので，回答データは匿名化されているが，通し番号を頼りに，個人を特定することが可能になる。これを**連結可能匿名化**という。この場合，個人情報のデータは研究代表者などが厳重に保管し，回答データを共有している他の共同研究者が容易にアクセスできないようにしておく必要がある。

　個人情報の入手が困難なために影響が出てくる研究がいくつかある。同一の回答者に繰返し調査を行いたい場合がそれに該当する。たとえば，再検査信頼性を確認するためには，一定期間をおいて2度調査を実施する必要がある。このような場合に，1回目の回答データと2回目の回答データを紐付けなくてはならない。パネル調査のように，同一人物に追跡調査を行う場合も同様である。再調査を実施する場合，2度の調査の両方に氏名や学籍番号などの個人情報の記入があればマッチングは容易だが，プライバシー保護の観点からすると，匿名性を保てていないという点で研究協力者の権利・福祉のための倫理に反する場合がある。では，個人情報の記名を求めずに，同一人物に繰返し調査するような場合はどうしたらよいだろうか。以下は一つのアイディアである。

　まず，2度の調査データのマッチングを回答者が了承してくれるかどうか確認する。もちろん2度の調査を紐付けることを了承しない回答者もいる。そのような回答者に回答を強要してはいけない。紐付けることを了承してくれた回答者には，回答者本人にしかわからない記号を1回目と2回目の両方に記入してもらう。プログラム言語に精通していれば，乱数発生プログラムを作成し，ウェブ調査のアクセス先と一緒に乱数発生プログラムのアクセス先を回答者に知らせる。乱数表に記載された数値をメモしておくよう調査回答者に依頼し，1回目の調査，2回目の調査の両方にその数値を記入してもらえば，時期の異

なる 2 つの調査の回答を紐付けることができる。研究者は乱数と回答者を紐付ける情報を持ち合わせていないことから，このような手続きを**連結不可能匿名化**という。

14.2.5　調査実施者の顔が見えるようにしておく

調査回答者の顔はできるだけ見えないようにするのが望ましいが，調査実施者（研究者）の顔は見えるようにしておくのが望ましい。研究代表者の氏名，所属組織，問合せ先などを調査票に明記しておく。そうすることで，調査協力者やその関係者からの問合せに対応することができる。問合せがあった場合には，丁寧にそして正確に問合せに対応する必要がある。迅速かつ丁寧な対応は，調査協力者から信頼を得られるきっかけにもなる。

14.2.6　集団回答形式（質問紙形式）で心理調査を実施する場合の回答者の　　　　　自由意志の尊重

近年，ウェブ調査が主流になってきてはいるが，質問紙を配付する形の心理調査が授業時間中に実施されるケースもまだある。筆者の所属学部では，授業中に質問紙を配付することは授業時間を無駄に利用することにつながる可能性があるとして，卒業研究などを理由に質問紙を配付することを制限している。しかし，それでも今後，授業中などに質問紙を配付することがなくなることはないだろう。授業中などに質問紙を配付する場合，大勢の受講生が集団で質問紙に回答するため，**同調圧力**が働き，回答を拒みにくくなる。結果的に当該授業の受講生に回答を強いている可能性がある。回答を望まない者に回答を強いることは，研究協力者の権利・福祉を侵害することになる。回答者が自発的に質問紙に回答できる環境を作り，回答を望まない者には，回答を拒むことを選択できるよう，回答者の自由意志を尊重する環境作りが必要である。

それでも多数の受講生が一同に会する場ゆえに，自分だけ回答を拒否して退室することを躊躇する回答者もいるはずである。こうなると，回答を望まない者の自由を保証できているとはいえない。このような場合には，調査実施者自らが「回答を望まない者は回答する必要がない」「回答を望まない者は退室し

てもかまわない」ことを口頭でも伝えるとよいだろう。

14.2.7 回答者への謝礼

研究予算がついている調査，企業が実施する調査などでは，回答の謝礼として数百円から千円相当のギフトカード，図書カードが配付されているのを見かけることがある。だが，卒業論文・修士論文などの研究でこれだけの費用をかけることは現実的ではない。また，謝礼などを必ずしなくてはならないわけではない。しかし，回答者は時間を割いて自分たちの質問紙に回答してくれている。そのことに対する感謝の気持ちを忘れてはいけないし，可能な限り何らかの形で感謝の気持ちを伝えることが望ましい。過去の卒業研究では，1個数十円程度のお菓子を回答への御礼に渡していた学生がいた。心ばかりの謝礼だが，何もないよりは気持ちが伝わるのではないだろうか。

14.2.8 調査データの管理

調査データは研究者の責任のもと，適切に管理される必要がある。この場合の管理には2つの視点がある。一つは個人情報保護の観点から，データの紛失，漏洩，取り違えなどが起きないようにするための管理である。もう一つは，データを共有する際に，適切に共有するための情報の管理である。実験実習，卒業論文などを目的に収集されたデータでは，前者のデータ管理まででよいケースがほとんどである。一方，研究成果を論文化し公表する場合，分析のもととなったデータやそのデータの解析内容に客観的な視点からの検証が求められるケースが増えてきている。データ共有することによって客観的な視点からの検証が実現することから，今後，データ共有が求められるケースが増えていくと考えられる。

質問紙調査の場合，管理されるべきデータは主に2種類ある。一つは調査回答者が直接書き込んだ個票である。もう一つは，その個票の回答内容を数量化して入力したデータファイルである。個票は，データファイルへの入力が済んでもしばらくは保管しておくことが望ましい。入力の際に誤入力があった場合，調査票と突き合わせて確認する必要があるからである。なお，調査票とデータ

ファイルの個々人のデータを突き合わせるためには，2 つのデータを紐付ける
ための通し番号（ID）が振られている必要がある。つまり，この段階では個
票とデータファイルの個々のデータとが連結可能な状態になっていることに留
意しておいてほしい。学生たちを見ているとデータファイルを自分所有のノー
ト PC や USB メモリに保存しているケースが多い。しかし，情報漏洩の観点
から見ると，ノート PC も USB メモリも盗難に遭うとそれでおしまいである。
PC の場合にはログイン用のパスワードが設定されているため，簡単にデータ
ファイルにアクセスすることはできないかもしれない。USB メモリにもパス
ワードロック機能が付されているものはあるが，これを使っている学生をあま
り見かけたことがない。また，ノート PC も USB メモリも耐久性は決して高
くない。USB メモリの場合，PC に抜き差ししている間にファイルが破損する
ケースも少なからずある。ノート PC は落下して破損するとデータの回復はき
わめて困難になる。データ漏洩の心配と同時に，ファイルの保存を確実に行う
必要がある。

　不要となった質問紙の束を紐で縛り，資源ゴミとして処分するようなことを
してはいけない。処分の際には，シュレッダーにかける，焼却処分にするなど
して，研究者本人が，処分したことを最後まで見届けるのが望ましい。費用は
かかるが，業者に依頼し溶解処分にすることもできる。

　Google フォームや Qualtrics などを利用したウェブ調査の場合，回答データ
はネット上に保存される。データを閲覧する場合には，そのデータの保管先の
ユーザー ID とパスワードを入力する必要があることから，データ管理の点で
は質問紙調査よりも優れている。ただし，分析の際には，各種統計解析ソフト
に対応したデータ・フォーマットに変換する必要がある。変換後のデータファ
イルを USB や自分が保有する PC に保存するケースが多いのは，質問紙調査
の場合と同様であり，個々のデータファイルを最新の注意を払って保管する必
要がある。

14.2.9　調査結果の公表

　調査結果を公表することは研究者の義務である。学部生であれば卒業論文な

どにまとめることで，研究者としての役割を果たしたことになる。卒業論文などにまとめる際，先行研究などはできるだけ正確に記述する。その際，記述内容が自分自身の見解なのか，それとも先行研究の見解なのかをきちんと分け，先行研究の見解を引用したものであるならば，その出典元を明記する。

　他人の作品や論文を盗んで，自分のものとして発表することを**剽窃**という。たとえば，インターネット上に記載されている文章をコピーし，自分のレポートなどにペースト（「コピペ」）して提出することは，著作権法48条（出所の明示）に反する剽窃行為となる。多くの大学が剽窃を「不正行為」と位置づけ，処分の対象としている。卒業論文においても剽窃は許されない行為である。

　では，他人の書いた文章を利用することが，剽窃にならないのはどのような場合だろうか。ポイントは3点ある。第1に，その文章を引用することに必然性があること，第2に，文章をそのまま引用する場合には括弧などでくくり，引用していることを明確にしていること，第3に，引用元を本文中および引用文献リストに記載していることである（引用文献リストの書き方については第10章参照）。

　必然性については少し説明が必要かもしれない。たとえば，レポートの枚数を稼ぐためだけに，他人の書物から不要に多くの文章を引用することは，必要があって引用することとは相反する。卒業論文では自分の主張とこれまでの先行研究の見解とを分けて論ずる。そして，先行研究においてどのような知見が得られているのか，それに対して自分はどのように主張するのかということを論理的に説明していく。したがって，自ずと自分の研究に関連する先行研究は取捨選択されるはずである。たとえば対人認知・印象形成の研究をしている者であれば，自分の論文中にアッシュ（1946）の研究を引用することは自然なことであるように，自分がこれから研究しようとする絞られたテーマに関連する論文というものが自ずと決まるはずである。これらの論文を引用することには必然性があるといえる。

　分析の段階で，仮説が支持されなかった，予想通りの結果にならなかった，あるいは「有意差」が出なかったことに焦り，落胆し，あたかも予想通りの結果が出たかのように誰にもわからないようにデータを**改ざん**するというような

ことがあってはならない。しかし，一流の研究者でさえ，データの改ざんを行っていたことが明るみに出るケースが後を絶たない。データを改ざんするということは「嘘」をつくことである。研究者でなくとも，嘘をつくことが倫理から大きく逸れる行為であることは容易に想像がつくだろう。

　以上，心理調査を実施する上での倫理的な問題にふれたが，研究倫理は経験してみてはじめてその意味が理解できるところもある。ぜひ，実践の中で身につけてほしい。

14.3　心理調査の研究倫理——応用編

　前節では，主に実習のレポートや卒業論文の執筆を想定した学部生に意識してほしい倫理の問題を解説した。本節では，大学院生や研究者を目指す読者に視野を広げ，心理調査の研究倫理についてやや踏み込んだ解説をする。なお，"心理調査"の研究倫理と記載したが，必ずしも心理調査に限られるものではなく，心理学，場合によると科学的な研究全般に関わる研究倫理に触れることもある。

14.3.1　倫理委員会などの承認

　卒業研究などで**倫理審査**を求めるケースはまだ必ずしも多くはないかもしれない。しかし，大学によっては卒業研究でも倫理審査を課すところがあるので必ず確認する必要がある。大学院生が実施する研究の場合，所属する組織の倫理審査を受けるケースが増えてきている。自分が所属する組織で，研究遂行の際，倫理審査を受ける必要があるかどうか事前に確認し，審査を受ける必要がある場合には，必ず審査を受けてほしい。

　また，近年，学会誌に研究論文を投稿する際，倫理審査を受けていることが論文受理の条件となるケースが増えてきている。修士課程時に収集したデータを研究論文にまとめて投稿するケースは多いだろう。となると，修士課程（博士前期課程）の院生であっても，倫理審査は受けておく必要があることを忘れないでほしい。

14.3.2 研究における三大不正行為

研究における三大不正行為に捏造・改ざん・盗用がある。**捏造**とは存在しないデータ，研究結果などを作成することである。**改ざん**とは研究資料・機器・過程を変更する操作を行い，データ，研究活動によって得られた結果などを真正でないものに加工することである。**盗用**とは他の研究者のアイディア，分析・解析方法，データ，研究結果，論文または用語を，当該研究者の了解もしくは適切な表示なく流用することである（文部科学省，2014）。いずれも研究倫理に触れる重大な不正行為であることを肝に銘じておく必要がある。

1977 年から 2012 年 10 月までに日本国内では 114 件の不正事象が報告されている（松澤，2013）。松澤は独自の調査により，これらの不正行為の原因を分類・整理している。主な原因として「ミス・不注意・未熟・不適切処理」（13.8 %），「認識不足・誤認」（13.3 %），「共著者意識・共同研究者意識」（6.9 %），「研究業績の向上」（6.4 %），「研究の価値向上」（6.4 %）などがある。不注意や認識不足が不正事象の主要な原因にあげられている。松澤は研究不正などの低減対策として，ミスや不注意を減らすためのチェック体制の整備，研究倫理に対する正しい理解を促すための倫理教育の重要性を指摘している。

14.3.3 データ解析の際の倫理的問題

調査においても実験においても，結果を解釈する際に注目するポイントの一つが"統計的に有意かどうか"という点である。有意な結果が得られたという快感は，研究者を志した者なら誰もが経験したことがあるだろう。結果がその後の研究人生を大きく左右することもある。それゆえ，研究者は"有意な結果"を求めてひたすら実験・調査を繰り返していくのだが，その際に，不適切な分析や分析結果の解釈が行われることがある。

有意かどうかを判断するために利用されるのが p 値である。一般に p 値が 0.05 を下回った場合に有意であると判断する。ところが，データ分析の際，外れ値をどのように扱うか，データに変換をかけるかどうかなど，研究者にはある程度の自由度がある。このとき，有意な p 値が得られるように，研究者の裁量で都合よくデータ解析を進めてしまうことを **p 値ハッキング**（p-hacking）

という。有意な p 値を得たいという欲求が，意識的無意識的にこのような行為を助長してしまう（Simonsohn et al., 2014）。

　調査や実験を実施する前に想定していた仮説とは異なる結果が生じたとき，あたかもその結果をあらかじめ仮説として予想していたように論文を作成することを **HARKing**（Hypothesizing after the results are known）という（Morling & Calin-Jageman, 2020）。結果を見てから仮説を立てるという行為（HARKing）は，研究倫理上大きな問題をはらんでいる。

　こうした行為が生じてしまう背景には，心理学研究において，目新しくポジティブ（有意）な結果が重宝されるという現状がある。ジョン他（John et al., 2012）は**問題のある研究実践**（Questionable Research Practice；**QRP**）として，以下のようなものをあげている。

1. 従属尺度を選択的に報告すること。
2. 結果が有意かどうかを見た後，さらにデータを収集するかどうかを決めること。
3. 検討した条件を選択的に報告すること。
4. 求めていた結果が得られたので，予定より早くデータ収集を中止すること。
5. p 値を「四捨五入」すること（例：p 値が 0.054 であれば p 値 0.054 は 0.05 より小さいと報告すること）。
6. 「効果が認められた」研究を選択的に報告すること。
7. データを除外した場合の結果への影響を検討した上で，除外するかどうかを決めること。
8. 予想外の発見を最初から予想していたかのように報告すること。
9. 実際にはわからない（あるいはわかっている）のに，人口統計学的変数（性別など）の影響を受けないと主張すること。
10. データの改ざん。

　上記 QRP の中には，明らかに倫理に反するものがあるが（たとえば「データの改ざん」），グレーゾーンも多い。グレーゾーン QRP は明らかな不正行為

よりもはるかに多く（John et al., 2012），長期的には学術の発展を損ねる可能性がある。たとえば，グレーゾーン QRP を放置することで，仮説を支持する証拠を発見する可能性を不当に高めてしまうことが指摘されている（Simmons et al., 2011）。

　問題のある研究実践（QRP）を問題のない研究実践にするために必要なこととして3つの透明化が指摘されている（Morling & Calin-Jageman, 2020）。1つ目は**方法・材料の透明化**である。実際の調査に用いられた質問項目にはどのようなものがあったのか，具体的な教示内容，当該論文では触れられていない質問項目が存在したのかどうかなど，方法の詳細をすべて開示する。こうすることで，論文の読み手は研究結果をより良く評価することができるようになる。2つ目は**データの透明化**である。研究者がデータファイルを一般に公開することで，第三者とデータ共有（14.2.8 参照）する。こうすることでデータが適切に解析されたのかを第三者の視点から検証できるようになる。3つ目は**仮説の透明化**である。これまでは，報告した論文の中で研究の仮説から結果までが一度に報告されていた。つまり HARKing のような行為が容易にできる構造になっていた。そこで，研究の目的や仮説を，データ収集前に登録して，第三者の目に触れられるようにしておく。こうしておけば HARKing のようなずるい行為が起こりづらくなるというわけである。今後は，調査を実施する際，所属組織や所属学会内で**研究目的や仮説の事前登録**をする制度が求められていくことになるだろう。

14.3.4　論文投稿時の倫理

　研究者を目指す若い院生たちにとって，業績を積み上げることは至上命令である。1本でも多く論文が公刊されることが，就職への近道となる。このとき，業績を増やすために1つの調査研究の中身を，いくつかの論文に分割して，小分けに投稿することを**分割投稿・サラミ投稿**という。1つの研究論文としてまとめて発表できるものを，無理に小分けにして投稿していたとすると，これは業績稼ぎを意図した行為とみなされる。

　同じ内容の論文を別の雑誌に投稿することを**二重投稿**という。二重投稿によ

って論文の原著としての資格を損ねる可能性が出てきたり，研究実績の不当な水増しになる可能性があり問題視される。既発表の論文との差異が明確ではなく，内容の類似した論文を投稿することも二重投稿とみなされる場合がある。海外の雑誌に英語で投稿していた論文を，日本語に翻訳して国内の雑誌に投稿することも二重投稿である。

　誰が論文の著者かという**オーサーシップ**にも倫理的な問題が関わる場合がある。次の3つのオーサーシップが不適切なオーサーシップとして指摘されている。1つ目は**ゲストオーサー**である。これは，研究に明確に貢献しているわけではないが，年長である，著名であるなどの理由で，論文採択の可能性を高めるために，著者に加えることである。2つ目は**ギフトオーサー**である。研究に十分な貢献はしていないが，ギフト（贈り物）として著者に加えることである。3つ目は**ゴーストオーサー**である。これは，本来は著者としての資格を持っているにも関わらず，投稿時に故意に著者リストから外すことである。いずれも倫理的な基準に照らして問題のある行為とみなされ，場合によると不正行為と判断されることもある。

引用文献

第1章

堀 洋道 (2001). 監修のことば 堀 洋道 (監修) 山本 眞理子 (編) 心理測定尺度集 I ── 人間の内面を探る〈自己・個人内過程〉(pp.i-iii) ── サイエンス社

小島 弥生・太田 恵子・菅原 健介 (2003). 賞賛獲得欲求・拒否回避欲求尺度作成の試み 性格心理学研究, *11*, 86-98.

倉住 友恵 (2011). 動機づけ・欲求 堀 洋道 (監修) 吉田 富二雄・宮本 聡介 (編) 心理測定尺度集 V ── 個人から社会へ〈自己・対人関係・価値観〉── (pp.84-110) サイエンス社

定廣 英典・望月 聡 (2011). 演技パターンに影響を与える諸要因の検討 ── 日常生活演技尺度の作成および賞賛獲得欲求・拒否回避欲求との関連 ── パーソナリティ研究, *20*, 84-97.

山本 眞理子 (2001). 心理尺度の使い方 堀 洋道 (監修) 山本 眞理子 (編) 心理測定尺度集 I ── 人間の内面を探る〈自己・個人内過程〉── (pp.311-315) サイエンス社

吉田 富二雄 (2001). 信頼性と妥当性 ── 尺度が備えるべき基本的条件 ── 堀 洋道 (監修) 吉田 富二雄 (編) 心理測定尺度集 II ── 人間と社会のつながりをとらえる〈対人関係・価値観〉── (pp.436-453) サイエンス社

吉田 寿夫 (1998). 本当にわかりやすいすごく大切なことが書いてあるごく初歩の統計の本 北大路書房

Zimbardo, P. G. (1980). *Essentials of psychology and life* (10th ed.). Glenview, IL: Scott, Foresman.
(ジンバルドー, P. G. (1983). 人間の行動の謎を解くこと 古畑 和孝・平井 久 (監訳) 現代心理学 I (pp.19-63) サイエンス社)

第2章

Creswell, J. W., & Plano Clark, V. L. (2007). *Designing and conducting mixed methods research.* Thousand Oaks, CA: SAGE.
(クレスウェル, J. W.・プラノ クラーク, V. L. 大谷 順子 (訳) (2010). 人間科学のための混合研究法 ── 質的・量的アプローチをつなぐ研究デザイン ── 北大路書房)

Crowne, D. P., & Marlowe, D. (1960). A new scale of social desirability independent of psychopathology. *Journal of Consulting Psychology, 24*, 341-354.

北村 俊則・鈴木 忠治 (1986). 日本語版 Social Desirability Scale について 社会精神医学, *9*, 173-180.

Latané, B., & Wolf, S. (1981). The social impact of majorities and minorities. *Psychological Review, 88*, 438-453.

三浦 麻子・小林 哲郎 (2015). オンライン調査モニタの Satisfice に関する実験的研究 社会心理学研究, *31*, 1-12.

太幡 直也 (2008). 認知的負荷が懸念的被透視感によって生起する反応に与える影響 心理学研究, *79*, 333-341.

太幡 直也 (2009). 気づかれたくない理由が懸念的被透視感を感じた際の言語的方略に与え

る影響　心理学研究, *80*, 199-206.

Tabata, N. (2009). Factors related to the sensitivity to unwanted transparency. *Psychological Reports*, *105*, 477-480.

太幡 直也 (2017). 懸念的被透視感が生じている状況における対人コミュニケーションの心理学的研究　福村出版

太幡 直也 (2021). 懸念的被透視感　太幡 直也・佐藤 拓・菊地 史倫 (編)「隠す」心理を科学する――人の嘘から動物のあざむきまで――(pp.14-31)　北大路書房

太幡 直也・吉田 富二雄 (2008). 懸念的被透視感が生じる状況の特徴　筑波大学心理学研究, *36*, 11-17.

谷 伊織 (2008). バランス型社会的望ましさ反応尺度日本語版 (BIDR-J) の作成と信頼性・妥当性の検討　パーソナリティ研究, *17*, 18-28.

第3章

岩崎 美紀子 (2008).「知」の方法論――論文トレーニング――　岩波書店

小島 弥生・太田 恵子・菅原 健介 (2003). 賞賛獲得欲求・拒否回避欲求尺度作成の試み　性格心理学研究, *11*, 86-98.

厚生労働省政策統括官付政策評価官室 (2014). 健康意識に関する調査 (委託調査報告書) https://www.mhlw.go.jp/file/04-Houdouhappyou-12601000-Seisakutoukatsukan-Sanjikanshitsu_Shakaihoshoutantou/002.pdf

畑中 美穂 (2019). ボトムアップ研究から対人関係を読み解く　松井 豊 (監修) 畑中 美穂・宇井 美代子・髙橋 尚也 (編) 対人関係を読み解く心理学――データ化が照らし出す社会現象――(pp.149-158)　サイエンス社

松井 豊 (2022). 三訂版 心理学論文の書き方――卒業論文や修士論文を書くために――　河出書房新社

三井 宏隆 (1990). 社会心理学ワークショップ　垣内出版

村井 潤一郎 (編著) (2012). Progress & Application 心理学研究法　サイエンス社

清水 秀美・今栄 国晴 (1981). STATE-TRAIT ANXIETY INVENTORY の日本語版 (大学生用) の作成　教育心理学研究, *29*, 348-353.

鈴木 幹子・伊藤 裕子 (2001). 女子青年における女性性受容と摂食障害傾向――自尊感情, 身体満足度, 異性意識を媒介として――　青年心理学研究, *13*, 31-46.

鈴木 督久 (2021). 世論調査の真実　日本経済新聞出版

消費者庁 (2022). 健康食品　https://www.caa.go.jp/policies/policy/consumer_safety/food_safety/food_safety_portal/health_food/ (2022年9月22日閲覧)

髙橋 尚也 (2019). ボトムアップ研究から社会に切りこむこと　髙橋 尚也・宇井 美代子・畑中 美穂 (編) 社会に切りこむ心理学――データ化が照らし出す社会現象――(pp.201-210)　サイエンス社

浦上 涼子・小島 弥生・沢宮 容子・坂野 雄二 (2009). 男子青年における痩身願望についての研究　教育心理学研究, *57*, 263-273.

山本 真理子・松井 豊・山成 由紀子 (1982). 認知された自己の諸側面の構造　教育心理学研究, *30*, 64-68.

第4章

Babbie, E. (2001). *The practice of social research* (9th ed.). Wadsworth/Thomson Learning.

（バビー，E.　渡辺 聡子（監訳）（2003）．社会調査法　培風館）

Carmaines, E. G., & Zeller, R. A. (1979). *Reliability and validity assessment*. SAGE.
（カーマイン，E. G.・ツェラー，R. A.　水野 欽司・野嶋 栄一郎（訳）（1983）．テスト の信頼性と妥当性　朝倉書店）

林 潔（1988）．Beck の認知療法を基とした学生の抑うつについての処置　学生相談研究，*9*, 15-25.

伊藤 裕子・相良 順子・池田 政子・川浦 康至（2003）．主観的幸福感尺度の作成と信頼性・ 妥当性の検討　心理学研究，*74*, 276-281.

小島 弥生・太田 恵子・菅原 健介（2003）．賞賛獲得欲求・拒否回避欲求尺度作成の試み 性格心理学研究，*11*, 86-98.

松井 豊（2022）．三訂版 心理学論文の書き方——卒業論文や博士論文を書くために——　河 出書房新社

岡田 謙介（2015）．心理学と心理測定における信頼性について—— Cronbach の α 係数とは 何なのか，何でないのか——　教育心理学年報，*54*, 71-83.

笹川 智子・猪口 浩伸（2012）．賞賛獲得欲求と拒否回避欲求が対人不安に及ぼす影響　目白 大学心理学研究，*8*, 15-22.

菅原 健介（1986）．賞賛されたい欲求と拒否されたくない欲求——公的自意識の強い人に見 られる 2 つの欲求について——　心理学研究，*57*, 134-140.

高本 真寛・服部 環（2015）．国内の心理尺度尺性における信頼性係数の利用動向　心理学評 論，*58*, 220-235.

寺崎 正治・岸本 陽一・古賀 愛人（1992）．多面的感情状態尺度の作成　心理学研究，*62*, 350-356.

山本 眞理子・松井 豊・山成 由紀子（1982）．認知された自己の諸側面の構造　教育心理学 研究，*30*, 64-68.

吉田 富二雄（2001）．信頼性と妥当性　堀 洋道（監修）吉田 富二雄（編）心理測定尺度集 Ⅱ——人間と社会のつながりをとらえる〈対人関係・価値観〉——（pp.436-453）　サ イエンス社

第 5 章

Carriere, J. S., Seli, P., & Smilek, D. (2013). Wandering in both mind and body: Individual differences in mind wandering and inattention predict fidgeting. *Canadian Journal of Experimental Psychology*, *67*, 19-31.

Giambra, L. M. (1993). The influence of aging on spontaneous shifts of attention from external stimuli to the contents of consciousness. *Experimental Gerontology*, *28*, 485-492.

井上 正明・小林 利宣（1985）．日本における SD 法による研究分野とその形容詞対尺度構成 の概観　教育心理学研究，*33*, 253-260.

川喜田 二郎（1967）．発想法——創造性開発のために——　中央公論社

Mrazek, M. D., Phillips, D. T., Franklin, M. S., Broadway, J. M., & Schooler, J. W. (2013). Young and restless: Validation of the Mind-Wandering Questionnaire (MWQ) reveals disruptive impact of mind-wandering for youth. *Frontiers in Perception Science*, *4*, 560.

第 6 章

荒井 崇史・藤 桂・吉田 富二雄（2010）．犯罪情報が幼児を持つ母親の犯罪不安に及ぼす影

響　心理学研究, *81*, 397-405.

Clifford, S., & Jerit, J. (2014). Is there a cost to convenience? An experimental comparison of data quality in laboratory and online studies. *Journal of Experimental Political Science*, *1*, 120-131.

Davis, R. N. (1999). Web-based administration of a personality questionnaire: Comparison with traditional methods. *Behavior Research Methods, Instruments, and Computers*, *31*, 572-577.

Galesic, M. (2006). Dropouts on the web: Effects of Interest and burden experienced during an online survey. *Journal of Official Statistics*, *22*, 313-328.

Joinson, A. (1999). Social desirability, anonymity, and internet-based questionnaires. *Behavior Research Methods, Instruments, and Computers*, *31*, 433-438.

Maniaci, M. R., & Rogge, R. D. (2014). Caring about carelessness: Participant inattention and its effects on research. *Journal of Research in Personality*, *48*, 61-83.

三浦 麻子・小林 哲郎 (2016). オンライン調査における努力の最小限化（Satisfice）傾向の比較―― IMC違反率を指標として―― メディア・情報・コミュニケーション研究, *1*, 27-42.

日本学術会議社会学委員会 (2020). Web調査の有効な学術的活用を目指して http://www.scj.go.jp/ja/info/kohyo/pdf/kohyo-24-t292-3.pdf

西川 千登世 (2011). 余暇活動が精神的健康度に与える影響――未婚単身生活者を対象として―― 日本社会心理学会第52回大会発表論文集, 180.

Oppenheimer, D., M., Meyvis, T., Davidenko, N. (2009). Instructional manipulation checks: Detecting satisficing to increase statistical power. *Journal of Experimental Social Psychology*, *45*, 867-872.

Reips, U. -D. (2002). Standards for internet-based experimenting. *Experimental Psychology*, *49* (4), 243-256.

Reips, U. -D. (2009). Internet experiments: Methods, guidelines, metadata. Human Vision and Electronic Imaging XIV, Proceedings of SPIE, 7240, 724008.

Tourangeau, R., & Smith, T.W. (1996). Asking sensitive questions: The impact of data collection mode, question format, and question context. *Public Opinion Quarterly*, *60*, 275-304.

Tuten, L. T. (2010). Conducting online surveys. In S. D. Gosling, & J. A. Johnson (Eds.), *Advanced methods for conducting online behavioral research* (pp.179-192). Washington, DC: American Psychological Association.

Tuten, T., Urban, D., & Bosnjak, M. (2002). Internet surveys and data quality: A review. In B. Batinic, U. Reips, & M. Bosnjak (Eds.), *Online social sciences* (pp.7-14). Seattle, WA: Hogrefe & Huber.

West, B. T., & Sinibaldi, J. (2013). The quality of paradata: A literature review. In F. Kreuter (Ed.), *Improving surveys with paradata* (pp. 339-359). Hoboken, NJ: John Wiley & Sons.

第7章

小島 弥生・太田 恵子・菅原 健介 (2003). 賞賛獲得欲求・拒否回避欲求尺度作成の試み 性格心理学研究, *11*, 86-98.

中澤 潤 (1998). コーディングと入力 鎌原 雅彦・宮下 一博・大野木 裕明・中澤 潤（編著） 心理学マニュアル 調査票法 (pp.54-61) 北大路書房

松井 豊 (2022). 三訂版 心理学論文の書き方——卒業論文や修士論文を書くために——　河出書房新社

清水 優菜・山本 光 (2020a). 研究に役立つ JASP によるデータ分析——頻度論的統計とベイズ統計を用いて——　コロナ社

清水 優菜・山本 光 (2020b). 研究に役立つ JASP による多変量解析——因子分析から構造方程式モデリングまで——　コロナ社

清水 優菜・山本 光 (2022). JASP で今すぐはじめる統計解析入門　講談社

第 8 章

堀毛 一也 (1994). 恋愛関係の発展・崩壊と社会的スキル　実験社会心理学研究, *34*, 116-128.

東條 光彦 (1998). 心理尺度の作成　鎌原 雅彦・宮下 一博・大野木 裕明・中澤 潤 (編著)　心理学マニュアル　質問紙法 (pp.100-109)　北大路書房

第 9 章

Cohen, J. (1988). *Statistical power analysis for the behavioral sciences* (2nd ed.). Hillsdale, NJ: Lawrence Erlbaum Associates.

岩原 信九郎 (1965). 新訂版 教育と心理のための推定学　日本文化科学社

森 敏昭・吉田 寿夫 (1990). 心理学のためのデータ解析テクニカルブック　北大路書房

大久保 街亜・岡田 謙介 (2012). 伝えるための心理統計——効果量・信頼区間・検定力——　勁草書房

清水 優菜・山本 光 (2021). 研究に役立つ JASP による多変量解析——因子分析から構造方程式モデリングまで——　コロナ社

清水 優菜・山本 光 (2022). JASP で今すぐはじめる統計解析入門　講談社

第 10 章
【引用・参考文献】

Findlay, B. (1993). *How to write a psychology laboratory report.* Prentice Hall of Australia.
（フィンドレイ, B.　細江 達郎・細越 久美子 (訳) (1996). 心理学実験・研究レポートの書き方——学生のための初歩から卒論まで——　北大路書房）

松井 豊 (2022). 三訂版 心理学論文の書き方——卒業論文や修士論文を書くために——　河出書房新社

日本心理学会 (編) (2022). 執筆・投稿の手びき (2022 年版)

小河 妙子・斉藤 由里・大澤 香織 (編) (2010). 心理学実験を学ぼう！　金剛出版

酒井 聡樹 (2006). これから論文を書く若者のために 大改訂増補版　共立出版

都筑 学 (2006). 心理学論文の書き方——おいしい論文のレシピ——　有斐閣

第 11 章

石田 基広・金 明哲 (2012). コーパスとテキストマイニング　共立出版

川喜田 二郎 (1967). 発想法——創造性開発のために——　中央公論社

川喜田 二郎 (1970). 続・発想法　中央公論社

第 12 章

鎌原 雅彦・宮下 一博・大野木 裕明・中澤 潤（編著）（1998）．心理学マニュアル　質問紙法　北大路書房

Krosnick, J. A.（1991）. Response strategies for coping with the cognitive demands of attitude measures in surveys. *Applied Cognitive Psychology, 5*, 213-236.

三浦 麻子・小林 哲郎（2015）．オンライン調査モニタの Satisfice に関する実験的研究　社会心理学研究, *31*, 1-12.

三浦 麻子・小林 哲郎（2016）．オンライン調査における努力の最小限化（Satisfice）を検出する技法——大学生サンプルを用いた検討——　社会心理学研究, *32*, 123-132.

第 13 章

有馬 明恵（2021）．内容分析の方法 第 2 版　ナカニシヤ出版

Cooper, H. M., Camic, P. M., Long, D. M., Panter, A. T., & Rindskopf, D.（2012）. *APA handbook of research methods of psychology*. Washington D.C.: American Psychological Association.

Creswell, J. W., & Plano Clark, V. L.（2010）. *Designing and conducting mixed methods research*. Thousand Oaks, CA:Sage Publications.
　　（クレスウェル，J. W.・プラノ クラーク，V. L.　大谷 順子（訳）（2010）．人間科学のための混合研究法——質的・量的アプローチをつなぐ研究デザイン——　北大路書房）

Flick, U.（2007）. *Qualitative Sozialforschung*. Hamburg: Rowohlt Taschenbuch Verlag.
　　（フリック，U.　小田 博志・山本 則子・春日 常・宮地 尚子（訳）（2011）．新版 質的研究入門——〈人間の科学〉のための方法論——　春秋社）

Freud, S.（1900）. The interpretation of dreams. In J. Strachey（Ed. and Trans）, *The standard edition of the complete psychological works of Sigmund Freud*（Vol.4-5）. London: Hogarth Press.
　　（フロイト，S.　高橋 義孝（訳）（1969）．夢判断（上・下）　新潮社）

Geertz, C.（1973）. *The interpretation of cultures: Selected essays*. Basic Books.
　　（ギアーツ，C.　吉田 禎吾・細川 啓一・中牧 弘允・板橋 作美（訳）（1987）．文化の解釈学 I　岩波書店）

樋口 耕一（2014）．社会調査のための計量テキスト分析——内容分析の継承と発展を目指して——　ナカニシヤ出版

樋口 耕一（2017）．計量テキスト分析および KH Coder の利用状況と展望　社会学評論, *68*（3）, 334-350.

池田 浩・三沢 良（2012）．失敗に対する価値観の構造——失敗感尺度の開発——　教育心理学研究, *60*, 367-379.

今井 多樹子・高瀬 美由紀・佐藤 健一（2018）．質的データにおけるテキストマイニングを併用した混合分析法の有用性——新人看護師が「現在の職場を去りたいと思った理由」に関する自由回答文の解析例から——　日本看護研究学会雑誌, *41*（4）, 685-700.

いとう たけひこ（2011）．批判心理学の方法としてのテキストマイニング——変数心理学に対するオルタナティブ——　心理科学, *32*（2）, 31-41.

Jick, T.（1983）. Mixing qualitative and quantitative methods: Triangulation in action. *Administrative Science Quarterly, 24*（4）, 602-611.

勝谷 紀子・岡 隆・坂本 真士・朝川 明男・山本 真菜（2011）．日本の大学生におけるうつのしろうと理論——テキストマイニングによる形態素分析と KJ 法による内容分析——

社会言語科学, *13*（2），107-115.

川喜田 二郎（1967）．発想法――創造性開発のために――　中央公論社

喜田 昌樹（2008）．テキストマイニング入門――経営研究での活用法――　白桃書房

木下 康仁（2007）．ライブ講義M-GTA 実践的質的研究法――修正版グラウンデッド・セオリー・アプローチのすべて――　弘文堂

Krippendorff, K.（1980）．*Content analysis: An introduction to its methodology.* Sage Publication.（クリッペンドルフ，K.　三上 俊治・椎野 信雄・橋元 良明（訳）（1989）．メッセージ分析の技法――「内容分析」への招待――　勁草書房）

Miles, M. B., & Huberman, A. M.（1994）．*Qualitative data analysis: An expanded sourcebook.* Thousand Oaks, CA: Sage Publications.

向井 智哉・湯山 祥（2022）．刑罰の正当化根拠尺度（JPS）と短縮版尺度（S-JPS）の作成　実験社会心理学研究　https://doi.org/10.2130/jjesp.2203

無藤 隆（2004）．研究における質 対 量　無藤 隆・やまだ ようこ・南 博文・麻生 武・サトウ タツヤ（編）ワードマップ質的心理学――創造的に活用するコツ――（pp.2-7）　新曜社

野村 信威（2017）．夢の内容および夢で経験される感情に関する検討　明治学院大学心理学紀要, *27*, 35-47.

サトウ タツヤ（2013）．心理と行動に関わる理論　やまだ ようこ・麻生 武・サトウ タツヤ・秋田 喜代美・能智 正博・矢守 克也（編）質的心理学ハンドブック（pp.98-114）　新曜社

サトウ タツヤ・春日 秀朗・神崎 真実（編）（2019）．ワードマップ 質的研究法マッピング――特徴をつかみ，活用するために――　新曜社

鈴木 平・春木 豊（1994）．怒りと循環器系疾患の関連性の検討　健康心理学研究, *7*（1），1-13.

玉木 光・兼田 敏之（2006）．多主体間協議ゲームにおける公正感の研究――廃棄物処理案検討手続きへの住民参加のゲーミングの制作と試行――　シミュレーション＆ゲーミング, *16*（2），117-125.

山田 哲子（2021）．知的障がい者家族の親亡き後に備える心理教育プログラムの実践　質的心理学研究, *20*（Special），S171-S179.

やまだ ようこ（2004）．質的研究の核心とは　無藤 隆・やまだ ようこ・南 博文・麻生 武・サトウ タツヤ（編）ワードマップ質的心理学――創造的に活用するコツ――（pp.8-13）　新曜社

やまだ ようこ（編）（2007）．質的心理学の方法――語りをきく――　新曜社

矢守 克也（2015）．量的データの質的分析――質問紙調査を事例として――　質的心理学研究, *14*, 166-181.

若林 宏輔（2019）．テキストマイニング　サトウ タツヤ・春日 秀朗・神崎 真実（編）ワードマップ 質的研究法マッピング（pp.155-161）　新曜社

第14章

安藤 寿康・安藤 典明（編）（2005）．事例に学ぶ心理学者のための研究倫理　ナカニシヤ出版

Asch, S. E.（1946）. Forming impressions of personality. *The Journal of Abnormal and Social Psychology, 41*, 258-290.

Blass, T.（1999）. The Milgram paradigm after 35 years: Some things we now know about obedience to authority. *Journal of Applied Social Psychology, 25*, 955-978.

John, L. K., Loewenstein, G., & Prelec, D.（2012）. Measuring the prevalence of questionable research practices with incentives for truth telling. *Psychological Science, 23*, 524-532.

鯨岡 峻（1997）．特集　発達心理学と研究倫理　発達心理学研究，*8*，65-71.

松村 明（編）（1999）．大辞林 第 2 版　三省堂

松澤 孝明（2013）．わが国における研究不正——公開情報に基づくマクロ分析（1）——　情報管理，*56*，156-165.

Milgram, S.（1974）. *Obedience to authority*. New York: Harper & Row.
　　　（ミルグラム，S. 岸田 秀（訳）（1995）．服従の心理——アイヒマン実験——　改訂版新装　河出書房新社）

文部科学省（2006）．平成 19 年版科学技術白書　科学技術の振興の成果——知の創造・活用・成果——　https://warp.da.ndl.go.jp/info:ndljp/pid/286794/www.mext.go.jp/b_menu/hakusho/html/hpaa200701/index.htm

文部科学省（2014）．研究活動における不正行為への対応等に関するガイドライン　https://www.mext.go.jp/b_menu/houdou/26/08/__icsFiles/afieldfile/2014/08/26/1351568_02_1.pdf

Morling, B., & Calin-Jageman, R. J.（2020）. What psychology teachers should know about open science and the new statistics. *Teaching of Psychology, 47*（2），169-179.

日本心理学会（2009）．公益社団法人日本心理学会倫理規程　https://psych.or.jp/wp-content/uploads/2017/09/rinri_kitei.pdf

サトウタツヤ（2004）．見てみて実感！心理学史　第 1 回　ミルグラムの電気ショック実験　心理学ワールド　第 26 号　日本心理学会

新村 出（編）（1998）．広辞苑 第 5 版　岩波書店

Simmons, J. P., Nelson, L. D., & Simonsohn, U.（2011）. False-positive psychology: Undisclosed flexibility in data collection and analysis allows presenting anything as significant. *Psychological Science, 22*, 1359-1366.

Simonsohn, U., Nelson, L. D., & Simmons, J. P.（2014）. *p*-curve and effect size: Correcting for publication bias using only significant results. *Perspectives on Psychological Science, 9*, 666-681.

杉森 伸吉・安藤 寿康・安藤 典明・青柳 肇・黒沢 香・木島 伸彦・松岡 陽子・小堀 修（2004）．心理学研究者の倫理観——心理学研究者と学部生の意見分布，心理学研究者の差異——　パーソナリティ研究，*12*，90-105.

鈴木 淳子（2005）．調査的面接の技法 第 2 版　ナカニシヤ出版

鈴木 淳子（2011）．質問紙デザインの技法　ナカニシヤ出版

田代 志門（2011）．研究倫理とは何か——臨床医学研究と生命倫理——　勁草書房

人 名 索 引

事 項 索 引

編 者 略 歴

髙橋 尚也 （第3章執筆）
たか はし なお や

2003 年　筑波大学第二学群人間学類卒業
2008 年　筑波大学大学院博士課程人間総合科学研究科心理学専攻修了
現　　在　立正大学心理学部対人・社会心理学科教授　博士（心理学）

主要編著書

『対人関係を読み解く心理学——データ化が照らし出す社会現象』（共編）
（サイエンス社，2019）

『社会に切りこむ心理学——データ化が照らし出す社会現象』（共編）
（サイエンス社，2019）

『住民と行政の協働における社会心理学——市民参加とコミュニケーションのかたち』（ナカニシヤ出版，2018）

宇井美代子 （第1章執筆）
うい みよこ

1997 年　東京学芸大学教育学部人間科学課程卒業
1999 年　東京学芸大学大学院教育学研究科修了
2004 年　筑波大学大学院博士課程心理学研究科修了
現　　在　玉川大学リベラルアーツ学部教授　博士（心理学）

主要著書・訳書

『セックス／ジェンダー——性分化をとらえ直す』（共訳）（世織書房，2018）

『新・青年心理学ハンドブック』（分担執筆）（福村出版，2014）

『スタンダード社会心理学』（分担執筆）（サイエンス社，2012）

『心理測定尺度集 V——個人から他者へ〈自己・対人関係・価値観〉』（分担執筆）
（サイエンス社，2011）

『心理測定尺度集 VI——現実社会とかかわる〈集団・組織・適応〉』（分担執筆）
（サイエンス社，2011）

『ジェンダーの心理学ハンドブック』（分担執筆）（ナカニシヤ出版，2008）

宮本聡介 （第 14 章執筆）
みや もと そう すけ

1990 年　筑波大学第二学群人間学類卒業

1996 年　筑波大学大学院博士課程心理学研究科修了

現　　在　明治学院大学心理学部教授　博士（心理学）

主要編著書・訳書

『新しい社会心理学のエッセンス──心が解き明かす個人と社会・集団・家族とのかかわり』（共編）（福村出版，2020）

『社会的認知研究──脳から文化まで』（共編訳）（北大路書房，2013）

『心理測定尺度集 V──個人から他者へ〈自己・対人関係・価値観〉』（共編）
（サイエンス社，2011）

『心理測定尺度集 VI──現実社会とかかわる〈集団・組織・適応〉』（共編）
（サイエンス社，2011）

『新編　社会心理学　改訂版』（共編著）（福村出版，2009）

『単純接触効果研究の最前線』（共編著）（北大路書房，2008）

『安全・安心の心理学──リスク社会を生き抜く心の技法 48』（共著）（新曜社，2007）

『心理学研究法入門』（共訳）（新曜社，2005）

執筆者 （括弧内は執筆担当章）

太幡直也（第2章）　　愛知学院大学総合政策学部准教授
たばたなおや

市村美帆（第4章）　　和洋女子大学人文学部助教
いちむらみほ

山岡明奈（第5章）　　沖縄国際大学総合文化学部講師
やまおかあきな

佐藤広英（第6章）　　信州大学人文学部准教授
さとうひろつね

竹中一平（第7章）　　武庫川女子大学文学部准教授
たけなかいっぺい

畑中美穂（第8章）　　名城大学人間学部教授
はたなかみほ

渡部麻美（第9章）　　東洋英和女学院大学人間科学部准教授
わたなべあさみ

八城　薫（第10章）　　大妻女子大学人間関係学部教授
やしろ　かおる

立脇洋介（第11章）　　九州大学アドミッションセンター准教授
たてわきようすけ

日比野　桂（第12章）　　高知大学人文社会科学部准教授
ひびの　けい

野村信威（第13章）　　明治学院大学心理学部教授
のむらのぶたけ

心理調査と心理測定尺度
——計画から実施・解析まで——

2023 年 4 月 25 日 ⓒ　　　初 版 発 行
2024 年 3 月 10 日　　　初版第 2 刷発行

編者　髙 橋 尚 也　　　発行者　森 平 敏 孝
　　　宇 井 美 代 子　　印刷者　加 藤 文 男
　　　宮 本 聡 介

発行所　　株式会社　サイエンス社

〒151-0051　東京都渋谷区千駄ヶ谷 1 丁目 3 番 25 号
営業 ☎ (03) 5474-8500 (代)　　振替 00170-7-2387
編集 ☎ (03) 5474-8700 (代)
FAX ☎ (03) 5474-8900

印刷・製本　加藤文明社
《検印省略》

本書の内容を無断で複写複製することは，著作者および出
版者の権利を侵害することがありますので，その場合には
あらかじめ小社あて許諾をお求め下さい。

ISBN978-4-7819-1568-5

PRINTED IN JAPAN

サイエンス社のホームページのご案内
https://www.saiensu.co.jp
ご意見・ご要望は
jinbun@saiensu.co.jp　まで.